E   N   S   I   N   O

I
U
IMPRENSA DA UNIVERSIDADE DE COIMBRA
COIMBRA UNIVERSITY PRESS

EDIÇÃO

Imprensa da Universidade de Coimbra
Email: imprensa@uc.pt
URL: http//www.uc.pt/imprensa_uc
Vendas online: http://livrariadaimprensa.uc.pt

COORDENAÇÃO EDITORIAL

Imprensa da Universidade de Coimbra

CONCEÇÃO GRÁFICA

António Barros

INFOGRAFIA

Mickael Silva

PRINT BY

CreateSpace

ISBN

978-989-26-0876-1

ISBN DIGITAL

978-989-26-0877-8

DOI

http://dx.doi.org/10.14195/978-989-26-0877-8

DEPÓSITO LEGAL

382829/14

DIREITOS FUNDAMENTAIS

NA ARENA GLOBAL

2ª EDIÇÃO

IMPRENSA DA
UNIVERSIDADE
DE COIMBRA

COIMBRA
UNIVERSITY
PRESS

SUZANA
TAVARES
DA SILVA

SUMÁRIO

NOTA PRÉVIA À 2.ª EDIÇÃO

O objectivo principal deste texto continua a ser o apoio à leccionação da cadeira de Direito Constitucional, do mestrado científico da Faculdade de Direito da Universidade de Coimbra.

Aos conteúdos que já faziam parte da 1.ª edição, juntámos um capítulo novo – o direito constitucional comparado – e o desenvolvimento de alguns temas que têm suscitado mais interesse entre nós – o controlo de constitucionalidade no contexto do princípio da separação de poderes e a jusfundamentalidade em tempos de crise financeira – bem como nova jurisprudência e referências doutrinais, o que faz deste volume um "livro novo".

Em primeiro lugar, a circunstância de ano após ano nos confrontarmos com turmas maioritariamente compostas por licenciados originários do Brasil, impôs-nos, como ponto de partida, a inclusão nesta obra de uma reflexão aprofundada sobre as diferentes culturas constitucionais e os "novos constitucionalismos" no âmbito do direito constitucional comparado. A revelação de que o papel, o sentido e a interpretação da Constituição, bem como o *modus operandi* de garantir a sua efectividade, variam em função do modelo e da cultura constitucional em análise, constitui hoje o ponto de partida primordial para quem quer estudar direitos fundamentais sob uma visão cosmopolita, como pretende ser o objectivo deste curso – longe vai o tempo da suficiência do estudo da metódica, da doutrina e da jurisprudência germânica!

Para além deste tópico central, as reflexões que pudemos desenvolver desde 2011 (data da 1.ª edição) até hoje revelaram que é necessária e urgente uma reforma profunda do regime jurídico dos direitos económicos, sociais e culturais no actual contexto socioeconómico, ajustando os princípios essenciais da garantia do mínimo para uma existência condigna às condicionantes fácticas da escassez de recursos financeiros, dos novos dados revelados pela "justiça das desigualdades" e pelas exigências da sustentabilidade e da justiça intergeracional. Na verdade, como veremos, a "nova socialidade" exige também uma "nova sociedade" e uma "nova abordagem do bem-estar".

Em outro plano, fomos igualmente confrontados com a "especialite" a que tem conduzido a "constitucionalização" dos direitos civis e o apuramento metódico do princípio da igualdade. Uma evolução que tornou ostensivo o facto de que a criação jurídica de uma linguagem comum para defesa da dignidade da pessoa humana, que permitiu um enorme salto civilizacional na época moderna, acabou transformado num "trunfo" de minorias não ameaçadas nem historicamente segregadas na sociedade ocidental (como os *gays*, os defensores do aborto, da eutanásia, do direito à verdade biológica...), vulgarizando o regime jurídico dos direitos fundamentais e a sua essência, ameaçando as estruturas da Sociedade e contribuindo para uma nova "banalização do mal".

Por último, o livro não poderia deixar de acolher uma reflexão sobre o direito constitucional e o contexto de excepção, de emergência ou de crise. Em complemento do que já constava da primeira edição a propósito do terrorismo, aduzem-se agora novas referências doutrinárias e jurisprudenciais.

Coimbra, Agosto de 2014

NOTA PRÉVIA À 1.ª EDIÇÃO

O objectivo principal deste trabalho é fornecer um roteiro episte-mológico para apoio à unidade curricular de Direito Constitucional I, do mestrado em direito constitucional, da Faculdade de Direito da Universidade de Coimbra.

A estrutura do texto é fácil de apreender: seleccionámos um tópico-director – a ruptura dos postulados em que assentou o contrato social alicerçador dos movimentos jurídico-políticos do constitucionalismo dos séculos XVIII, XIX e XX – e duas áreas de verificação-experimentação – socialidade e terrorismo – com o propósito de tentar perceber se hoje uma parte da jurisprudência labora ou não em erro ao defender, de uma forma desajustada da realidade, um conjunto de valores e princípios (actu-almente relegados a uma matriz meramente regional), os quais carecem de adaptações para poderem continuar a desempenhar a função de elementos referenciais da justiça social das comunidades nacionais. No que respeita à sistematização, optámos pela combinação da análise de referências dou-trinárias clássicas e contemporâneas em articulação com um conjunto de case studies que servem de laboratório às reflexões propostas.

Trata-se de um texto problematizador, ajustado às exigências de um segundo ciclo de estudos em direito, no qual se espera que os destina-tários directos encontrem mais dúvidas que respostas, pois é a partir das perguntas que podemos traçar linhas de investigação científica. A publicação visa também alargar o universo dialógico e contribuir para o debate geral sobre as virtualidades do direito em rede como matriz normativa de um *modelo social dinâmico consentâneo com a globalização do contexto económico.*

SIGLAS E ABREVIATURAS

BVG ou BVerfGE – *BundesVerfassungsGericht* (tribunal constitucional alemão)

CADH – Carta Árabe dos Direitos Humanos

CDFUE – Carta dos Direitos Fundamentais da União Europeia

CEDH – Convenção Europeia para a Protecção dos Direitos do Homem

CRP – Constituição da República Portuguesa

EUA – Estados Unidos da América

GG - Grundgesetz

OCDE – Organização para a Cooperação e Desenvolvimento Ecxonómico

OIT – Organização Internacional do Trabalho

OMC – Organização Mundial do Comércio

ONU – Organização das Nações Unidas

séc. - século

TC – Tribunal Constitucional Português

TEDH – Tribunal Europeu dos Direitos do Homem

TFUE – Tratado sobre o Funcionamento da União Europeia

TIJ – Tribunal Internacional de Justiça

TJCE – Tribunal de Justiça das Comunidades Europeias

TJUE – Tribunal de Justiça da União Europeia

TUE – Tratado da União Europeia

UE – União Europeia

PARTE I
DIREITOS FUNDAMENTAIS E CONSTITUCIONALISMOS

Capítulo I - Direito constitucional comparado

O *direito constitucional comparado* é uma das grandes redescobertas do século XXI. Embora as suas origens mais remotas possam ser identificadas com os estudos de Aristóteles sobre as diversas "constituições" das cidades gregas e as menos remotas com os estudos desenvolvidos no século XVII por Maquiavel, Montesquieu ou Stuart Mill, a verdade é que é já neste século que os grandes tratados e os estudos sistematizados sobre o tema são publicados, imputando-se esse facto a três razões fundamentais: *i)* o resultado do interesse crescente da doutrina pela *europeização* dos sistemas jurídicos; *ii)* a circunstância de as Constituições neste novo universo normativo serem apenas uma parte da resposta; *iii)* o facto de o "sistema jurídico europeu" se apresentar como um objecto de estudo obrigatório para todos os juristas da actualidade em qualquer parte do mundo, incluindo o universo anglo-saxónico e norte-americano (Rosenfeld / Sajó, 2012).

O que se tornou mais claro para os juristas e para a doutrina em geral foi a circunstância de não ser suficiente hoje estudar os institutos jurídicos ou a metodologia jurídica sem acompanhar esse estudo dos necessários enquadramentos histórico-políticos. Por exemplo, não é possível fazer referência a uma decisão do tribunal constitucional alemão sem ter presente a "teoria do Estado" que sustentou a construção dogmática do direito público naquele sistema (Grimm, 2012a), não é correcto analisar uma solução normativa francesa desconhecendo o *service public* ou mesmo procurar interpretar um preceito da Constituição portuguesa ou da Constituição espanhola sem lembrar o seu papel instrumental na transição de uma ditadura militar para um regime democrático – há uma historicidade subjacente que não pode ser ocultada e que se tornou indispensável no estudo do direito e das soluções jurídico-constitucionais.

A última nota que sublinha a importância do direito constitucional comparado é o facto de a actual *internormatividade jusfundamental* que caracteriza a "arena europeia" no seu complexo entramado de Constituições nacionais, Convenção Europeia dos Direitos do Homem e, mais recentemente, Carta dos Direitos Fundamentais da União Europeia[1], ter criado uma tensão permanente entre a abordagem metodológica a partir da dogmática (que caracteriza, por exemplo, a influente jurisprudência do tribunal constitucional alemão) e o tratamento pragmático da solução jurídica dos casos concretos (o *"case law"* típico da *"common law"*), visível também em decisões do Tribunal Europeu dos Direitos do Homem ou mesmo do Tribunal de Justiça da União Europeia. A forma como estas duas metodologias lidam com a *igualdade,* a *justiça* ou a *protecção da confiança* constituem alguns dos temas centrais do estudo desta nova disciplina, que é ainda complementada pela referência ao sentido do constitucionalismo em outras experiências, como a cultura chinesa, o mundo árabe e as nações socialmente complexas, como a Índia e a África do Sul.

1. A identidade e o substrato constitucional

As Constituições mais emblemáticas têm, em regra, uma *marca identitária* que constitui a sua dimensão inalienável. É o caso do *secularismo* na Constituição Turca[2], do *republicanismo* na Constituição

---

[1] Ponto que é tratado de forma desenvolvida no Capítulo II desta Parte I.

[2] No preâmbulo da Constituição Turca pode ler-se: *"That no protection shall be accorded to an activity contrary to Turkish national interests, Turkish existence and the principle of its indivisibility with its State and territory, historical and moral values of Turkishness; the nationalism, principles, reforms and civilizationism of Atatürk and that sacred religious feelings shall absolutely not be involved in state affairs and politics as required by the principle of secularism"* (sobre o tema, também, Meneses do Vale, 2012).

16

Francesa[3] ou do *parlamentarismo* britânico (Jacobsohn, 2011, 129).

Com efeito, a primeira função de uma Constituição moderna (origi-nária do iluminismo), e o seu sentido mais iminente em contrate com os constitucionalismos historicistas, é a afirmação de uma "identidade constitucional", que um "povo" se auto-outorga e se auto-impõe – a Constituição é um "empreendimento colectivo" (Tushnet, 2006) – como sinal distintivo de uma organização social que deixa de ser marcada por uma estrutura social de classes (Rosenfeld, 2010).

Isto não significa, porém, que muitas vezes esta identidade que a Constituição pretende imprimir à organização social que tem subjacente não tenha que ser complementada com um esforço hermenêutico de compre-ensão do contexto histórico do texto, de forma a garantir a sua realização (a assegurar a "identidade constitutiva"). É pelo menos essa a principal característica apontada à Constituição da África do Sul e à sua *identidade reflexiva* (a aspiração de mudança face ao passado, construída sob uma metodologia dialógica[4]), bem como à Constituição Indiana e ao activismo do seu Supreme Court na realização jurisprudencial da *"Basic Structure doctrine"*, neutralizando revisões constitucionais que considere porem em causa as características essenciais da Constituição (Mate, 2010)[5].

Na verdade, a "questão constitucional" é hoje mais complexa, pois o contexto cosmopolita reconduz os sistemas maioritariamente a modelos de *constitucionalismo liberal,* o que comprime as identidades originárias,

---

O receio de que a identidade constitucional Turca, assente no princípio do secularismo, pudesse ser posta em causa, justificou a decisão de 2008 do Tribunal Constitucional daquele país que considerou inconstitucionais duas emendas constitucionais que pretendiam permitir o uso do véu nos estabelecimentos de ensino (Roznai / Yolcu, 2012).

[3] Para além de definir a França como *"La France est une République indivisible, laïque, démocratique et sociale. Elle assure l'égalité devant la loi de tous les citoyens sans distinc-tion d'origine, de race ou de religion. Elle respecte toutes les croyances. Son organisation est décentralisée"*, a Constituição daquele país ainda estabelece, no art. 89.º, que *"La forme républicaine du Gouvernement ne peut faire l'objet d'une révision".*

[4] No preâmbulo da Constituição da África do Sul pode ler-se o seguinte: *"We, the people of South Africa, Recognise the injustices of our past; Honour those who suffered for justice and freedom in our land; Respect those who have worked to build and develop our country; and Believe that South Africa belongs to all who live in it, united in our diversity".*

[5] Uma solução que os autores consideram que pode constituir um excelente "transplante jurídico" (Mate, 2014) e uma forma de combater os *"constitucionalismo abusivos"* que recen-temente verificamos em países como a Colômbia, a Venezuela e a Hungria (Landau, 2013).

reduzindo aparentemente o interesse na comparação entre sistemas próximos, ao mesmo tempo que desperta o interesse pela comparação com modelos híbridos ou semi-autoritários (Tushnet, 2014), localizados na periferia dos valores ocidentais, como o constitucionalismo chinês (Chen, 2014)[6] ou egípcio (Ginsburg / Moustafa, 2008), ou mesmo com modelos "não constitucionais", como os países árabes (Brown, 2002), a América Latina e uma parte significativa de África.

2. A metodologia do direito constitucional comparado e os *"transplantes normativos"*

Na metodologia comparada, alguns instrumentos são especialmente relevantes, como a linguagem (uma barreira a vencer é sempre a língua) e a delimitação dos objectos de comparação (Tushnet, 2014, 7), mas também as "famílias de interpretação", mais do que as "famílias jurídicas" tradicionais (Jackson, 2012, 57). Mesmo a opção fundamental por um estudo assente no *case study method* (aquele que adoptamos como principal nesta obra) obriga a um conjunto de operações prévias, rigorosas, de identificação das semelhanças e dissemelhanças contextuais (Saunders, 2006).

Se tivermos em conta que um dos fundamentos do direito constitucional comparado radica na busca da justiça ou de um aperfeiçoamento na densificação dos princípios fundamentais, tendo em vista a flexibilização do texto constitucional para garantir a sua longevidade (Ginsburg, 2011), veremos que a informação obtida é essencial na realização de objectivos como a construção da igualdade com legitimidade ou a densificação do controlo de constitucionalidade no respeito pelo princípio democrático. Isso não significa, porém, que alguns autores não explorem esta nova

---

[6] Embora os autores sublinhem que no caso da China, não obstante o carácter ainda autoritário da Constituição e o facto de ter como missão fundamental regular a relação entre o Estado e o partido, existem alguns indícios de que pode haver uma modificação do constitucionalismo chinês no sentido de alguma abertura aos valores da democracia liberal do Ocidente, pois este modelo de constitucionalismo socialista, após as reformas económicas operadas no país, mostrou não se reconduzir a um modelo tradicional marxista--leninista (Peerenboom, 2013, 160).

ferramenta pelo lado negativo, procurando identificar os maus exemplos, *i. e.*, o que deve ser evitado (*"aversive precedent"* – Scheppele, 2003).

Um ponto relevante desta metodologia comparada é o seu carácter marcadamente *funcionalista, consequencialista* e interdisciplinar, o que suscita algumas objecções aos juristas mais clássicos.

O *funcionalismo* na metodologia do direito comparado apresenta-se, contudo, como uma síntese das diversas acepções do funcionalismo na metodologia das ciências sociais – o finalismo neo-aristotélico (lei natural e razão), o adaptacionismo darwiniano, o funcionalismo clássico de Durkheim, o instrumentalismo da engenharia social jurídica, o funcionalismo apurado, o funcionalismo epistemológico, o funcionalismo de equivalências, que está também subjacente ao construtivismo luhmanniano (para uma síntese do significado de cada uma *v.* Michaels, 2006, 345-359). Isto apesar de não ser possível dizer que se trata de uma bissectriz entre o funcionalismo da metodologia utilizada pela sociologia e o funcionalismo que caracteriza as correntes da filosofia do direito, pois do que se trata neste caso é, essencialmente, de procurar uma unificação do direito sob uma abordagem pragmática, à semelhança do que se verifica no direito europeu com a transposição das directivas (os Estados-membros devem alcançar os mesmos resultados e não garantir uma aproximação doutrinal entre as soluções) e com o princípio do mútuo reconhecimento, que se baseia em equivalências e não em semelhanças (Michaels, 2006, 377).

Em suma, o que o direito constitucional comparado procura é estudar criticamente os institutos jurídicos e as doutrinas constitucionais em cada sistema, verificando a função que aí cumprem e depois atestar em que medida essa função é cumprida em outros ordenamentos e quais as vantagens que poderiam decorrer da transposição de algumas doutrinas e de alguns institutos de um sistema jurídico jurídico-constitucional para outros sistemas jurídico-constitucionais (Jackson, 2012, 62). No fundo, oferece uma ferramenta essencial para os processos da *governance* que caracterizam a pós-modernidade sem ter necessariamente um procedimento e uma metodologia bem estruturada (Tushnet, 1999).

Esta é uma metodologia de estudo que conta já com alguns trabalhos muito interessantes e úteis quanto ao sentido de conceitos como a *judicial review,* a *rule of law, proporcionality* v. *balancing* ou mesmo *legitimate expectations.*

Judicial Review

Tomemos como exemplo o conceito de *judicial review* e o seu significado no contexto do direito constitucional comparado. A *judicial review* era um conceito marcadamente associado ao modelo de controlo difuso e generalista de constitucionalidade, originário dos Estados Unidos da América e da formação do seu sistema político, quando se entendeu que a garantia da lei constitucional, por se tratar de um acto político-normativo e não meramente legislativo, necessitava de um controlo de proximidade e que esse controlo poderia ser realizado pelos juízes ordinários, pois também eles tinham uma legitimação política (*'the judges speak in the name of the Constitution'*), decorrente da circunstância de serem eleitos (Tuschnet, 2004, 1242). Isto explicava também a circunstância de esse controlo se caracterizar pela aceitação de uma forma de controlo intensa, pois nesta primeira fase de implementação política da Constituição (*'departmentalism'*), cada "departamento do Estado" (presidente, governo e tribunais) estava legitimado a defender a sua interpretação do "Documento", mostrando assim o dinamismo político do processo, que culminaria com a aceitação de que a "última palavra seria do poder judiciário" (*strong-form review*). Uma solução que acabaria por se consolidar definitivamente em 1803, com a famosa decisão *Marbury v. Madison,* na qual o juiz Marshall haveria de anunciar que os actos legislativos contrários à constituição teriam de ser considerados nulos, que esta era uma lei superior e parâmetro (*paramount law*) para o poder legislativo, prevalecendo sobre os actos daquele, e que o tribunal tinha poderes para, neste caso, aplicar directamente a Constituição. Sublinhe-se que o poder de "invalidar actos legislativos com fundamento na violação da Constituição" sempre foi exercido com alguma moderação, tendo sido possível alcançar, perante um quadro de ausência de normas escritas, um consenso alargado sobre o sentido, o âmbito e a extensão, do controlo de constitucionalidade naquele sistema, no quadro de um adequado princípio de separação de poderes (Loughlin, 2010, 288ss).

Em oposição a este modelo, Kelsen apresentaria uma visão alternativa do controlo de constitucionalidade para os sistemas europeus, mantendo a ideia de que esta actividade se reconduzia a actos políticos primários, em especial mantendo um contínuo com o poder legislativo, mas apenas com poder negativo (*'o tribunal constitucional como legislador negativo'*), o qual deveria ser exercido por um tribunal especializado, composto não por juízes, mas por políticos ou juristas politicamente legitimados. Um modelo que não resistiu à emergência do Estado Social Europeu (incompatível com as limitações de controlo fundado apenas no 'legislador negativo') e às lutas entre os tribunais supremos e o tribunal constitucional, fazendo surgir diversas adaptações deste modelo no contexto das denominadas "sentenças intermédias", cujo sentido é reforçar a eficácia e a efectividade do poder de controlo de constitucionalidade (Blanco de Morais, 2009).

A evolução da *judicial review*, sobretudo à medida que novos Estados se confrontavam, em pleno século XX, com o problema da instituição (escolha) de mecanismos de controlo de constitucionalidade para os seus sistemas normativos, procurando ajustar estes dois modelos teóricos às suas especificidades políticas e culturais, permitiram desenvolver modelos muito diversos.

No mundo anglo-saxónico, depois da prevalência durante muitos anos do "constitucionalismo político" (Tushnet, 2014, 44) muito avesso à *judicial review* norte americana, em boa parte por causa do conservadorismo dos tribunais britânicos, ganhou destaque a *'new Commonwealth model' of judicial review* (Gardbaum, 2013). Este modelo ficou conhecido pelo facto de ter instituído formas menos intensas de controlo de constitucionalidade, onde é reservado ao poder legislativo a última palavra para "superar" as declarações de inconstitucionalidade, como acontece no Canadá (a *'notwithstanding clause'* da *Canadian Charter of Rights and Freedoms*), na Nova Zelândia (o mandato interpretativo do *New Zealand's Bill of Rights*), na Austrália e no Reino Unido (o mandato interpretativo do *British Human Rights Act*). Embora este "novo modelo" não se baseie exclusivamente na 'compressão' do poder judicial, pois ele visa construir uma solução intermédia, a verdade é que acaba por se centrar na distinção entre *judicial review* (controlo de constitucionalidade de actos legislativos) e *judicial supremacy* (violação de direitos subjectivos), consoante os casos.

Esta evolução para formas de controlo mais moderadas da constitucionalidade das leis tem também reflexos no sistema norte-americano, onde se vêm desenvolvendo alguns institutos no sentido de "moderar" a forma de *'strong-control'*. É o caso da *'political question doctrine'*, segundo a qual o *Supreme Court,* em certos domínios, deixa para o poder executivo ou legislativo a interpretação da Constituição, optando por não decidir o caso, considerando que se trata de uma "questão política".

Moderações que são fundamentais em todos os sistemas, de forma a não esquecer a essencialidade do controlo de constitucionalidade e a evitar as situações patológicas sob o ponto de vista do princípio da separação de poderes, conhecidas como *activismo judicial* (Urbano, 2014), típico do controlo de constitucionalidade em sistemas sociopolíticos com uma cultura democrática mais frágil, como é o caso do Brasil. Patologias que geram problemas estruturais graves no plano económico e financeiro, quando estamos perante decisões em matéria de direitos sociais ou dos denominados "direitos ambientais", e que podem também pôr em causa a estrutura sociológica, quando aplicados aos denominados direitos da bioconstituição (as refracções do direito à identidade genética). Estes são alguns dos novos desafios que a *judicialização da política* tem suscitado neste início do século XXI, reflectidos em três fenómenos conjugados: *i)* a interpenetração do discurso jurídico no domínio da política (ou nas fórmulas de Teubner e Habermas, a captura dos conflitos sociais pelo jurídico); *ii)* a expansão do constitucionalismo a todas as áreas normativas, interferindo com o regular exercício do poder legislativo democrático; *iii)* a generalização das agências reguladoras nas áreas económicas, que regulam questões políticas sob uma aparente legitimação científica (Hirschl, 2009).

Rule of Law

Também o conceito de *rule of law* tem sido utilizado em diversos sistemas jurídicos com significados distintos. Trata-se de um conceito que é tributário do "governo limitado" desde Montesquieu e que tem como antónimo a anarquia que impera nos "Estados falhados" e nos Estados de anomia, como os descritos por Hobbes e Locke.

Para uma parte da doutrina anglo-saxónica, de onde o conceito é originário, a *rule of law* encerra algumas condições essenciais: *i)* um *referente institucional* do poder que é dado pelo seu exercício com autoridade, mas em condições limitadas; *ii)* a subordinação do exercício do poder à *lei ordinária (common law)*; *iii)* a subordinação do poder aos *princípios constitucionais gerais*, ou seja, à prevalência, em certos casos, dos direitos privados das pessoas sobre o exercício legítimo do poder público; *iv)* a criação dialógica do direito e o exercício do poder sob a forma de *'managerial direction'*, por oposição à mera supremacia autoritária, que constituem o substrato moral do direito (*rule*); *v)* a existência de *procedimentos justos* (respeito pela dignidade humana) *e equitativos* (assentes na igualdade de oportunidades) na aplicação das soluções, respeitando a natureza do direito como disciplina argumentativa (Krygier, 2012).

Algumas correntes tratam a *rule of law* no sentido negativo, ou seja, esta é um instituto que procura garantir que a lei não se transforma em instrumento de domínio (Krygier, 2012, 243). Concepção que acabaria por estar na origem do *Rechtsstaat* europeu do séc. XX, ao qual se reconhecia não apenas uma dimensão formal, mas também uma dimensão material que garantia a força da sua normatividade para além da concepção funcionalista (Raz, 2012). No essencial, a distinção entre estes conceitos baseava-se no facto de o segundo corresponder a uma certa forma de Estado, ao passo que o primeiro a uma certa concepção do direito, baseada na ponderação entre o poder de prosseguir o interesse público (*gubernaculum*) e a garantia jurídica dos direitos (*jurisdictio*) (Krygier, 2012, 243).

Mais tarde, no contexto do pós-guerra, a *rule of law* haveria de adquirir um outro sentido dominante, deixando se ser marcadamente uma preocupação com o exercício legítimo do poder (*law of power*), algo que se acreditava ter sido resolvido pelo triunfo da racionalidade iluminista, para se centrar no essencial da construção do bem-estar, passando assim a preocupar-se com o estudo das potencialidades da construção da justiça a partir do direito (*power of law*) (Palombella, 2010, 9).

O conceito, porém, expandiu-se de uma forma global e o seu sentido foi sendo adulterado, e, deste modo, banalizado, podendo ler-se, por exemplo, na página do *World Justice Project (http://worldjusticeproject. org/)*, que a *rule of law* é a base fundacional para comunidades justas e baseadas na igualdade de oportunidades, seguindo-se uma lista infindável de expressões/manifestações do conceito, que em nada se aproximam da sua origem.

Hoje a *rule of law* volta a estar no centro das atenções da doutrina, maioritariamente em decorrência da crise o Estado e da organização weberiana do poder nas sociedades democráticas ocidentais, que haviam cunhado aquela expressão no contexto do exercício da procedimentalização do exercício do poder (Grimm, 2012). Uma nova centralidade da *rule of law* que explica as propostas de "reconstrução" do conceito no plano institucional (autonomamente ao Estado), em busca de uma produção normativa assente na validade do direito (Palombella, 2010) e que no plano funcional está também associado às propostas da *governance* como forma de regulação social (Zumbansen, 2014, 86).

Mas é igualmente importante perceber que esta metodologia que estuda a relação entre os sistemas normativos tem ainda como vantagem alertar para as dificuldades associadas aos denominados *transplantes normativos*. Apesar de alguns estudos interdisciplinares (a ligação entre a antropologia e a história do direito são um caso de sucesso em sociedades mais complexas, como a Africana – Bennett, 2012) revelarem que boa parte dos institutos jurídicos que caracterizam um sistema normativo, particularmente no direito dos contratos, são fruto de "importações jurídicas" ou de assimilações (Watson, 1974), não podemos esquecer que o direito é um produto cultural.

Da natureza cultural do direito, característica especialmente vincada no direito constitucional (Haberle, 2000), decorrem, segundo uma parte da doutrina, alguns limites em matéria de transplantes normativos, pois a falta de identificação do povo com a solução introduzida no sistema pode consubstanciar um fundamento de rejeição, que impede a assimilação e, nessa medida, se revela uma solução falhada. Assim, mesmo não rejeitando a ideia de que a transplantação normativa no direito privado é uma solução socialmente fácil de concretizar (Watson, 1974), também não ignoramos que a dimensão cultural do direito, em especial nos sistemas romano-germânicos, se pode apresentar como uma imunidade natural (Legrand, 1997)[7].

É verdade que os transplantes normativos, incluindo a "migração de ideias constitucionais", apresentam um risco cada vez mais reduzido, fruto da globalização, do desenvolvimento das redes normativas (Slaughter, 2004) e do intercâmbio universitário e académico que caracteriza o nosso tempo (Perju, 2012, 1305). Além disso, o sucesso da *transplantação normativa* está intimamente associado ao estudo e desenvolvimento do direito comparado, que surge aqui como uma terapêutica essencial (Watson, 1974, 95) e que tem também conhecido uma evolução marcante na última década, em especial no domínio da jurisprudência, mais concretamente da *judicial dialogue*, que analisaremos mais à frente.

3. Os direitos fundamentais na perspectiva do direito comparado

Esta abordagem ao estudo dos direitos fundamentais é especialmente importante para compreender a importância do contexto histórico-cultural na regulação do tema, bem como o modo como cada sistema jurídico recorta o conceito de direitos fundamentais e o regime jurídico aplicável.

O primeiro passo é por isso perceber o que são, originalmente, os direitos fundamentais – direitos reconhecidos aos indivíduos que estes podem opor perante o exercício legítimo do poder público de forma a proteger a sua esfera individual (ex. liberdade de expressão, liberdade de circulação, direito ao livre desenvolvimento da personalidade) – e qual a sua "força jurídica" (escudos de protecção, esferas de liberdade e não ingerência da acção pública, trunfos contra os poderes das maiorias) e o seu âmbito de acção (aplicabilidade directa, mediação legislativa).

---

[7] O primeiro volume da revista especializada em direito constitucional comparado - *International Journal of Constitutional Law* (2003) – foi inteiramente dedicado ao tema dos "transplantes constitucionais".

A dignidade da pessoa humana

Um ponto de partida para a sustentação teorética e filosófica do regime jurídico dos direitos fundamentais é a *dignidade da pessoa humana*, sobretudo nos constitucionalismos da Europa Ocidental (a *dignidade humana* é referida como valor fundante não só no texto de diversas constituições europeias e em todos as cartas e declarações de direitos humanos do pós-guerra, mas também em outros constitucionalismos como o chinês, o japonês e o indiano – Düwell, 2007), algo que encontra uma explicação lógica no estudo do conceito sob uma perspectiva histórica e comparada. Apesar do carácter global do conceito, os trabalhos mais desenvolvidos sob o ponto vista teórico-dogmático são os da doutrina germânica do pós-guerra.

Do mesmo modo que reconhecemos o carácter fundante da dignidade, acompanhamos aqueles que alertam para a necessidade de não "banalizar" o conceito, sobretudo quando trabalhamos o seu conteúdo normativo. Com efeito, parece importante distinguir aqueles casos em que o tratamento dado a um indivíduo afecta dimensões básica do ser humano (em que a pessoa é tratada como "objecto", segundo uma teorização que se deve a Dürig – Mahlmann, 2012, 379), daquelas em que direitos individuais são violados, mas sem afectar directamente aquelas dimensões básicas do indivíduo como ser humano e sujeito de direitos.

No primeiro grupo de casos podemos inscrever alguma jurisprudência relativa aos denominados 'hard cases': i) a *pena de morte,* que é admitida ainda em diversos Estados dos EUA, apesar de aquele sistema reconhecer também a dignidade da pessoa humana (não obstante aí a raiz fundacional dos direitos fundamentais não ser exactamente esta, mas sim a liberdade – Jackson, 2004); ii) a *prisão perpétua,* que foi considerada compatível com a dignidade da pessoa humana pelo Tribunal Constitucional Alemão apenas nos casos em que a lei preveja a possibilidade de o individuo vir a alcançar a liberdade (*BVerfGE* 45, 187); iii) o *abate de aviões civis* sob o comando de terroristas também foi considerado inconstitucional (*BVerfGE* 115, 118); iv) a tortura nos interrogatórios policiais, que se vem revelando um tema cada vez mais polémico no contexto do aumento do terrorismo, sobretudo quando está em causa a protecção de terceiros (veja-se não só a decisão do Supremo Tribunal de Israel - *Public Commitee Against Torture in Israel v. The State of Israel* – mas especialmente as decisões do TEDH nos casos *Gäfgen v. Germany*, em que a circunstância de o criminoso não ter sido condenado com base na prova obtida com recurso a tortura, por a mesma ter sido considerada ilegal, lhe retirou o estatuto de vítima à luz da Convenção, e o caso *Jalloh v. Germany*, onde o tribunal deu a entender na fundamentação que o "cargo" ocupado pelo traficante de droga na organização criminosa poderia ser ponderado na avaliação da validade da prova); *v)* a proibição do *consumo de pornografia infantil*, que não foi considerada inconstitucional pelo Supremo Tribunal da África do Sul por ser um meio adequado de combate ao fenómeno (caso *Luc De Reuck v Director of Public prosecutions and others* - 2004); *vi)* a *criminalização da prostituição* assim como a sua regulamentação no contexto de uma actividade profissional foram consideradas, pelo Tribunal da África do Sul, questões que devem ser decididas pelo legislador (caso *South Africa v. Jordan and others* – 2002); *vii)* os limites à livre autodeterminação da vontade em questões relacionadas com a vida (veja-se a decisão do TEDH, no caso *Pretty v. United Kingdom*, na qual o tribunal considerou que o não reconhecimento do direito ao suicídio assistido não violava a CEDH; a decisão do TEDH no caso *Evans v. United Kingdom*, em que o tribunal não considerou que a requente tivesse direito à implantação dos óvulos fecundados com sémen do ex-namorado, mesmo que essa fosse a única possibilidade de engravidar; ou mesmo o caso do 'canibal de Rotemburgo', de 2001, que suscitou o problema da não criminalização do canibalismo pela lei alemã, que ainda assim condenou o individuo, em 2006, a pena de prisão perpétua).

Já no segundo grupo, podemos inscrever os casos em que a construção jurídica da *dignidade da pessoa humana* como direito subjectivo permite reivindicar prestações positivas no contexto à garantia de um mínimo de recursos para uma existência condigna. Uma questão que retomaremos na parte II do texto, mas que, em nosso entender, consubstancia uma construção jurídica tendencialmente perturbadora do *ethos* da dignidade da pessoa humana, por duas razões: *i)* em primeiro lugar, pelo facto de nos obrigar a concluir que em todos os sistemas normativos onde se consagra a dignidade da pessoa humana, mas ainda não foi consagrado na lei o direito a prestações sociais pecuniárias semelhantes ao rendimento social de inserção, estas prestações poderão ser outorgadas directamente pelos tribunais (ou que estes poderiam "modelar" a legislação quanto ao seu âmbito, como se verificou no caso *Khosa and Others v. Minister of Social Development*, decidido pelo Tribunal Constitucional da África do Sul, em 2004, pelo qual se decidiu estender alguns direitos sociais a residentes permanentes, decisão que foi muito criticada internacionalmente pelo impacto económico que gerou e pelo facto de não ter sido baseada em qualquer estudo socio-económico); *ii)* em segundo lugar, porque nos parece fundamental, para garantir a força do conceito, que o mesmo não seja desvirtuado, e uma pessoa sem recursos económicos é alguém que carece de um enquadramento adequado pelas políticas sociais, mas não é indigno, como também não são indignos os membros de sociedades que não podem, por falta de recursos económicos, consagrar essas políticas sociais na lei (a escassez de recursos é uma "questão económica e social" que há-de ser solucionada pelos instrumentos de política democrática e não por teorias normativas).

Com efeito, concordamos com a ideia de que prestações legais como o rendimento social de inserção são instrumentos normativos de realização da dignidade da pessoa humana, mas não consideramos que consubstanciem realizações de um direito subjectivo daquela. Como veremos na parte II, esta "questão" surge essencialmente por causa da jurisprudência do Tribunal Constitucional Alemão, que recorre a este argumento para sustentar a sua jurisprudência na área social em face da inexistência de preceitos constitucionais expressos, mas isso não deve ser "transplantado" para sistemas, como o português, onde exista um catálogo de direito económicos, sociais e culturais e onde o legislador constituinte tenha já densificado no texto da lei o seu modelo de sistema de protecção social.

Questão diferente, contudo, é a provisão pelo Estado de um mínimo de recurso materiais a pessoas que se encontram em situações de especial vulnerabilidade, como os imigrantes ilegais, os refugiados e os asilados, durante o período em que aguardam uma decisão sobre a sua condição – *v. R v Secretary of State for the Home Department, ex parte Limbuela, Tesema & Adam (2005)*, um caso em que o Reino Unido foi condenado por negar *'emergency acommodation'* a um cidadão angolano que havia requerido asilo, mas que não tinha preenchido correctamente o formulário, situação que o levou a dormir na rua e a ter que pedir para comer.

Outro ponto que tem contribuído para a perda de centralidade do *ethos* da dignidade da pessoa humana é a sua mobilização como fundamento de decisões em casos que estão bastante distantes dos problemas suscitados nos *hard cases* antes mencionados, como sucede: *i)* no *arremesso de anões* em uma discoteca (*Commune de Morsang-sur-Orge v. Société Fun Production et Wackenheim*, do Conseil D'Etat, proc. 136727, de 1995); *ii)* no caso do *peep show* (*BVerfGE* 64, 274); *iii)* no *jogo de paintball da Laserdrome* (caso Omega, do TJUE C-36/02); ou *iv)* no caso da *dignidade pós-morte*, em que se proibia a inscrição de nomes não hebreus ou o uso do calendário gregoriano num cemitério judeu (caso *Jerusalem Community Jewish Burial Society v. Kestenbaum*, proc. 294/91).

No essencial, acreditamos que a *dignidade da pessoa humana* é um valor fundamental, predominantemente absoluto, apesar de surgir muitas vezes também como ponderável em contexto extremos, como o aborto ou o sacrifício de uma vida para proteger outras (legítima defesa, interrogatórios com recurso a tratamento degradante), mas que não deve ser banalizado para fundamentar, por exemplo, a proibição de intercepção de escutas telefónicas em processos criminais, a recolha de dados biométricos para a emissão de passaportes (*v.* caso *Schwartz* do TJUE, proc. C-291/12) ou para obstar a buscas domiciliárias nocturnas no âmbito de investigações criminais de terrorismo e crime organizado.

3.1. Limites internos e limites externos

Uma vantagem do estudo desta temática sob a metodologia do direito comparado é permitir perceber que hoje está maioritariamente ultrapassada a tese da "opção" entre os limites internos ou externos dos direitos fundamentais (Alexy, 2007, 240)[8], pois os tribunais acabam por trabalhar com as duas concepções de forma complementar à medida que são chamados a solucionar casos concretos. Nos Estados Unidos, por exemplo, os casos são maioritariamente decididos a partir da *perspectiva "definitional"*, que corresponde a uma espécie de doutrina dos limites internos; enquanto boa parte das Constituições Europeias parece impor a doutrina dos limites externos (Gardbaum, 2011, 389). Todavia, se atentarmos nos fundamentos que sustentam as decisões, conseguimos perceber que há muito pouco "rigor" na afectiva aplicação prática destas teorias. Vejamos alguns exemplos concretos para compreender melhor o problema.

Liberdade de expressão

Quase todas as Constituições e Cartas de Direitos Fundamentais protegem a liberdade de expressão e a liberdade de imprensa, mas estas liberdades têm alguns limites.

Entre os principais limites com que recorrentemente se confronta a jurisprudência em matéria de protecção da liberdade de expressão conta-se a *proibição do incitamento à violência (hate speech)* e à *prática de comportamentos ilegais*. Os autores consideram que são três os elementos fundamentais a ter em conta na análise da legitimidade da restrição da liberdade de expressão: *i)* o contexto no qual a expressão se insere; *ii)* a clareza da mensagem transmitida ou a transmitir; *iii)* a intenção do individuo que se expressa (Gey, 2009).

A perspectiva comparada permite-nos também compreender a forma como os diversos tribunais e os diferentes ordenamentos jurídicos lidam com os *fundamentos filosóficos* e os *limites* da *liberdade de expressão*. São essencialmente três os fundamentos filosóficos avançados pela doutrina para sustentar a liberdade de expressão: *i)* a promoção da busca e

---

[8] Entre nós esta questão foi especialmente estudada por Gomes Canotilho e Vieira de Andrade. Gomes Canotilho defendeu a rejeição da teoria interna, invocando a inadmissibilidade dos *limites imanentes* (2003, 1280), ao passo que Vieira de Andrade, embora também não perfilhe a teoria interna, admite que "a interpretação das normas constitucionais possa permitir restringir à partida o âmbito de protecção da norma que prevê o direito fundamental" (2012, 267).

revelação da verdade; *ii)* a sua relação com a autodeterminação do indivíduo e, nessa medida, uma forma de disseminar a tolerância e a "coragem cívica", combatendo os paternalismos; *iii)* a sustentação da democracia e de um governo democrático (Stone, 2011).

Outra perspectiva importante que esta análise nos fornece é uma ideia sobre os valores que cada ordenamento jurídico e cada tribunal elege como fundamento para a limitação da liberdade de expressão, o que tem, em regra, uma relação estreita com o contexto histórico-político e sociocultural que caracteriza as comunidades relevantes para a análise do litígio. Assim, é possível verificar que o Tribunal Constitucional Alemão dá prevalência à "dignidade", enquanto o Canadiano enfatiza a igualdade e o multiculturalismo ao passo que o Japonês se centra na democracia (Stone, 2011).

Um ponto que é sempre discutível quando adoptamos uma perspectiva *"definitional"* da liberdade de expressão é caracterizar a própria expressão enquanto bem ou valor digno de protecção, para excluir o que não deve integrar-se no conceito, como: *i)* a *obscenidade* (embora muitas vezes ela possa surgir associada a formas de expressar a indignação – é o caso Gerald Thomas analisado pelo Supremo Tribunal Federal do Brasil (HC 83.996/RJ); *ii)* o *hate speech* nas suas formulações mais graves (embora também aqui não seja fácil identificar o seu recorte, no caso do *US Supreme Court Snyder v. Phelps*, de 2011, o tribunal decidiu, por 8 contra 1, que a manifestação promovida pelo líder da Igreja Baptista contra os homossexuais, por ocasião das cerimónias fúnebres do soldado americano morto no Iraque, se devia considerar protegida pela 1.ª Emenda, o que suscitou diversas manifestações de apoio ao voto de vencido do juiz Samuel Alito, para quem *"In order to have a society in which public issues can be openly and vigorously debated, it is not necessary to allow the brutalization of innocent victims like petitioner"*) ou; *iii)* as *manifestações artísticas*, como o caso de pinturas obscenas (casos do TEDH *Müller and Others v. Switzerland* – 1988, Proc. N.º 10737/83 e *Vereinigung Bildender Künstler v. Austria* – 2007, Proc. N.º 68354/01)[9].

---

[9] É curioso, contudo, notar que o *US Supreme Court* não considerou violadora da 1.ª Emenda a norma que limitava a atribuição de subsídios à produção artística a um critério de

31

Já no que respeita às restrições, importa lembrar que boa parte dos litígios jurídico-constitucionais sobre a liberdade de expressão envolve um *contexto político* que deve ser tomado em consideração, como acontece na Turquia. No caso *Zana v. Turkey* (Proc. 69/1996/688/880, de 1997), a condenação, em 1991, do *mayor* de *Diyarbakir* a uma pena de 12 meses de prisão, por incitamento à violência, na sequência de declarações proferidas, em 1987, a um jornal, nas quais *Zana* afirmara o seu apoio aos membros do *Workers' Party of Kurdistan* e qualificara os massacres por eles protagonizados como "enganos que qualquer pessoa pode cometer", foi considerada pelo TEDH como uma restrição da liberdade de expressão justificada à luz do disposto no art. 10.º/2 da Convenção. Uma justificação que foi baseada no contexto de alarme social que se vivia na região (*"pressing social need"*), apesar de o voto de vencido de 7 dos juízes ter sublinhado que a medida adoptada pelo Estado era desproporcionada, que a liberdade de expressão também protege afirmações ofensivas, chocantes e perturbadoras, como se impõe numa sociedade democrática e que as informações eram ambíguas e foram mal interpretadas pelo Estado Turco[10] (Gey, 2009).

Outras vezes é a própria liberdade de expressão conjugada com a liberdade política que suscita dúvidas sobre o alcance das palavras proferidas e o traçar da linha delimitadora entre os crimes de difamação ou ofensa à ordem pública e o mero exercício do direito de liberdade

---

decência: "*artistic excellence and artistic merit are the criteria by which [grant] applications are judged, taking into consideration general standards of decency and respect for the diverse beliefs and values of the American public*" - *National Endowment for the Arts v. Finley*.

[10] O caso da *liberdade de expressão* na Turquia tem sido analisado pelo TEDH em diversas ocasiões, quase sempre associado ao problema político dos Curdos, o que tem permitido perceber que as autoridades nacionais utilizam um critério "mais apertado", uma vez que tratam a contestação política interna no âmbito das medidas antiterrorismo, ao passo que o TEDH tem procurado, no âmbito da *margem de apreciação*, elevar o *standard* de protecção da liberdade de expressão, defendendo que a violação da legislação não legitima o poder punitivo sobre o exercício daquela liberdade, pois, em alguns casos, trata-se apenas de uma expressão "do direito público a ser informado sob outra perspectiva" (critério aplicado no caso *Ek v. Turkey*, Proc. nº 28496/95, 2002), e noutros não encontrou manifestação de incitamento à violência (decisão adoptada no caso *Ibrahim Aksoy v. Turkey*, Proc. 28635/95, 30171/96 e 34535/97, de 2002). A questão foi também apreciada no contexto da extinção do partido que apoiava a "causa Curda" (*Refah Partisi v. Turkey*, Proc. 42340/98, 41342/98, 41343/98 e 41344/98, de 2003), tendo o TEDH considerado que neste caso a medida respondia a objectivos de interesse público (*'pressing social need'*) e era proporcional.

de expressão. Na Austrália, por exemplo, onde não existe uma norma fundamental que consagre a liberdade de expressão, são recorrentes os casos a decidir pelo tribunal, destacando-se o *Ball v. McIntyre* (1966), em que um estudante pendurou um placar numa estátua de uma praça de Camberra insurgindo-se contra a "guerra do Vietnam", tendo sido considerado pelo tribunal como manifestação de liberdade de expressão. Mais recentemente, no caso *Coleman v. Power* (2004), um estudante de direito distribuía panfletos com a afirmação de que a polícia era corrupta, situação que foi também reconduzida pelo tribunal à liberdade de expressão numa sociedade democrática, tendo recorrido ao artigo 19.º do Pacto Internacional sobre Direitos Cívicos e Políticos para justificar a protecção daquela liberdade (Gey, 2009a).

Entre nós a questão foi discutida no caso *Alves da Silva v. Portugal*, quando um cidadão de Mortágua inscreveu numa carrinha, que fez circular pelas ruas do Concelho, no dia de Carnaval, as seguintes afirmações: *"Acredito no desenvolvimento cultural, recreativo, social e económico de Mortágua, graças à empresa Set-Narba (acrónimo de Abrantes, o apelido do Presidente da Câmara), que tem o maior número de empregados pagos por nós todos. Dá-me o teu voto, que a tua mulher terá um emprego, sem necessidade de diploma, os teus filhos serão também funcionários da autarquia"*. Após um processo por difamação, que foi movido pelo Presidente da Câmara de Mortágua, Alves da Silva foi condenado pelos tribunais portugueses como autor material de um crime de difamação agravada, na forma continuada, na pena de 200 dias de multa, à taxa diária de € 7,00, num total de € 1.400,00. Após esgotar os recursos judiciais nas instâncias nacionais, interpôs recurso para o TEDH, que em 2009 condenou o Estado português por violação do art. 10.º da CEDH (liberdade de expressão) (Proc. N.º 41665/07), o que acabaria por resultar na revisão da sentença condenatória nacional (Ac. STJ de 23/04.0GDSCD-B.S1).

Na verdade, a abordagem a partir do direito comparado permite-nos perceber que a *liberdade de expressão* dificilmente poderá ser trabalhada pela doutrina e pela jurisprudência como um tema global, pois ele é indissociável do concreto contexto histórico-cultural e sociopolítico, que explica as restrições impostas pelo sistema à *liberdade de expressão* (a negação do holocausto ou manifestações de opinião que atentem contra os valores democráticos são valorados de forma diferente pelo Tribunal Constitucional Alemão em razão da sua história – Grimm *apud* Stone, 2011, 417), mas também pelas sensibilidades individuais dos juízes e pelos seus juízos políticos (como Posner refere a propósito da avaliação das decisões nos casos de "queima da bandeira" Americana ou das leis que pretendiam criminalizar os actos homossexuais – Posner, 2010, 282). Isto explica as dificuldades e as debilidades do *judicial dialogue* nesta matéria[11], mas também os inconvenientes da justiça transnacional no "triângulo europeu", como veremos mais à frente, a propósito do caso Carolina do Mónaco.

Por último, a *globalização* e a *Sociedade em Rede* têm lançado novos desafios à judicialização de litígios que envolvem a liberdade de expressão: *i)* em alguns casos chega a discutir-se se não devem aplicar-se nesta sede as regras em matéria de conflito de ordenamentos jurídicos, quando expressões proferidas num ordenamento jurídico provocam lesões em outro ordenamento jurídico (o caso foi julgado na Austrália a propósito das declaração constantes de uma revista on-line americana que continha afirmações difamatórias relativamente a um residente na Austrália, tendo o Tribunal considerado que o crime não era cometido no momento da publicação, mas sim quando os Australianos acederam à publicação - *Dow Jones & Co. Inc. v Gutnick*, de 2001); *ii)* o segundo leque de casos reporta-se às obrigações das empresas que gerem plataformas de Internet, onde qualquer individuo pode "carregar" comentários

---

[11] Um exemplo ilustrativo é o do parâmetro utilizado para "diferenciar" os limites entre a liberdade de imprensa e o crime de difamação nos sistemas de *common law*. Tendo por base a *malice clause* fixada na decisão do *US Supreme Court, New York Times v. Sullivan (1964)*, segundo a qual só haveria crime de difamação de "pessoas públicas" caso o queixoso conseguisse provar que a notícia era falsa e que o jornalista sabia disso e tinha actuado com um grau de diligência inferior ao exigido, o *standard* foi depois trabalhado pela jurisprudência dos outros tribunais da *Commonwealth* (Austrália, Canada, Índia, Israel, Nova Zelândia, África do Sul e Reino Unido) e acabou por se revelar em decisões mais recentes com um *standard* que assegura maior protecção aos indivíduos perante a liberdade de imprensa, como se pode verificar no caso do Supreme Court of Canada, *Grant v. Torstar Corporation* (2009), em que o tribunal foi sensível ao facto de as notícias publicadas pelo jornal (onde se defendia a tese de que a construção de um campo de golfe num terreno privado resultava de um aproveitamento político) terem sido previamente apresentadas ao queixoso antes de publicação, o qual optou por não se pronunciar sobre o assunto (Stone, 2011, 416).

e opiniões, discutindo-se a adequação das normas adoptadas por essas empresas para assegurar o bom nome e a ordem pública – o caso mais interessante foi decidido pelo TEDH, em finais de 2013, *Delfi v. Estonia*, Proc. 64569/09, no qual aquele Tribunal foi chamado a decidir se constituía ou não violação da liberdade de expressão a condenação de uma empresa que explorava uma plataforma de notícias on-line, por não dispor de instrumentos adequados a evitar comentários insultuosos, isto apesar de ter ficado provado que essa plataforma dispunha de um sistema de eliminação automática de palavras desadequadas e de um sistema de eliminação de comentários a pedido dos interessados, com um tempo de resposta de, no máximo, 24h.

3.2. Eficácia horizontal e eficácia vertical

Outra vantagem do estudo dos direitos fundamentais sob a metodologia do direito comparado é permitir perceber que hoje estão também maioritariamente ultrapassadas as teses sobre a eficácia horizontal e vertical dos direitos fundamentais, uma questão que podemos subdividir em diversas subquestões, cada uma delas funcionando como justificação para esta nova colocação dos problemas: *i)* em primeiro lugar, porque o "equilíbrio de forças" ou "poderes" entre os actores públicos e privados se alterou substancialmente, o que justifica um olhar mais atento por parte do constitucionalismo europeu continental sobre a *state action doctrine*; *ii)* em segundo lugar, porque o excessivo desenvolvimento teórico da *Schutzpflicht* (do dever de protecção), desarticulado de uma abordagem pragmática, contribuiu para o "jusfundamentalismo", o paternalismo estatalista e para a banalização dos direitos fundamentais, pondo em causa a livre autonomia privada dos sujeitos, e em comunidades com uma base sociológica mais complexa, a própria paz social; *iii)* por último, a generalização das *affirmative actions* tem contribuído para uma captura dos direitos e dos princípios fundamentais da igualdade e da proporcionalidade por "novas minorias", que vulgarizam a essencialidade destes institutos jurídicos.

a) *Eficácia horizontal dos direitos fundamentais e a* state action doctrine

A teoria da *eficácia horizontal dos direitos fundamentais* nasce do reconhecimento de que estas normas têm aplicação imediata (e não têm apenas aplicação mediata) – ou seja, que as normas constitucionais valem também nas relações entre os sujeitos, o mesmo é dizer que têm eficácia externa (*Drittwirkung*) e não são meros comandos para o legislador – conjugada com a aceitação de que estas normas valem também nas relações entre particulares e não apenas nas relações entre o Estado e o indivíduo – o que significa que as normas constitucionais podem ser invocadas directamente pelos indivíduos nas relações com os outros, sem necessidade da mediação do direito privado (para uma visão histórica da questão *v.* Vieira de Andrade, 2012, 230ss).

No essencial, esta concepção tinha um contexto histórico que a sustentava: no pós-guerra o indivíduo sentia uma presença e um domínio constante e intenso do Estado e dos titulares do poder público (ele era administrado, utente e titular de diversos deveres fundamentais), o que justificava a construção dos direitos fundamentais como um reduto de defesa subjectivo. Para além disso, muitos defendiam, na esteira do jurista alemão Hesse, que a autodeterminação económica era também um elemento essencial na *garantia da dignidade da pessoa humana*, o que justificava a extensão daquele reduto de defesa subjectivo perante os "poderes sociais privados" e não apenas perante o poder público, assim como outras dimensões essenciais que deveriam ser respeitadas no âmbito da concretização prático-normativa do princípio da dignidade da pessoa humana (Canotilho, 2003)[12].

---

[12] A verdade é que boa parte dos ensinamentos germânicos são originários de uma doutrina que nesta fase histórica se multiplicava em esforços para densificar a *dignidade da pessoa humana*, procurando assim afirmar externamente como reduto do humanismo aquela nação que pouco antes mostrara ao mundo as potencialidades da "banalização do mal". Os direitos fundamentais assumiram a força evangelizadora da nova religião do Estado, que foi, pouco a pouco, tolhendo as liberdades pessoais, reduzindo a liberdade de autodesenvolvimento pessoal e, com isso, a responsabilidade subjectiva e a consciência individual pela existência humana. Em termos genéricos, esta é, para nós, uma das principais causas do enfraquecimento a Sociedade Civil Ocidental em nome do fortalecimento do (de uma ideia de) Estado.

Um ponto que conheceu, e ainda conhece, debate intenso na jurisprudência e na doutrina é a tensão entre a *eficácia horizontal directa* (a aplicação imediata das normas sobre direitos fundamentais nas relações entre privados) e a *eficácia horizontal indirecta* (a subordinação das normas que regulam as relações jurídicas privadas à Constituição)[13]. Questão que no contexto europeu é usualmente associada ao *caso Lüth* do Tribunal Constitucional Alemão (1956), no qual aquele tribunal considerou que a propaganda levada a cabo por um judeu, contra um filme realizado por um ex-propagandista do regime Nazi, apesar de o filme nada ter a ver com o tema, estava protegida pelo direito fundamental de liberdade de expressão, o qual se aplicava igualmente nas relações entre privados, e que, neste caso, afastava as normas do código civil relativas à obrigação de indemnizar em caso de responsabilidade civil.

Seguiram-se décadas de uma discussão doutrinária intensa sobre os limites decorrentes da eficácia dos direitos fundamentais na regulação do direito privado em áreas como a liberdade de testar, o direito a casar, as relações de filiação, as relações jurídicas laborais, as relações jurídico-contratuais, o direito associativo e a liberdade interna de associações privadas, os direitos de personalidade[14], a liberdade de imprensa, o direito do consumo, etc. Décadas de uma jurisprudência "generosa", que foi alargando o âmbito de aplicação dos direitos fundamentais a quase todos estes domínios, sempre sob a justificação de que em boa parte destas relações podíamos encontrar um *ethos* de fundamentalidade que derivava de uma densificação do conceito de *dignidade da pessoa humana*.

Uma construção jurídica que se opunha à solução americana no contexto da *state action doctrine* aplicada no *US Supreme Courts* em matéria

---

[13] Sobre o estudo deste tema entre nós *v.* Mota Pinto, 2007.

[14] É o caso, em primeiro lugar, do acórdão do Supremo Tribunal de Justiça, de 30 de Maio de 2013, no proc. 2209/08.0TBTVD.L1.S1, que se fundamenta numa alegada protecção dos direitos ao repouso, ao sono e à tranquilidade, direitos que o tribunal recorta dogmaticamente como "direitos fundamentais de personalidade, nomeadamente à integridade física e moral da pessoa e a um ambiente de vida sadio", para decidir suspender o total funcionamento, no período diurno e nocturno, de três aerogeradores de um Parque Eólico que havia sido devidamente licenciado e que cumpria todos os critérios impostos pela legislação em matéria de avaliação de impacte ambiental e de ruído, impondo ainda ao promotor daquela instalação industrial a remoção das torres.

de *civil rights*, onde a regra era a de que as normas constitucionais referentes à protecção de direitos fundamentais apenas regulavam as relações onde havia uma ingerência dos poderes públicos nos direitos subjectivos individuais (Huhn, 2006). Com a adopção em 1868 da 14.ª Emenda, foi consagrada a igual protecção de todos perante a lei, o que envolve não só uma proibição de o poder público ferir direitos subjectivos, como ainda a proibição de que qualquer poder público adopte medidas que possam ser consideradas discriminatórias[15] (Michelman, 2009).

A formulação adoptada nesta Emenda veio suscitar diversos problemas relacionados com a "questão federal", pois muitas vezes o que é peticionado perante o US Supreme Court é a inconstitucionalidade das medidas adoptadas pelos Estados na promoção da igualdade, em especial alguns casos de acções afirmativas (*v.* infra o conceito e a referência ao caso *Schuette v. Coalition to Defend Affirmative Action* – 2014).

No essencial, como a jurisprudência do *Canadian Supreme Court* mostra, o aprofundamento da *state action* pode permitir chegar aos mesmos resultados práticos que a *eficácia horizontal*. Com efeito, embora os direitos consagrados na Carta não tenham aplicação directa nas relações entre privados, pelo simples facto de serem assegurados pelo Estado permitem que a respectiva violação, que resulta da lei (da lei que regula as relações contratuais ou as relações civis), seja juridicamente imputada ao Estado, com o fundamento de este permitir que aquela norma subsista e seja aplicada ou por não modificar o conteúdo da lei (Tushnet, 2002).

Como veremos melhor nos desenvolvimentos subsequentes deste texto, quer a eficácia horizontal, quer o aprofundamento da *state action* a partir da *equal protection clause* acabam por ter efeitos significativos, quer na organização económica privada, ao impor activamente a efectivação de alguns *standards* da social-democracia independentemente de critérios de sustentabilidade (*v. infra* parte II), quer na organização social e cultural, ao "perturbar" institutos tradicionais do direito civil, como

---

[15] Foi esta norma (a *equal protection clause*) que esteve na origem da conhecida decisão *Brown v. Board of Education* (1954), responsável pelo fim da segregação racional no sistema de ensino norte-americano.

o casamento (*v. infra* discriminação baseada na orientação sexual) ou mesmo o modo de constituição das relações de filiação com fundamento no "direito à verdade biológica"[16].

b) O dever de protecção

O *dever de protecção* (*Schutzplicht* na expressão alemã) surge associado à ideia de que existe um mandado de optimização dos direitos fundamentais pelas entidades públicas, o que significa que os indivíduos podem exigir ao Estado diversas dimensões correspondentes à realização dos seus direitos, ou seja, condições de efectivação dos mesmos. Entre as várias dimensões da função de protecção, destaca-se *i)* a *interpretação conforme aos direitos fundamentais,* que não só determina a "imposição" de interpretação da lei em conformidade com a Constituição, como ainda o reconhecimento da força irradiante dos direitos fundamentais no domínio da lei que regula as relações jurídicas privadas; *ii)* a *protecção através da participação,* que se reconduz à obrigação de realização material da igualdade de oportunidades, como a imposição de concursos para a ocupação de vagas em lugares com muita procura ou mesmo a adequação de *numerus clausus* à reserva do possível; e *iii)* a *protecção contra perigos,* que obriga o Estado a zelar pelo indivíduo e a uma intervenção protectora em diversas situações, como os nascituros (proibição do aborto, na decisão do *BVerfGE* 39, 1 de 1975), o desenvolvimento técnico (regimes de responsabilidade pública), a desigualdade

---

[16] Confessamos ter as maiores reservas quanto à tese da inconstitucionalidade das normas que estipulam um prazo de caducidade para as acções de investigação de paternidade. Segundo o Supremo Tribunal de Justiça Português, a questão deve colocar-se no âmbito de uma colisão de direitos, na qual, *o direito fundamental do suposto pai, decorrente da reserva da intimidade da vida privada e familiar, deve ceder perante a plêiade de direitos fundamentais de que é titular o interessado, como o direito de constituir família; direito à identidade pessoal; direito à integridade pessoal e direito à não discriminação,* radicados no *movimento científico e social em direcção ao conhecimento das origens e na importância dos vínculos biológicos e do seu determinismo,* revelados pelos avanços da genética. Somando-se a esta apreciação da colisão de direitos o carácter obsuleto dos argumentos tradicionais como a *segurança jurídica, o envelhecimento das provas e o argumento caça fortunas* (*v.,* por último, o proc. 155/12.1TBVLC-A.P1.S1, de 14 de Janeiro de 2014).

nas relações jurídicas privadas (regimes de defesa do consumidor) e esta protecção deve ser adequada a prevenir a ocorrência dos danos (Pieroth / Schlink, 2008, 27ss)[17].

Uma dimensão que se traduz na subjectivação de diversas pretensões – o direito ao ensino não é apenas a liberdade de aprender e ensinar, mas também o direito a beneficiar de um sistema de ensino fornecido pelo Estado no âmbito da reserva do possível, e o direito à reserva da intimidade da vida privada não é apenas uma garantia de não ingerência, mas é também a possibilidade de exigir do Estado algumas condições materiais como o direito a um espaço com privacidade no sistema nacional de saúde para a realização de um acto médico.

Esta concepção dos direitos fundamentais, disseminada pela jurisprudência do Tribunal Constitucional Alemão, que se revelou tão apelativa para a doutrina nacional, minou o desenvolvimento e a capacitação da Sociedade, conduzindo a um "paternalismo estatalista", pois o que assistimos em muitos casos foi a uma transmutação do que seriam as consequências decorrentes da eficácia horizontal dos direitos, para uma responsabilização do Estado pela omissão do dever fundamental de protecção (Nolte, 2005, 124ss; Tushnet, 2003). Uma construção, neste caso, mais "exigente" ainda do que a *state action,* onde inicialmente apenas se avaliavam as violações do princípio da igualdade, mas que, como veremos melhor mais à frente, haveria também de ser aprofundada neste sentido para dar lugar aos "direitos sociais" no modelo anglo-saxónico. Um paternalismo estatalista que se agravou profundamente no contexto da Sociedade de Risco (Beck, 1992), do surgimento das "novas gerações de direitos", em particular os direitos ambientais, e que entre nós comprometeu também a transição de modelo económico para uma economia social de mercado, pois desviou a capacitação das pessoas para uma dependência dos recursos e das actuações do Estado.

---

[17] Parece ter sido este um dos fundamentos subjacentes à condenação da Rússia pelo TEDH no caso *Alekseyev v. Russia* (proc. N.º 4916/07), de 2010, pois uma das razões alegadas pelo Estado para não autorizar a "parada Gay" de Moscovo era precisamente a falta de meios policiais aptos a garantir a segurança.

c) As affirmative actions

Outro ponto teórico de interesse no estudo do direito constitucional comparado são as *affirmative actions*, associadas a medidas de protecção especial, em "desrespeito" pelas regras gerais de alocação de escassez, de forma a garantir proactivamente uma igualdade que não surge de modo espontâneo pelo funcionamento normal das regras de mercado (concorrência). Este desequilíbrio persistente resulta de especiais contextos históricos de opressão por parte do poder público ou de discriminação social, mesmo que não intencional. As *affirmative actions* correspondem a formas de *justiça correctiva* de base moral (Nagel, 1976) e têm uma formulação jurídica também a partir do princípio da proporcionalidade, denominada "proibição por defeito", ou seja, em que o Estado é obrigado a agir, sendo a sua inércia qualificada como inconstitucional.

São medidas que em regra têm como destinatários grupos socio-económicos (*'preferred groups'*) que apresentam vulnerabilidades no contexto da igualdade de oportunidades (grupos étnicos, raciais ou religiosos, mulheres, deficientes e aborígenes) e que os autores dividem em a três tipologias principais: *i)* as *affirmative actions* indirectas, que se reconduzem a medidas políticas de promoção de certos grupos, como a obrigação de admitir na Universidade uma certa percentagem de alunos de um grupo racial ou étnico (quotas) ou as vantagens fiscais em contratar deficientes; *ii)* as *medidas de divulgação*, que se traduzem em certas orientações vinculativas para critérios de recrutamento concursal, sem interferirem com o resultado da selecção (a obrigação de que a escolha seja feita entre candidatos que representem igual número em género); *iii)* e as *discriminações positivas* ou *tratamento preferencial*, que obrigam a escolher o membro do grupo desfavorecido em caso de avaliação paritária (Sabbagh, 2012).

Estes são regimes jurídicos que se compreendem em nações erigidas sobre sociedades complexas (os exemplos mais recorrentes na literatura são os da Malásia e da Índia, onde a jurisprudência procura ajudar a solucionar a discriminação histórica baseada nas castas a partir do princípio da igualdade material *State of Kerala v. Thomas* - 1976) ou que

41

passaram por contextos históricos de profundas discriminações (é o caso da África do Sul, um sistema essencialmente fundado sobre uma ideia de justiça restitutiva, que necessita de contribuir activamente para a criação de sociedade igual e justa, como resulta da fundamentação do acórdão do Tribunal Constitucional daquele país no caso *The Minister of Finance and Another v Frederik Jacobus Van Heerden* -2004) ou onde os problemas raciais estão constantemente presentes (é o caso dos Estados Unidos da América), o que justifica não só a imposição de medidas legislativas de discriminação positiva, mas ainda uma especial atenção da jurisprudência sobre esta matéria (Sabbagh, 2012; Bhagwat, 2009).

Nos Estados Unidos, porém, as acções afirmativas não são facilmente enquadráveis no sistema jurídico[18]. A criação de um sistema de quotas para as Universidades, que consista na reserva de um conjunto de vagas para alunos de grupos afrodescendentes ou hispânicos foi considerada inconstitucional (*Regents of the University of California v. Bakke* - 1978)[19], sendo apenas admissíveis algumas medidas de promoção de diversidade cultural e racial de âmbito genérico (*Grutter v. Bollinger* - 2003), mas não um sistema rígido, como um sistema de avaliação quantitativa em que se admite a atribuição de alguns pontos extra a certas minorias (*Gratz v. Bollinger* - 2003), ou mesmo projectos educativos baseados em critérios de integração racial (inclusivos) (*Parents Involved in Community Schools v. Seattle School District* – 2007).

Na Europa, as acções afirmativas são essencialmente dominadas pelas "questões de género", em particular a promoção da inserção das mulheres no mundo laboral, como atestam os casos *Kalenke* (C-450/93), em que perante a igualdade de qualificações num concurso a lei admitia dar preferência a uma mulher por se tratar de um género sub-representado, e *Marschall* (C-409/95), onde também foi dada preferência a uma mulher

---

[18] Ver o que se disse *supra* sobre a *state action doctrine*.

[19] Uma decisão semelhante foi adoptada na Índia, no caso *Uttar Pradesh v. Pradip Tandon* (1975), em relação a uma legislação que assegurava um conjunto de vagas nas Faculdades de Medicina para estudantes das áreas rurais, podendo contudo ler-se na fundamentação que o governo deveria conceber esquemas para promover a educação e a integração social daquelas classes de cidadãos (Baer, 2012, 991).

num cargo para directora de uma escola, e o caso *EFTA Surveillance Authority v. Norway* – 2003, em que aquele país foi advertido por não admitir o acesso das mulheres a certos cargos na Universidade de Oslo (Bhagwat, 2009).

3.3. Direitos positivos e direitos negativos

Por último, a perspectiva do direito comparado permite-nos ter também uma nova visão sobre a tradicional divisão entre direitos negativos, de defesa ou direitos a um *status negativus,* e direitos positivos, de prestação ou direitos a um *status positivus* (Pieroth, 2008, 19; Gardbaum, 2009, 396).

Este estudo comparado e da jurisprudência comparada permite-nos compreender na prática a tese de que todos os direitos fundamentais encerram a necessidade de prestações por parte do Estado, o que significa que todos representam custos (Holmes/Sunstein, 2000), assim como que em muitos casos a existência de catálogos mais generosos relativamente aos direitos sociais (típico nas constituições mais recentes dos países em vias de desenvolvimento), bem como a possibilidade da sua judicialização não significa, necessariamente, a existência de uma Sociedade de Bem-Estar (tópico que iremos desenvolver na parte II). Basta comparar a realidade brasileira, o seu generoso catálogo de direitos e o activismo judicial que graça naquele país, com a realidade holandesa e o disposto no artigo 120.º da Constituição daquele país, que apesar de consagrar uma obrigação de as autoridades públicas promoverem a realização de alguns objectivos sociais como o emprego e a saúde, expressamente proíbe os tribunais de qualquer controlo de constitucionalidade nestas matérias (Gardbaum, 2009, 399).

A questão que hoje se discute não é tanto a de saber se estes direitos são verdadeiros direitos ou meras orientações programáticas para o legislador e menos ainda a de saber se a Constituição deve ser uma "Constituição dirigente" (Canotilho, 2001) – embora esse seja um preconceito que por vezes ainda assola o nosso constitucionalismo (Almeida Ribeiro / Pereira Coutinho, 2014) – mas sim a forma como a sua realização é assegurada num Estado de Direito Democrático e fundado numa economia social de mercado sem pôr em causa a separação de poderes (Davis, 2012, 1020), para o que muito têm contribuído os ensinamentos da *weak judicial review* (ver *infra* parte II) e as novas ponderações sobre a justiça social e a responsabilidade individual (Sen, 2004; Dworkin, 2011, 359).

3.4. Os direitos fundamentais – um balanço da actualidade

Os direitos fundamentais conheceram nas últimas décadas um desenvolvimento exponencial, seja pela multiplicação de gerações de direitos, seja pela interligação que se gerou no plano internacional com a promoção e as formas de efectivação dos direitos humanos. Todavia, uma parte essencial desta "evolução", a sua parte mais sombria podemos dizê-lo, reflectiu-se na respectiva concentração e judicialização como 'direitos de grupos'.

Os *direitos de grupos* têm em regra um fundamento liberal, cuja defesa encontramos nos trabalhos de Raz e Kymlicka, baseados no reconhecimento de que a diversidade cultural é um valor civilizacional que o Estado deve preservar (Choudhry, 2012, 1102). Estes direitos baseiam-se no pressuposto de que as comunidades pré-constitucionais têm uma identidade própria, expressa em língua[20], dialecto, práticas sociais, religião..., que o Estado Constitucional deve garantir. Garantias que muitas vezes exigem regras especiais para a organização democrática do Estado[21], mas que em outros casos acabam por se revelar factores de perturbação da paz e da organização social em sociedades mais complexas, dando origem a conflitos étnicos, ao ressurgimento de nacionalismos e a novos pretextos

---

[20] Veja-se o caso da decisão do Tribunal Constitucional da Letónia (*Mentzen case*) que impôs a transcrição dos sobrenomes alemães para letão, embora impondo ao Estado a inscrição de uma nota adicional no documento de identificação contendo o nome original (Baer, 2012, 993).

[21] Veja-se, por exemplo, o artigo 4.º da Constituição Belga, os artigos 17a e 18a da Constituição da Federação da Bósnia-Herzegovina e o artigo 81 da Constituição da República do Kosovo, onde se trabalha expressamente com maiorias qualificadas para garantir a representatividade dos diversos grupos que compõem o Estado.

para segregações, neutralizando o carácter universal de um *standard* de protecção da dignidade humana que os direitos fundamentais tinham permitido alcançar.

Esta é uma questão que consideramos, como boa parte dos autores, que deve ser reconduzida aos novos problemas da ciência política, onde se podem encontrar soluções para problemas como a sub-inclusividade dos direitos de alguns grupos, a integração dos indígenas, ou mesmo algumas dimensões quanto à integração de minorias religiosas, pois não consideramos que estes sejam problemas a solucionar no campo da dogmática dos direitos fundamentais, onde o radical de protecção é sempre o indivíduo (Baer, 2012, 994)[22].

Questão diferente, porém, é a análise das "conquistas" que outras minorias têm alcançado e tentado alcançar no plano das sociedades ocidentais, a partir do *status activus* dos direitos humanos reflectidos na arena constitucional. Referimo-nos, por exemplo, aos homossexuais e a algumas minorias religiosas na Europa.

Direitos dos homossexuais (ou na fórmula mais abrangente Gays, Lésbicas, Bissexuais e Transsexuais)

O que começou por ser apenas uma "categoria suspeita" em algumas Constituições, de forma a assegurar o fim das discriminações com base na orientação sexual, acabou por conduzir a um processo vertiginoso a nível global relativo à discussão do "direito" ao casamento entre pessoas do mesmo sexo e do "direito a adoptar" por casais do mesmo sexo.

Recorde-se que há não muito tempo, o tema constitucional em diversos países era ainda o da *descriminalização das práticas homossexuais* (os conhecidos '*sodomy cases*') por se considerar que subjacente a estas normas não estava a protecção de um valor ou um interesse público

---

[22] Neste sentido veja-se o caso *Santa Clara Pueblo v. Martinez*, do US Supreme Court, de 1978, no qual uma mulher pertencente a uma tribo, que casara com um homem não pertencente à mesma, impugnara a regra da tribo segundo a qual os filhos das mulheres que casavam fora da tribo não eram reconhecidos, apesar de a mesma regra não ser aplicada aos filhos dos homens que casavam fora da tribo, os quais eram reconhecidos como membros da mesma. O tribunal entendeu que não havia fundamento para decidir pela violação do princípio da igualdade, pois o direito do Estado não se aplicava na jurisdição da tribo.

(ex. garantia da procriação), mas apenas uma certa concepção moral da Sociedade. Algo que fica bem patente nas decisões do US Supreme Court sobre a constitucionalidade das leis estaduais que criminalizavam sexo oral e anal consentido entre adultos, seja na *Bowers v. Hardwick*, de 1986, em que o tribunal não se pronunciou pela inconstitucionalidade das normas da Geórgia, seja na decisão *Lawrence v. Texas*, de 2003, em que o Tribunal julgou inconstitucional a legislação do Texas e acabou por levar à sua eliminação nos restantes Estados, legalizando as práticas homossexuais nos EUA. O que resulta, em suma, das duas decisões é o reconhecimento de que esta é uma questão tratada pelas religiões e que o Estado não deve tomar partido, pois isso representa uma restrição da privacidade individual, sem que exista um fundamento legitimador.

Um fundamento – o direito à privacidade – que havia sido utilizado anos antes, pelo TEDH, no caso *Dudgeon v the United Kingdom* (1981, Proc. 7525/76) para considerar que as leis do Reino Unido que criminalizavam práticas homossexuais violavam o disposto no artigo 8.º da CEDH, e que levou a um aceso debate entre os juízes americanos sobre a influência que esta decisão teve sobre a mudança de opinião do US Supreme Court.

Curiosamente, não foi este o fundamento que levou à eliminação da criminalização das práticas homossexuais na Índia. No caso *Naz Foundation v. Union of India*, de 2009, o *High Court of Nova Delhi* limitou-se a afirmar que aquela norma não estava baseada nas razões de saúde pública invocadas pelo Governo, mas sim numa certa concepção de moral pública (Yoshino / Kavey, 2012). Mais original foi a decisão do *High Court of Harare* do Zimbabwe, de 1998 (caso *S. V. Banana*), que não considerou inconstitucional a criminalização das práticas homossexuais por reputar a matéria como uma "questão pré-constitucional", relativamente à qual a Constituição não tivera, contrariamente ao que acontecera na África do Sul, qualquer intenção de modificar ou regular (Hunter, 2009, 129).

Após a descriminalização das práticas homossexuais masculinas (as femininas nunca foram criminalizadas), os homossexuais passaram a assumir publicamente e com maior regularidade e notoriedade a sua orientação sexual, discutindo-se então judicialmente o problema da igualdade de tratamento dos homossexuais em relação a certos assuntos. Um exemplo foi o cumprimento do serviço militar. A questão chegou ao TEDH pelos casos *Smith and Grady v. United Kingdom* (1999, proc. nos. 33985/96 e 33986/96) e *Lustig-Prean and Beckett v. The United Kingdom* (1999, proc. nos. 31417/96 e 32377/96) onde se discutiu a legitimidade do afastamento de membros da força área e da marinha com fundamento na sua orientação sexual e na forma como esta prejudicava a eficácia das tropas, argumentos que o TEDH entendeu não serem suficientemente relevantes para afastar a violação do art. 8.º da CEDH. Nos Estados Unidos, a abolição da regra *'don't ask don't tell'*, que também bania os homossexuais do serviço militar, resultou de um processo político-legislativo e não directamente de uma decisão judicial (*Log Cabin Republicans v. United States*, 2011).

Seguiu-se a reivindicação do *'direito ao casamento'*, que teve como primeiras expressões a lei dinamarquesa de 1989 sobre o registo de uniões de casais do mesmo sexo (*Lov om registered partnerskab*) e a legalização do casamento entre pessoas do mesmo sexo pela Holanda, em 2001. Iniciativas que fizeram despoletar um movimento global pela reivindicação deste direito, culminando com diversos países (ou Estados como acontece nos EUA) a legalizar estes casamentos (entre os quais Portugal) ou a criar instrumentos legislativos de reconhecimento de efeitos jurídicos a estas relações muito semelhantes aos de um casamento (Yoshino / Kavey, 2012). Importa, contudo, destacar que em todos os países e mesmo antes desta "onda de legalização" das uniões entre pessoas do mesmo sexo, a jurisprudência sempre se revelou muito favorável em relação ao reconhecimento de outros direitos, nomeadamente, em matéria de sucessões, segurança social, arrendamento urbano, etc.. (Bamforth, 2009).

Sublinhe-se, porém, que o referido movimento legislativo global que legalizou as uniões entre pessoas do mesmo sexo não foi impulsionado pelos tribunais, pois os autores dão conta de que apenas na África do Sul o tribunal considerou inconstitucional a proibição do casamento entre pessoas do mesmo sexo por violação da dignidade da pessoa humana (caso *Minister of Home Affairs v. Fourie*, de 2006) (Bamforth, 2009). Nos restantes países, os tribunais não consideraram que a não consagração de um tal direito na lei civil pudesse ser reconduzida a um caso de violação do princípio da igualdade. Isto apesar de no Canadá, por exemplo, o primeiro reconhecimento de uma união entre casais do mesmo sexo ter decorrido de uma decisão judicial (*Halpern v. Canada*, de 2003) e de na Argentina um tribunal de primeira instância também ter considerado que as normas da lei civil que limitavam o casamento a pessoas de sexo diferente constituíam uma violação do princípio da igualdade, equiparável às leis nazis que proibiam o casamento entre pessoas de diferentes étnias e às normas norte-americanas que proibiam o casamento entre pessoas de raças diferentes (*Freyre Alejandro v. GCBA*, de 2009). Nos Estados Unidos da América a jurisprudência tem sido chamada a analisar a razoabilidade da proibição do casamento entre pessoas do mesmo sexo fundamentada na "necessidade de preservação da espécie" (*Hernandez v. Robles*, de 2006; *Andersen v. King Country*, de 2006; *Kerringan v. Comm'r of Pub Health*, de 2009; *Varnum v. Brien*, de 2009). Em outros países, como a Nova Zelândia, tem sido afirmado publicamente o critério da impossibilidade biológica de um casamento entre pessoas do mesmo sexo – *v. Joslin v. New Zealand*, de 2002.

Já na Europa, a questão do '*casamento entre pessoas do mesmo sexo*' sofreu profundas transformações em todos os ordenamentos jurídicos, em finais da década de noventa início do novo século – para uma síntese *v.* §§ 27 a 34 da decisão do TEDH no caso *Schalk v. Austria*, de 2010 –, tendo sido adoptada legislação em todos os Estados no sentido de reconhecer um registo de uniões ou a equiparação ao casamento propriamente dita. Apesar disso, os activistas homossexuais têm insistido no '*direito ao casamento*' com fundamento no princípio da igualdade, não considerando suficiente uma equiparação quase total de efeitos. Uma pretensão que, contudo, não tem sido aceite pelo TEDH – *v. Schalk v. Austria*, de 2010.

Mesmo nos países onde já conseguiram o reconhecimento do direito ao casamento, estes activistas continuam a reclamar, com base no princípio da igualdade e nos regimes jurídicos dos direitos fundamentais, mais '*direitos*', como os direitos de parentalidade[23] (*v. Salgueiro da Silva*

---

[23] Em Portugal discutiu-se muito o denominado regime jurídico da co-adopção por casais do mesmo sexo (Loureiro, 2014a).

Mouta v. Portugal, Proc. n.º 33290/96, 1999), e o direito de adopção (*v. Fretté v. France*, Proc. n.º 36515/97, 2002 e *E.B. v. France*, Proc. n.º no. *43546/02*, de 2008), continuando assim a discussão global sobre o activismo jurídico-judicial destas minorias, que é visível pela quantidade de acções suscitadas em tribunal, em todo o mundo!

4. Os princípios fundamentais na perspectiva do direito comparado

Um último ponto que também conhece novos desenvolvimentos no contexto do direito constitucional comparado é o estudo dos princípios jurídicos fundamentais, em especial no que respeita ao *princípio da proporcionalidade* e ao *princípio da igualdade*

4.1. O princípio da proporcionalidade

O *princípio da proporcionalidade* é hoje o instrumento jurídico mais relevante e frequente no controlo judicial dos actos do poder público (Stone Sweet / Mathews, 2008, 162), particularmente quando contendem e, sobretudo, quando restringem ou limitam direitos fundamentais. Para David Beatty, este princípio é *"appropriately multicultural"*, e por isso constitui *"the ultimate rule of law"*, já que no seu entendimento ele transmutaria as questões que na filosofia moral se apresentam no plano dos valores em questões de facto, o que significa que no plano da *judicial review* estaríamos, segundo o autor, no que Habermas denomina como "zona intermédia" entre os factos e as normas. Uma construção que é contestada pela doutrina que sublinha o facto de a ponderação levada a cabo na metódica da proporcionalidade ser baseada em molduras legais (plano normativo e jurídico) e não em simples apreciações de facto motivadas por elementos culturais (Barak, 2012, 478; Jackson, 2004). Já Aleinikoff refere-se ao princípio da proporcionalidade como *"a dominant technique of rights adjudication in the world"* (Klatt / Meister, 2012).

Mas a realidade actual veio pôr em destaque as dificuldades metódicas associadas à *realização* deste princípio, sublinhando a diversidade de "culturas de interpretação", e a urgência na promoção da *metódica do direito comparado*.

Trata-se de uma área jurídica recentemente autonomizada e que veio generalizar as situações de conflito entre direitos fundamentais e interesse público, em resultado das periódicas actualizações das opções políticas, tornando este tipo de litígios sobre a legitimidade das medidas normativas mais recorrente do que as restrições legislativas de direitos fundamentais motivadas por novas ponderações de valores em consequência da evolução social[24].

A construção clássica do *princípio da proporcionalidade* deve-se à dogmática e jurisprudência alemã, mas nas últimas décadas este princípio universalizou-se, e constitui hoje a um *"padrão universal de valoração de poderes e medidas"*, que está presente em todos os ordenamentos jurídicos – global, internacional, europeu, constitucional dos países do sistema continental e constitucional dos países da *common law* e, ainda, dos constitucionalismos mais recentes do espaço *Commonwealth*, como o de Israel e da África do Sul (Sauer, 2012).

Neste movimento de *expansão transnacional* para outros ordenamentos jurídicos, o princípio da proporcionalidade acaba, por um lado, transformando-se num *transplante legal* – algo dificilmente acomodável, na sua concepção original, em todos os sistemas, principalmente se for concebido como conteúdo doutrinário; mas essencial, enquanto *metódica de*

---

[24] Vale a pena sublinhar, a este propósito, a distinção entre três tipos fundamentais de litígios em que o princípio da proporcionalidade é chamado a ditar a solução: *i)* quando esteja em causa uma *colisão de direitos em concreto,* algo que pressupõe um juízo de realização judicial do direito (ex. direito à reserva da intimidade da vida privada e a liberdade de imprensa); *ii)* nas situações em que o legislador *intencionalmente* decide restringir um direito com o propósito de solucionar, *em abstracto,* um conflito potencial entre dois direitos ou entre um direito e um valor ou um interesse público especialmente relevante (ex. liberdade de circulação e a segurança nacional); *iii)* e aquelas situações em que o legislador aparece como *regulador económico* ou *social,* acabando, na prossecução dessa função, por limitar direitos fundamentais, coarctar liberdades económicas ou frustrar expectativas legítimas a ganhos económicos, embora essa não seja a sua intencionalidade primária (ex. definição das regras de uso sustentável da água limita certas liberdades económicas e até as possibilidades de aproveitamento económico de obras infra-estruturais dependentes do uso daquele bem).

balanceamento, na promoção de um *standard universal*[25] para o *controlo do poder* e *a avaliação das medidas restritivas de direitos fundamentais* e das que *afectem expectativas legítimas*[26] – e, por outro, sofrendo uma mutação no seu conteúdo originário, que justifica a mutação da clássica trilogia alemã – adequação, necessidade, proporcionalidade – para os diversos arranjos da *tetralogia* desenvolvida no plano universal – adequação, necessidade, ponderação e razoabilidade – que procura garantir a combinação intrínseca entre a perspectiva metódica (a *ponderação* e o *balanceamento*[27]) e a perspectiva conteudística à escala universal (a *razoabilidade*), a qual redunda, num verdadeiro *tetralemma*[28], tantas são as diferenças metódicas que existem neste novo contexto multinível de realização do princípio da proporcionalidade.

---

[25] Importa ter presente a diferença que na literatura anglo-saxónica se estabelece entre *regras* e *standards*, entendendo-se as primeiras como uma expressão normativa densificadora de um princípio, cuja finalidade é limitar a actuação do decisor (daquele a quem incumbe a tarefa de *realizar o direito*), ao passo que o *standard* pretende ser uma aplicação não mediatizada do princípio, que assim confere maior discricionariedade ao decisor, para que este atente nas especificidades do caso concreto (Schlag, 1985).

[26] Segundo Kumm a análise da proporcionalidade é talvez o transplante legal mais bem-sucedido de toda a história da segunda metade do século XX. Embora, se quisermos recorrer às metáforas culinárias de Örücü sobre os *transplantes legais*, podemos dizer que não estamos ainda perante um *purée* (casos de assimilação total), mas talvez perante uma *taça de cereais* (os elementos estão em fase de fusão ou hibridização), tendo sido já superados os estágios *taça de salada* (em que os elementos estão misturados sem perderem a sua identidade) e *prato de salada* (onde cada elemento aparece com a sua identidade salvaguarda e autonomizada dos restantes, embora sob o efeito de um "fio de azeite" que serve de elo de ligação entre eles) (Cohn, 2010).

[27] A *universalização* do princípio da proporcionalidade torna mais difícil qualquer tarefa de tentar estabelecer uma categorização conceptual única. Todavia, é possível concluir que os autores tendem a distinguir entre a *ponderação* como subprincípio da proporcionalidade, que se enquadra num método normativo de determinação da correcta correlação entre dois elementos, do *balanceamento*, enquanto abordagem metodológica distinta, através da qual se busca o mesmo resultado, mas a partir de uma concepção fundada em *standards*, o que conduz a uma maior discricionariedade (Evans / Stone, 2007; Cohen-Eliya / Porat, 2008).
Apesar da diferença proposta pelos autores, no texto utilizaremos indistintamente as expressões ponderação e balanceamento para designar a operação que se realiza no âmbito do teste da proporcionalidade em sentido restrito.

[28] Um *tetralemma* é um enunciado lógico originário da filosofia indiana (*Catuskoti*) que concebe quatro possibilidades a partir de uma premissa: ser X, ser não X, ser X e ser não X (ambos), ou *não ser X nem não X* (nenhum). Calliess utilizou esta figura para classificar o *direito transnacional*, dizendo que não estávamos perante direito de um Estado, nem perante direito de outro Estado (por remissão de normas, ou seja, afastou a possibilidade de estarmos perante um direito internacional privado ou de colisão de ordenamentos), nem perante direito internacional (que será o direito de ambos, do Estado e do outro Estado), e sim perante *"um direito novo"* ou uma nova fonte jurídica, que não é nacional, nem de outro Estado, nem internacional.

A *actualização* dos *critérios de realização* deste princípio adveio, no essencial, das dificuldades sentidas ao nível do método jurídico tradicional quanto à aplicação do "teste da necessidade" no domínio do controlo de actos legislativos em matéria de medidas políticas que contendem com direitos e liberdades fundamentais, pois no que respeita ao controlo de medidas restritivas de direitos fundamentais propriamente ditas, a substituição da trilogia pelo *tetralemma* deve-se, basicamente, à *globalização dos direitos humanos* (com a consequente *fragmentação da ordem jurídica internacional* – Koskenniemi, 2006) e à *internacionalização da respectiva protecção* através de *tribunais internacionais* (temas a que voltaremos mais à frente nesta parte I).

a) A perspectiva tradicional do princípio

O *princípio da proporcionalidade,* na sua formulação moderna do triplo teste (*dreistufige Prüfung*), aparece sempre associado à jurisprudência do Tribunal Constitucional alemão e tem como marcos históricos o "caso das farmácias" (*Apothekenurteil*), de 1958 – o tribunal constitucional alemão, chamado a apreciar a conformidade constitucional do artigo 3.º, §1.º da lei das farmácias (no qual se instituíam certas condições, pressupostos de interesse público, para a abertura de novas farmácias), com a liberdade de escolha de profissão (interpretada como liberdade de vocação), consagrada no artigo 12 da *Grundgesetz*, adopta uma metódica especial para a apreciação das situações em que o direito de liberdade individual é restringido por razões de interesse público, a qual se baseia nos testes de adequação, necessidade e proporcionalidade em sentido restrito –, e o "caso *Lüth*", também de 1958, já mencionado, no qual se afirma a "primazia" do sistema constitucional de direitos fundamentais sobre as normas de direito civil reguladoras dos direitos de personalidade.

De acordo com aquela metódica, o tribunal deve, em primeiro lugar, analisar a *adequação da medida* (*Geeignetheit*), ou seja, a sua idoneidade para a prossecução do fim, o que consubstancia, também, uma expressão do óptimo de Pareto (optimização relativa em face de condições fácticas) no sentido de que nenhuma medida restritiva de um direito deve ser admitida se com ela não se visar a promoção de um outro direito ou interesse geral. Seguidamente, há-de verificar a respectiva *necessidade* (*Erforderlichkeit*), o que significa que tem de concluir que a medida não pode ser substituída por outra igualmente adequada (eficaz), mas menos gravosa ("mandato do meio mais benigno", na formulação de Alexy). E, por último, o tribunal apenas há-de considerar conforme com o princípio constitucional a medida que, no âmbito do juízo de *proporcionalidade em sentido restrito* (*Verhältnismässigkeit im engeren Sinne*), permita concluir que não é demasiado gravosa em relação à conveniência de alcançar o resultado pretendido ("mandato da ponderação" – também na formulação de Alexy).

Segundo Alexy, os dois primeiros testes – *adequação* e *necessidade* – são mandatos de *optimização fáctica*, enquanto o teste da *proporcionalidade em sentido restrito* é um mandato de *optimização jurídica* (Alexy, 2007, 91-95). Isto significa que nos dois primeiros casos há uma interdependência entre o juízo normativo e as condições de validade fáctica das medidas, de onde resulta, ou pode resultar, uma limitação funcional para o tribunal, enquanto no teste da *proporcionalidade em sentido restrito* estaremos perante um juízo normativo de ponderação[29]

---

[29] Veja-se que para Alexy a *ponderação* assenta em uma metódica própria – "*the weight formula*". Segundo a "*fórmula do peso*", é necessário colocar em confronto os dois princípios na sua valoração abstracta, a intensidade da interferência exigida a um e outro e a confiança empírica e normativa que deve ser atribuída à realização e não realização de cada um dos princípios. Segundo Klatt e Meister, este método divide-se em três etapas: *i*) fixação do grau de não realização do primeiro princípio; *ii*) determinação da importância de realização do segundo princípio; *iii*) apurar se a satisfação do segundo princípio justifica a não realização completa do primeiro (Alexy, 2007, 10).

Alexy explica que a "*fórmula do peso*" apresenta soluções distintas consoante se trate de uma ponderação em abstracto ou em concreto. Para a primeira hipótese, o autor dá como exemplo a decisão do Tribunal Constitucional Alemão sobre as advertências de saúde nos pacotes de tabaco, que "opõe" a protecção da saúde dos fumadores à liberdade económica das indústrias tabaqueiras. Segundo o Tribunal, os riscos para a saúde do fumador são elevados, o que significa que os motivos que justificam a restrição à liberdade económica são ponderosos, sendo esta reduzida (meras advertências apostas no produto), então a legitimidade da restrição é "óbvia". Como exemplo da ponderação em concreto, o autor apresenta o caso (também do Tribunal Constitucional Alemão) da obrigação de as Universidades transmitirem às autoridades informações de dados relativos a estudantes estrangeiros, que opôs um estudante marroquino (muçulmano) à Universidade onde estuda, alegando violação do seu direito à autodeterminação em matéria de registos informáticos. O Tribunal considerou que a restrição a este direito é legítima em casos de perigo actual e concreto, mas não em casos de perigo abstracto e geral, pelo que, tratando-se o caso em apreço de entre dois direitos conflituantes ou entre um direito e um interesse público relevante[30].

Recentemente, alguns autores alemães vêm sublinhar a necessidade de juntar um quarto teste, prévio àqueles três, assente na autonomização do escrutínio da *legitimidade dos fins*[31], partindo da premissa de que nem todos os fins são legítimos por causa dos limites que podem ser justapostos à "liberdade de escolha pública". Este teste constitui, também, ou seja, conjuntamente com o princípio da proporcionalidade em sentido restrito, um *momento normativo* (Klatt / Meinster, 2012).

Trata-se de uma proposta que, a nosso ver, pode ser complementada com as reflexões colhidas em Zagrebelsky, quando o autor distingue, no âmbito do controlo de constitucionalidade das medidas, os *momentos internos* de *racionalidade* (prossecução de um fim que justifica o afastamento do arbítrio) e de *justiça* (coerência da solução do caso no domínio do sistema) e o *momento externo* de *razoabilidade*, em que se confronta a medida em abstracto com um valor. É nesta fase que, em nosso entender, o contexto actual impõe, por um lado, um alargamento do leque de valores a tomar em consideração, fruto da globalização e internacionalização do contexto das relações intersubjectivas, e, por outro, um exercício de direito comparado para garantir, através do "diálogo", a vocação globalizada da solução,

---

uma medida para combater uma ameaça geral, a mesma teria um peso relativo mais baixo do que a protecção do direito do aluno (Alexy, 2012).

[30] Transpondo esta metódica para o direito administrativo italiano, os autores equiparam os testes da *adequação* e *necessidade* à *discricionariedade técnica* – onde o Tribunal depende dos elementos de facto carreados para o processo para poder formular o seu juízo – e o teste da *proporcionalidade em sentido restrito* à *discricionariedade administrativa* – em que o tribunal pode escrutinar a decisão com base em critérios normativos, pois "o parâmetro normativo" é neste caso aferido a partir da *ponderação* de interesses (públicos e privados), valores e princípios (igualdade, justiça, boa fé...), de onde há-de resultar um juízo final sobre a legitimidade da medida (Cognetti, 2011).

[31] Um estádio que outros autores designam também como *teste de legitimidade* quanto aos fins. Trata-se de uma dimensão que ganha especial actualidade com a *neutralidade* exigida ao poder público em matérias como a orientação sexual, a composição familiar ou a profissão de um culto religioso. Schlink considera, por exemplo, que uma lei que discrimine famílias nucleares ou que pretenda defender os cidadãos de um culto considerado perigoso deve considerar-se *"ilegítima relativamente aos fins"*, não sendo sequer possível promover o teste da proporcionalidade das medidas, embora o Tribunal Constitucional Alemão admita, nestes casos, um "teste prévio" de *balanceamento* entre meios e fins (ex. violação do domicílio para defesa da segurança pública) (Schlink, 2012).

ou, pelo menos, recorrendo à expressão de Teubner, evitar "irritações" no processo de universalização da análise.

Entre nós, a dogmática do *princípio da proporcionalidade* foi especialmente desenvolvida por Gomes Canotilho, no estudo do *princípio da proibição do excesso* (2007, 266), por Vieira de Andrade, a propósito das restrições legislativas de direitos fundamentais (2012, 277) e por Reis Novais (2004, 161). Apesar de partirem da *clássica trilogia germânica*, cada um destes autores destaca aspectos diversos em relação à metódica daquele princípio.

Gomes Canotilho afirma que o *espaço de livre conformação do legislador* (que parece também estender ao poder regulamentar) justifica uma "limitação" do controlo do poder judicial aos juízos de adequação e proporcionalidade em sentido restrito[32], de onde podemos inferir que o autor "deixa" ao espaço de acção própria do princípio da legalidade democrática a "escolha" da medida, tornando inoperativo o *teste da necessidade* (algo que, como veremos, tem sido a posição adoptada pela nossa jurisprudência constitucional).

Já Vieira de Andrade, na esteira de Hesse, também "neutraliza" o *teste da necessidade* (o "mandato do meio mais benigno"), mas não o deixa inteiramente entregue ao espaço de criação própria da liberdade democrática, promovendo antes a sua "substituição" pelo *teste da "razoabilidade"*, admitindo as medidas mais ou menos restritivas, desde que todas elas se encontrem "dentro dos limites da razoabilidade exigível" (2012, 288)[33].

Por último, Reis Novais apresenta também uma proposta, desta feita não de "substituição" do teste da necessidade pelo teste da razoabilidade, mas antes de *"complementação"* do teste da proporcionalidade em sentido

---

[32] Segundo as palavras do autor *"[E]sta liberdade de conformação tem especial relevância ao discutir-se os requisitos da* adequação *dos meios e da* proporcionalidade *em sentido restrito. Isto justifica que perante o espaço de conformação do legislador, os tribunais se limitem a examinar se a regulação legislativa é* manifestamente *inadequada ou se existe um* erro manifesto *de apreciação por parte do legislador"* (destaques nossos) (2007, 272).

[33] Analisando a posição do autor, parece-nos que dela é possível inferir uma certa "recomendação" de autocontenção do poder judicial, também no teste da proporcionalidade em sentido restrito, pois ao autonomizar a razoabilidade pode querer dizer que ela há-se ser, igualmente, um elemento a integrar na ponderação final, assim apontando também para uma "rejeição" da teoria dos trunfos.

restrito com o *teste da razoabilidade*, em que, segundo o autor, o núcleo intangível das medidas não deve limitar-se à dignidade da pessoa humana, mas antes estender-se, também, à razoabilidade (apreciação da gravidade qualitativa e quantitativa da medida face à tolerabilidade da limitação da liberdade de autonomia pessoal), e ainda com o *teste da determinabilidade,* que impõe um grau de concretização e densidade para as normas que acolhem as medidas restritivas de forma a limitar ao máximo o respectivo espaço de *realização* (2012, 187-194).

A interpretação proposta por Reis Novais, sobretudo quando comparada com a leitura apresentada por Gomes Canotilho, parece pretender abranger a *"dimensão moral da proporcionalidade"*, que tradicionalmente alguma doutrina contrapõe à "dimensão política daquele princípio". Uma interpretação da sua teoria que se torna mais inteligível se tivermos presentes os trabalhos de Tsakyrakis e de Kumm, para quem os tribunais constitucionais dos países europeus, assim como o Tribunal Europeu dos Direitos do Homem, optam por transformar o princípio da proporcionalidade num instrumento de balanceamento entre direitos e entre direitos e interesses públicos, "esquecendo-se" de assegurar as "questões da moral política" que estão subjacentes à promoção dos direitos fundamentais (Tsakyrakis, 2010; Kumm, 2006a). Algo que Reis Novais parece subscrever quando afirma que o *princípio da razoabilidade* visa, precisamente, evitar que a protecção dos direitos se limite à inviolabilidade do núcleo, uma vez que para ele, na esteira de Dworkin, uma das funções essenciais dos direitos fundamentais consiste no facto de estes funcionarem como "trunfos contra as maiorias" (*"Firewall"* na expressão de Habermas ou *"side constraints"* segundo Nozick). Situação que não estaria devidamente assegurada caso o controlo da proporcionalidade dos actos legislativos se circunscrevesse a um balanceamento entre a gravidade da medida e a conveniência na prossecução do fim[34].

---

[34] A construção da teoria dos direitos fundamentais como *trunfos* nasce com o alegado propósito de assegurar a sua força normativa perante o "modelos dos interesses", segundo o qual todos os direitos seriam relativos, ou seja, susceptíveis de restrição segundo a metódica da proporcionalidade. Klatt e Meister distinguem três subtipos dentro da *teoria dos trunfos*: i) o *"strong trump model"*, em que os direitos se apresentam como absolutos e não

Uma interpretação entretanto ultrapassada, como a doutrina germânica mais recente sublinha, quando enaltece as qualidades do princípio da proporcionalidade em sentido restrito como "um poderoso instrumento racional de universalização de *standards* globais" (Klatt / Meister, 2012). Efectivamente, as críticas avançadas pelos defensores da argumentação moral, em especial Kumm, acabam superadas pelos argumentos apresentados por Alexy, quando o autor explica que a *universalização* do princípio decorre precisamente do seu carácter flexível, pois do balanceamento sairá um resultado ajustado às premissas fornecidas pelo contexto cultural. Não se trata de uma ponderação sempre favorável ao interesse público (em princípio representado pela maioria), mas sim de um resultado fundado "no peso que as pessoas derem aos interesses relevantes em conflito" (Klatt / Meister, 2012, 174). Veja-se que o contexto de *universalização* não conduz, fatalmente, a uma diluição das minorias. Pelo contrário, alarga o leque de valores para o *teste da razoabilidade* e reforça o conteúdo mínimo da protecção (em resultado, desde logo, do "diálogo" com outras soluções interpretativas), ao mesmo tempo que dilui o efeito *irritante* da diversidade cultural.

Afastada esta perspectiva, importa sublinhar que também não nos identificamos com a posição subscrita por Gomes Canotilho, pois não se nos afigura hoje razoável que o Tribunal Constitucional se demita do controlo da *necessidade da medida*, apenas por esse ser um espaço que o princípio da legalidade democrática "manda" deixar à livre conformação do poder legitimamente investido segundo as regras do jogo democrático.

---

restringíveis, o que significa que qualquer limitação há-de ser sempre interpretada como uma restrição (compreensão que os autores rejeitam, desde logo porque todas as Constituições e Cartas de Direitos Fundamentais contemplam cláusulas gerais de limitação, escritas ou não escritas, que revelam bem o carácter não absoluto dos direitos); *ii)* a *"medium trump model"*, que reconhece uma força prevalecente e uma prioridade aos direitos, apenas admitindo a sua restrição quando esteja em causa um "fundamento especialmente relevante", que o tribunal deve controlar com base no *"strict srutiny' test"* (também esta teoria é rejeitada pelos autores pela insegurança e incerteza que gera, a qual se pode traduzir numa arbitrariedade do poder judicial ao verificar a legitimidade das restrições); por último, *a "weak trump model"*, baseia-se na metódica da proporcionalidade e no pressuposto de que os direitos só podem ser limitados no contexto da ponderação com outros direitos ou bens constitucionalmente protegidos, o que constitui uma proposta orientada para a metódica da proporcionalidade na estrutura do teste quádruplo, ou seja, com a autonomização do teste da legitimidade dos fins (Klatt / Meister, 2012, 15-44).

Não queremos com isto defender um retrocesso e a defesa do modelo de interpretação característico do "novo constitucionalismo" – assente no esteio de legitimação da ordem democrática a partir da efectiva protecção dos direitos fundamentais e dos "mandatos constitucionais" em matéria de concretização de políticas públicas (Carbonell / Jaramillo, 2010; Canotilho, 2001). Longe disso, pretendemos apenas sublinhar a existência de uma "nova ordem económica global" que informa, também, o contexto interpretativo dos direitos fundamentais.

Verdadeiramente, este novo modelo económico-social – que em nosso entender consubstancia um *limite interpretativo* dos direitos, seja entendido como um contexto que tem de estar presente no momento interpretativo em que se formulam as restrições (se optarmos pela teoria individualista do Estado e da sociedade, *i. e.*, pela clássica *teoria externa*), seja, como nos parece actualmente mais correcto (em razão do reforço de poder da Comunidade face ao Estado no contexto global), entendido como limite imanente à força irradiante dos direitos (se optarmos pela visão comunitária do direito, *i. e.*, pela clássica *teoria interna*) - recomenda o escrutínio da liberdade de conformação legislativa de forma mais densa. Isto, pese embora o facto de esse escrutínio não ter que ser necessariamente judicial, e, menos ainda, efectuado pelo Tribunal Constitucional – tal como o não concebemos como agente activador de políticas, também o não concebemos como "guardião" da boa governação (voltaremos a este tema na Parte II).

A nossa posição acabará, neste contexto, por se aproximar, em certa medida, da proposta avançada por Vieira de Andrade quanto ao *teste da razoabilidade*[35], quando o concebemos como complemento da análise do *princípio da necessidade,* principalmente nas situações de "limitação" dos direitos decorrentes da implementação de políticas públicas (novas

---

[35] O autor destaca bem a diferença entre a *razoabilidade* e a *proporcionalidade* ao analisar o controlo de constitucionalidade da lei que entre nós regulava as limitações à propriedade das farmácias, referindo que estamos perante uma verificação da *razoabilidade* da medida adoptada pelo legislador no âmbito dos seus poderes de conformação da liberdade de iniciativa económica privada e não um escrutínio da necessidade e proporcionalidade da medida como se de uma restrição ao direito de propriedade privada se tratasse – *in* «O problema da constitucionalidade da reserva legal da propriedade das farmácias a favor dos farmacêuticos», *parecer inédito.*

opções políticas)[36]. Acreditamos, porém, que a *justiça* desta opção metódica requer complementos de controlo daquelas medidas *a montante* do controlo de constitucionalidade. É esta, como veremos, a solução que nos parece mais adequada no actual contexto da *universalização do princípio da proporcionalidade*, impulsionada pela globalização económica e pela internacionalização da protecção jurídica dos direitos humanos.

b) As novas formulações no contexto do direito constitucional comparado

Não foi apenas na Europa ou nos sistemas jurídicos continentais que este princípio de matriz germânica se divulgou. A sua força expansiva permitiu-lhe impor-se nos sistemas jurídicos da *Commonwealth* – seja nos que passaram a dispor de constituição escrita, como o Canadá e a África do Sul, seja naqueles que se mantiveram fiéis à não adopção de um tal documento, como Israel –, *inclusive* no sistema jurídico britânico, desta feita por influência do direito europeu (Villamena, 2008, 13), e ainda nos sistemas normativos internacionais de origem convencional, que em regra a doutrina associa à constituição de "novas ordens jurídicas de base constitucional" resultantes da fragmentação do direito internacional, de que constituem exemplos a União Europeia, o Conselho da Europa e a Organização Mundial de Comércio (Stone Sweet / Mathews, 2008, 73-165).

O *Canadá* acolheu o *princípio da proporcionalidade* na década de 80, por ocasião da entrada em vigor da *Canada's Charter of Rights end Freedoms (CCRF)*[37]. Recepção que aparece, pela primeira vez, na sentença

---

[36] Nesta matéria cumpre distinguir entre as situações gerais de *conformação legal de direitos*, em que o legislador se limita a disciplinar uma matéria que contende com direitos, mas em que se trata apenas de proceder à sua conformação legal, sem que essa conformação tenha de ser tratada como uma restrição (Alexy, 2007, 290) e aquelas em que essa conformação contende com *expectativas legítimas*, caso em que se impõe uma aplicação complementar dos dois princípios. Voltaremos a esta temática mais à frente no texto.

[37] Anteriormente, o Canadá dispunha do *Bill of Rights* de 1960, diploma que conferia ao Tribunal Superior o poder para interpretar as leis em conformidade com o respectivo conteúdo, embora não lhe reconhecesse a possibilidade de anular os actos que estivessem em desconformidade com aquele. A doutrina destaca que até à década de 80 apenas se tem nota de um recurso contra uma decisão de uma autoridade pública em que foi dada prevalência ao *Bill of Rights*: o caso *R. v. Drybones* (1970) (Pennicino, 2012, 46).

Regina v. Oakes[38], onde a formulação do princípio em matéria de interpretação da *cláusula dos limites razoáveis* (*section 1 da CCRF*[39]) pelo juiz Dickson obedece, também, a um *triplo teste*, conhecido como o *Oakes test*: *i)* as medidas têm que estar racionalmente conectadas ao objectivo a prosseguir; *ii)* para além disso, devem restringir o menos possível (*"minimal impairment"*) o direito previsto na *CCRF*; *iii)* exigindo-se, ainda, uma relação de proporcionalidade entre os efeitos provocados pelas medidas e os objectivos a prosseguir, aos quais, por seu turno, deve ser reconhecida "relevância suficiente".

Este *triplo teste* apresenta diferenças assinaláveis entre o controlo canadiano e o germânico em matéria de restrição de direitos fundamentais, sendo o teste do *"minimal impairment"* mais exigente do que o controlo geral da *proporcionalidade* adoptado pelo *Bundesverfassungsgericht* (Grimm, 2007), o que leva alguns autores a propor uma substituição desta metódica por um regime de *two-step proportionality/balancing*, em que num primeiro momento se analisaria a existência de uma violação ou limitação do direito, para, num segundo momento, verificar se essa limitação/violação seria razoável ou justificada segundo o teste da proporcionalidade (Panaccio, 2012).

A *África do Sul*, um exemplo do constitucionalismo mais recente, consagra igualmente uma cláusula de limitação de direitos na respectiva Lei Fundamental – *Section 36*[40]. A jurisprudência daquele país acabaria por acolher também o princípio da proporcionalidade na decisão *State*

---

[38] No caso *Regina v. Oakes* (1986) – julgado pelo *Supreme Court* do Canadá (1 S.C.R. 103) – estava em apreciação uma norma da *Narcotics Act*, na qual se estabelecia uma presunção de que seria traficante todo aquele que fosse encontrado em posse de droga, o que significava que sobre qualquer possuidor de droga impenderia o ónus de provar que não era traficante, sob pena de condenação por tráfico. O Tribunal acabou por considerar a medida violadora da *cláusula dos limites*, reconhecendo que não existia uma correspondência racional entre a posse e o tráfico de droga.

[39] A *section 1* da *CCRF* dispõe o seguinte: *"[T]he Canadian Charter of Rights and Freedoms guarantees the rights and freedoms set out in it subject only to such reasonable limits prescribed by law as can be demonstrably justified in a free and democratic society"*.

[40] Na *section 36* pode ler-se o seguinte: *"1.The rights in the Bill of Rights may be limited only in terms of law of general application to the extent that the limitation is reasonable and justifiable in an open and democratic society based on human dignity, equality and freedom, taking into account all relevant factors, including: a. the nature of the right; b. the importance of the purpose of the limitation; c. the nature and extent of the limitation; d.*

v. Makwanyane, onde foi chamada apreciar o problema da *pena de morte*[41]. Nessa ocasião, o tribunal afirmou que *"a limitação de direitos fundamentais para a prossecução de um propósito razoável e necessário numa sociedade democrática impõe o balanceamento de valores que estão em concorrência e um juízo derradeiro baseado na proporcionalidade"* (tradução nossa). Desde então, este princípio haveria de tornar-se o centro das decisões nos juízos de constitucionalidade, que quase sempre o convocam para um balanceamento dos direitos na resolução dos litígios (socorrendo-se em diversas situações do direito comparado), muitos até associados a práticas arreigadas em tradições culturais[42]. Em sistemas jurídicos como o *sul-africano*, onde se espera do Direito um especial engenho na implementação de parâmetros de justiça em sociedades com divergências culturais muito vincadas[43], o *princípio da proporcionalidade* revelou-se um instrumento único, capaz de moderar os ímpetos do poder legislativo (das maiorias), sem lhe coarctar a necessária margem de livre actuação na definição e prossecução do interesse geral.

O princípio da proporcionalidade foi também recebido pelo *sistema jurídico israelita* e mobilizado pela *Supreme Court* daquele Estado na resolução de litígios que envolviam a restrição de direitos e liberdades fundamentais, de que constitui um exemplo bem impressivo a decisão

---

the relation between the limitation and its purpose; and e. less restrictive means to achieve the purpose.

[2.] *Except as provided in subsection (1) or in any other provision of the Constitution, no law may limit any right entrenched in the Bill of Rights".*

[41] A doutrina atribui a influência germânica presente nesta decisão a uma visita que os juízes sul-africanos haviam efectuado, pouco tempo antes, ao Tribunal Constitucional alemão (Pennicino, 2012, 49).

[42] Veja-se o caso dos *Rastafarians,* que pretendiam continuar a consumir cannabis no âmbito da prática de cultos religiosos e cuja conduta foi criminalizada, tendo o Tribunal considerado que a limitação imposta pela lei de combate à droga não era desproporcionada relativamente ao fim prosseguido: reduzir o tráfico de droga – *v. Prince v President of the Law Society of the Cape of Good Hope and Others (CCT36/00) [2000] ZACC 28; 2001 (2) SA 388; 2001 (2) BCLR 133 (12 December 2000)*

[43] Também no caso *MEC for Education: Kwazulu-Natal and Others vs. Pillay (CCT 51/06)* foi necessário mobilizar o *princípio da proporcionalidade* para concluir que a proibição de autorização de uso de um *stud* (um tipo de *piercing nasal*, que constitui marca religiosa do hinduísmo) por uma aluna consubstanciava uma restrição excessiva à proibição de uso de símbolos religiosos, acabando até por ser considerada uma medida desadequada à finalidade da norma, que no caso era a integração inter-racial e religiosa dos estudantes.

do caso *Beit Sourik Village Council*, em que o Tribunal considerou que a opção apresentada pelo Governo para a construção de um muro de defesa anti-terrorista era desproporcionada (*proporcionalidade em sentido restrito*), uma vez que os benefícios decorrentes da medida não eram suficientes para legitimar a restrição dos direitos dos residentes em *Beit Sourik*, que ficariam privados das suas terras (HCJ 2056/04 *Beit Sourik Village Council v. The Government of Israel* – Barak, 2007). Neste aresto encontramos longas passagens sobre o conteúdo e a metódica do princípio numa perspectiva de direito comparado, com especial referência para as decisões judiciais do Canadá e da Alemanha.

De resto, as vantagens do *método comparado* ressaltavam já de forma impressiva no caso *Bank Mizrahi v. Migdal Cooperative Village*, onde o juiz *Barak* se apoiava na jurisprudência canadiana (sobretudo no já mencionado caso *Oakes*) e alemã (em especial no *Apothekenurteil*) para concluir que o projecto de construção de uma "linha de defesa", que obrigava a dividir as terras de cultivo anteriormente atribuídas como incentivo ao povoamento e aproveitamento económico daquelas áreas, violava o *princípio da proporcionalidade em sentido restrito*, e ainda para sublinhar a necessidade de "limitar o controlo judicial" por uma *margem de razoabilidade* (CA 6821/93 *Bank Mizrahi v. Migdal Cooperative Village*, 242).

A ideia de *combinar* o teste da necessidade com o princípio da razoabilidade encontra-se igualmente patente no caso *Horev v. Minister of Transportation* H.C. 5016/96 (1997) (Pennicino, 2012, 60), onde é questionada a constitucionalidade da medida adoptada pela autoridade responsável pela gestão do tráfego de cortar a *Bar-Ilan Street* durante o *Sabbath*. A *Supreme Court* desenvolve uma análise baseada na legitimidade dos fins (proteger a liberdade religiosa dos ultra-ortodoxos) e na utilização do meio menos restritivo, concluindo que o encerramento daquela artéria apenas durante uma parte do dia já configurava a forma menos restritiva da liberdade de circulação, e convoca depois o *princípio da razoabilidade* para concluir que não seria admissível cortar parcialmente a principal artéria de acesso a Jerusalém com o propósito de garantir o silêncio durante as celebrações religiosas se estivesse em causa, apenas, a protecção de uma minoria religiosa (os ultra-ortodoxos), mas que a proporcionalidade da medida não podia deixar de ser examinada à luz da matriz cultural do Estado democrático judaico de Israel[44] – uma decisão que, a nosso ver, revela bem a diferença entre a *suficiência* da *metodologia da proporcionalidade* nos diversos contextos culturais e os excessos a que pode conduzir a *teoria dos trunfos* baseada na força normativa das leis fundamentais.

A *maior disparidade* metodológica encontrava-se, porém, entre o *método germano* de controlo da proporcionalidade e o *Wednesbury reasonableness test* do Reino Unido[45]. Com efeito, a tradição britânica no controlo da actuação das entidades públicas sempre se centrou num exame de fiscalização (*judicial review*), incidente fundamentalmente sobre o *processo de actuação*, e menos focado no *conteúdo* da decisão. O *controlo do conteúdo* resumia-se à verificação da não *irrazoabilidade* da decisão (*"Wednesbury unreasonableness"*[46]), centrando-se no pressuposto de que o papel do tribunal não é o de substituir o juízo da entidade pública, mas apenas o de verificar a sua legalidade[47], bem como o de testar se a

---

[44] Uma solução que acaba por ser criticada por muitos autores, que vêm nela uma "cedência" à religião e, por isso, uma oportunidade perdida para Israel se afirmar como um Estado democrático de direito, mas que outros destacam como uma sagaz decisão judicial, onde se revela claramente o "exercício legítimo" do poder judicial enquanto *"fact-finding"*, que consubstancia a essência daquele poder, o mesmo é dizer, um exemplo onde o contexto factual adquire prevalência normativa a partir do princípio da proporcionalidade, exclusivamente pelas razões culturais que subjazem ao conflito (Cohen-Elyia / Porat, 2010).

[45] A diversidade entre o método germano e norteamericano no escrutínio judicial das restrições a direitos fundamentais é uma questão que não teremos oportunidade de analisar neste texto, mas não deixamos de sublinhar a diferença entre os autores que consideram que são mais relevantes os pontos de aproximação (Grimm, 2007) e aqueles que procuram a genealogia da diferença (Cohen-Elyia / Porat, 2008).

[46] A designação é originária do caso *Associated Provincial Picture Houses Ltd v. Wednesbury Corporation*, Court of Appeal, 1948 (1 KB 223). O julgamento incidiu sobre a decisão da *Wednesbury Corporation*, de, ao abrigo do disposto no *Sunday Entertainments Act*, de 1932, onde se estipulava que os cinemas poderiam funcionar nas tardes de Domingo de acordo com as condições impostas pelas entidades públicas, proibir a entrada a crianças de idade inferior a 15 anos nas sessões de Domingo à tarde. Na fundamentação da decisão – em especial no voto do *Lord Greene M.R.* – pode ler-se que o Parlamento entendeu delegar na autoridade local o *poder* para impor condições ao funcionamento das sessões de cinema nos Domingos à tarde, deixando-lhe um espaço para que esta, segundo a sua aptidão cognitiva, decidisse. Todavia, a condição imposta era desrazoável, pois nenhuma autoridade racionalmente a adoptaria, o que permitia aos tribunais interferir.

[47] Sobre o sentido e a evolução do controlo das situações de *"abuse of discretion"* como um controlo, primeiro pelos parâmetros da *rule of reason* (*Rooke's case* de 1958 e o

63

solução a que chegou a entidade pública se afigura *"desprovida de um fundamento razoável satisfatório"*, no sentido de que nenhuma autoridade a adoptaria com base em critérios racionais.

A compreensão britânica da *separação de poderes*, aliada à necessidade de diferenciação bem vincada entre *fiscalização (review)* e *recurso (appeal)* judicial constituem, ainda hoje, as principais razões da *"irritação"* entre as decisões dos tribunais britânicos e do Tribunal de Estrasburgo em matéria de protecção de direitos fundamentais. Todavia, é importante não esquecer que na jurisprudência do *House of Lords* já era possível verificar a existência de uma pequena evolução do *Wednesbury reasonableness* para uma forma mais intensa de escrutínio dos poderes públicos, fundada no *anxious scrutiny* (este parâmetro aparece referido originalmente no caso *Bugdaycay v. Secretary of State for the Home Department*, de 1987, AC 514 – Cohn, 2010, 27), sempre que estivesse em causa a protecção de direitos humanos.

A evolução substancial da jurisprudência e da doutrina daquele país em matéria de controlo das decisões dos poderes públicos acabaria, no entanto, por ser motivada, de forma mais evidente, quer pela aprovação do *Human Rights Act (1998)*[48], quer pelas constantes ingerências do Tribunal Europeu dos Direitos do Homem, que tornaram cristalinas as insuficiências do *Wednesbury unreasonableness test*.

Na verdade, é com a decisão *Daly*[49] que o *House of Lords* inaugura uma nova era no domínio do controlo da proporcionalidade – período

_____

Keighley's case de 1609), e, posteriormente, por uma forma mais elaborada do *princípio da razoabilidade* consagrado com o *Wednesbury principle* (Pennicino, 2012, 41-42).

[48] No caso *Freitas v. Permanent Secretary of Ministry of Agriculture, Fisheries, Lands, and Housing* (1998), o *Privy Council* rende-se, pela primeira vez, à metódica da proporcionalidade, adoptando o teste triplo: *"(i) the legislative objective is sufficiently important to justify limiting a fundamental right; (ii) the measures designed to meet the legislative objective are rationally connected to it; and (iii) the means used to impair the right or freedom are no more than is necessary to accomplish the objective"*; mais tarde, no caso *Mahmood v. Secretary of State for the Home Department* (2001), discutem-se, precisamente, os novos caminhos para a harmonização de um escrutínio dos actos das autoridades públicas que seja "leal" à Declaração de Direitos, sem contudo pôr em causa a liberdade emergente da legitimidade democrática, considerando-se que esse caminho há-de basear-se, ainda, no *critério da razoabilidade* (Beatson, Matthews, Elliott's, 2010, 263).

[49] O caso *Daly v. Secretary of State for Home Department* (2001) solicitou a apreciação pelo *House of Lords* de um conjunto de normas respeitantes às buscas em celas prisio-

que os autores apelidam como emergência de uma "cultura de justificação" –, na qual se aprofunda o âmbito do controlo material dos juízes sem adulterar a essência da *judicial review* (Beatson, Matthews, Elliott's, 2010, 263). Os juízes concordaram quanto à necessidade de adoptar um instrumento mais sofisticado, como o *princípio da proporcionalidade*, no controlo de medidas restritivas de direitos consagrados no *Human Rights Act* – desde logo, era essencial verificar a necessidade das medidas, e analisar se as mesmas se revelavam adequadas à prossecução dos fins, tendo estes também que se mostrar legítimos.

Contudo, em decisões mais recentes, de que constitui exemplo o caso *Doherty v. Birmingham City Council,* os juízes do *House of Lords* voltam a questionar a "necessidade" de recorrer ao teste da proporcionalidade e propõem como alternativa (*"solução b"*) a *judicial review, including unreasonableness*[50], mais consentânea com o princípio da separação de poderes (Goodwin, 2012). Estas hesitações quanto à *metódica do princípio da proporcionalidade* no sistema britânico devem-se, a nosso ver, sobretudo aos *genes da common law,* responsáveis pela incapacidade de se estabelecer naquele sistema uma diferenciação clara entre a proporcionalidade no domínio da actividade administrativa e a proporcionalidade no domínio dos actos normativos.

Já dentro dos denominados "novos ordenamentos constitucionais internacionais", o destaque vai, em primeiro lugar, para a *adaptação* que o *direito da União Europeia* fez do *princípio da proporcionalidade,* afeiçoando-o a uma *técnica de "judicial governance",* que permite calibrar as "finalidades e a autoridade do direito europeu" ao mesmo tempo que regula a autonomia dos Estados-membros no contexto da integração

---

nais, nas quais se impedia a presença do prisioneiro, para evitar que este apreende-se as técnicas utilizadas pelos guardas prisionais, aos quais era permitido examinar, mas não ler, a correspondência existente na cela. Mr. Daly contesta estas normas, alegando que a circunstância de não poder estar presente durante a realização das buscas punha em causa o seu direito à confidencialidade na comunicação, uma vez que nada impediria os guardas, nesse caso, de ler a sua correspondência.

[50] No caso *Doherty v. Birmingham City Council* [2008] UKHL 57 discutia-se a possibilidade de uma autoridade local executar a decisão de desocupação de um terreno onde estava instalada uma família cigana que não dispunha de um título válido (licença caducada) (Cohn, 2010, 37).

económica e política (Stone Sweet / Mathews, 2008, 142). Vale a pena lembrar que os Tribunais Europeus aplicam hoje este princípio, quer no controlo de restrições a direitos fundamentais, quer no contexto da implementação das políticas públicas (Cohn, 2010, 26).

Para além dos casos já sobejamente conhecidos – *Dassonville* (C-8/74) e *Cassis de Dijon* (C-120/78) –, a mobilização deste princípio pelos Tribunais da União Europeia vem-se revelando um instrumento poderoso na "limitação" da esfera de autonomia dos Estados, seja em matéria de *direitos fundamentais e proibição de discriminação arbitrária* – veja-se o recente caso *Comissão v. Hungria* (C-286/12)[51] –, seja no domínio da implementação de políticas públicas – de que é exemplo o caso *Comissão v. Áustria* (C-320/03)[52].

Na mesma linha, o *sistema europeu de protecção de direito humanos,* que conta com o Tribunal Europeu de Estrasburgo como instrumento essencial para a garantia dos direitos previstos na Convenção Europeia dos Direitos do Homem, é também um dos novos domínios de eleição para a aplicação do *princípio da proporcionalidade.* Inicialmente circunscrito à busca de um mínimo denominador comum para funcionar como *standard* de direitos humanos "válido" em todos os Estados-parte, o Tribunal Europeu dos Direitos do Homem evoluiu para uma espécie de "instrumento vivo", que vai impulsionando a promoção de novos direitos e garantias nos ordenamentos jurídicos estaduais, muitas vezes em resultado do desenvolvimento de uma metodologia próxima da germânica[53]. Algo

---

[51] Uma decisão em que o Tribunal deu razão à Comissão e condenou a Hungria por estabelecer um limite máximo de idade (62 anos) para a cessação obrigatória da actividade dos juízes, procuradores e notários sem apresentar um fundamento razoável, o que, no entender do tribunal, *"origina uma diferença de tratamento em razão da idade que não é proporcionada relativamente aos objectivos prosseguidos, violando assim o quadro geral de igualdade de tratamento no emprego e na actividade profissional imposto pela Directiva 2000/78/CE do Conselho, de 27 de Novembro de 2000".*

[52] Nesta ocasião, o tribunal concluiu que a Áustria violou os artigos 28.º e 29.º do TCE ao proibir a circulação de camiões com peso bruto superior a 7,5 toneladas, que transportassem determinadas mercadorias, num troço da auto-estrada A 12, no *vale do Inn,* em cumprimento das normas europeias em matéria de limites de emissões poluentes no âmbito do transporte rodoviário de mercadorias. Segundo o Tribunal, as entidades austríacas não demonstraram que este fosse *o meio menos oneroso* para cumprir aquele objectivo.

[53] É importante ter presente os estudos de Greer, onde o autor desenvolve a ideia de que a *margem de livre apreciação* (que em seu entender é uma doutrina mais do que um

que se torna evidente não só nos casos já mencionados que envolvem o Reino Unido, mas também quando estão em causa países que adoptam uma metodologia próxima da alemã e que se vêem, nesta circunstância, confrontados com um novo juízo de ponderação efectuado pelo TEDH – o caso mais impressivo é, em nosso entender, o *López Ostra*[54].

Também o *Painel de Resolução de Litígios na Organização Mundial de Comércio* (*The Dispute Settlement Body*) convoca regularmente o *princípio da proporcionalidade* na formulação das suas decisões. Recorde-se que este *Painel* tem uma natureza jurídica especial – é um *trustee court*, na expressão de alguns (Stone Sweet / Mathews, 2008, 154) – e os problemas que resolve resultam, maioritariamente, numa tarefa hermenêutica de

---

princípio) constitui, em boa verdade, uma salvaguarda de poder discricionário do Tribunal para se sobrepor (qualificando como violadoras da Convenção) apenas àquelas medidas estaduais que sendo adoptadas pelo poder legislativo para acorrer a interesses específicos, se revelem *desproporcionadas* relativamente ao contexto sociocultural envolvente. Por aqui se percebe que o *"papel"* do Tribunal não é trabalhar com *interpretações* abstractas e de validade *universal*, mas sim com *standadrs* ajustados culturalmente (Greer, 2010).

No que respeita, em especial à interpretação/realização dos artigos 8.º a 11.º da Convenção, o autor defende que a *margem de livre apreciação* é, ela própria (o mesmo é dizer que é restringido o espaço de livre valoração dos juízes), limitada por três requisitos: *i)* a interferência deve mostrar-se *necessária* numa sociedade democrática (não sendo despiciendo saber quem tem o ónus da prova neste caso); *ii)* a restrição deve ser aprovada por lei ou em conformidade com a lei; *iii)* e proporcional relativamente à necessidade de dar resposta à pressão social (Greer, 2000).

[54] Referimo-nos à decisão *López Ostra v. Spain* (Application no. 16798/90) – estavam em causa emissões sonoras e poluentes provenientes de uma fábrica de curtumes instalada em Lorca (localidade da espanhola Andaluzia), que atingiam a habitação da requerente *Gregoria López Ostra*, a qual após diversos recursos junto das entidades judiciais espanholas, sem que tivesse obtido uma resolução definitiva do problema, designadamente a anulação da licença e/ou uma indemnização pelos danos decorrentes das emissões poluentes, intentou no TEDH uma acção na qual o Tribunal haveria de condenar o Reino da Espanha, com fundamento na violação dos artigos 3.º (proibição da tortura) e 8.º (direito ao respeito pela vida privada e familiar). Apesar de as instâncias nacionais, quer judiciais (que apenas ordenaram, em uma ocasião, o encerramento temporário da industria), quer administrativas, terem considerado, perante o conflito de direitos em causa, que o facto de a indústria respeitar as normas nacionais e europeias em matéria ambiental era suficiente para considerar *excessivo* e *desproporcionado* o seu encerramento, o Tribunal Europeu entendeu, apesar da margem de livre apreciação, que o conflito justificava uma ponderação diferente, favorável à prevalência da posição jurídica da requerente – *"In both contexts regard must be had to the fair balance that has to be struck between the competing interests of the individual and of the community as a whole, and in any case the State enjoys a certain margin of appreciation (...) Having regard to the foregoing, and despite the margin of appreciation left to the respondent State, the Court considers that the State did not succeed in striking a fair balance between the interest of the town's economic well-being - that of having a waste--treatment plant - and the applicant's effective enjoyment of her right to respect for her home and her private and family life".*

densificação do âmbito de aplicação das *"excepções gerais"* à proibição de entraves à liberdade de comércio internacional, previstas no artigo XX do *General Agreement on Tariffs and Trade* (GATT).

É exactamente neste contexto de balanceamento de interesses e valores que aquele órgão acaba por convocar e aplicar o princípio da proporcionalidade – de um lado, a liberdade de comércio, e, de outro, interesses invocados pelos Estados na justificação das barreiras impostas àquela liberdade que se reconduzem à necessidade de proteger: "o interesse público e interesses morais" (art. XX/*a*), "a saúde e a vida humana, animal ou vegetal" (art. XX/*b*) ou "a conservação de recursos naturais esgotáveis" (art. XX/*g*), para dar apenas alguns exemplos.

Para o *mecanismo de composição de litígios da OMC,* o princípio da proporcionalidade reconduz-se, no essencial, ao *reasonably available alternative test*[55], que obriga os Estados que pretendem implementar medidas restritivas do comércio internacional a justificá-las de acordo com o critério da *necessidade (Thai Cigarettes*, 1990, BISD 37S/200 e *Korea-Beef,* 2001, DS161 e DS169) e da *proporcionalidade em sentido restrito*, onde não pode deixar de ser ponderada a posição dos restantes membros daquela organização (Andenas / Zlepting, 2007).

No caso que opôs os Estados Unidos à China a propósito da adopção por esta de medidas restritivas em matéria de transacção de direitos sobre

---

[55] A doutrina defende que esta compreensão do *princípio da proporcionalidade* como instrumento de balanceamento de interesses e valores no domínio da liberdade de comércio internacional constitui um *acquis* anterior à própria constituição da OMC, tal como hoje a conhecemos, com os *Painéis* de resolução de litígios, sendo possível fazer remontar a origem do *reasonably available alternative test* à solução do litígio *U.S. – Section 337 of the Tariff Act of 1937,* em 1989 (BISD 36S/345). Estava em causa uma disputa entre a Comunidade Europeia e os EUA, baseada na violação do art. III/4 do GATT, respeitante a um tratamento diferente da protecção de patentes em função do lugar de produção do bem, diferença que resultava de os Estados Unidos "bloquearem" o acesso aos tribunais na solução destes litígios, atribuindo aquela competência à *International Trade Comission*, uma agência que adoptava padrões menos intensos de protecção da liberdade de comércio. O painel de árbitros chamado a decidir este litígio acolheu a fundamentação da Comunidade Europeia, para quem esta decisão não respeitava o *critério da necessidade.* A doutrina destaca o papel de Pescatore enquanto membro do Painel, e o facto de ele estar bastante familiarizado com o *teste da proporcionalidade* aplicado pelo Tribunal de Justiça das Comunidades Europeias, onde as partes são obrigadas a justificar a *necessidade* da medida relativamente a outras menos restritivas das liberdades económicas. Os autores sublinham, mesmo, que foi a *circulação de juízes europeus* pelos órgãos jurisdicionais destes sistemas internacionais que permitiu "globalizar" o *princípio da proporcionalidade* (Stone Sweet / Mathews, 2008, 157 e 160ss).

conteúdos audiovisuais – caso *China-Publications and Audiovisual Products* (2007, DS363) – pode ler-se o seguinte: *"regarding China's Article XX(a) defence, which concerned reading materials and finished audiovisual products, the panel determined that,* because there was at least one other reasonably available alternative, *China's measures were not "necessary" within the meaning of Article XX(a)"*. O mesmo parâmetro havia também sido seguido no caso *US-Shrimps* (1998, DS58), em que o *painel de resolução de litígios* considerou que os EUA não estavam a incumprir o GATT, embora a justificação aceite ao abrigo do artigo XX(g) ("protecção de recursos esgotáveis") se tenha baseado não na "proibição do produto" e sim do "processo de produção adoptado", o qual, nas palavras do texto da solução do litígio, é qualificado da seguinte forma: *"[The chapeau of Article XX is, in fact, but one expression of the principle of good faith. This principle, at once a general principle of law and a general principle of international law, controls the exercise of rights by states"*.

Por último, vale a pena também fazer referência à aplicação do *princípio da proporcionalidade* pelas instâncias internacionais que resolvem os litígios da arbitragem do direito do investimento estrangeiro directo, em especial as decisões do *International Centre for Settlement of Investment Disputes – ICSID*[56]. Trata-se de um sistema em regra accionado por força dos *Tratados de Investimento Bilaterais ou Multilaterais (Bilateral Investment Treaties – BIT* ou *Multilateral Investment Treaties – MIT)*, segundo o qual os litígios são resolvidos, maioritariamente, através da aplicação de *standards* de direito económico internacional[57], os quais consubstanciam

---

[56] O *ICSID* foi instituído pela Convenção de Washington de 1965 (uma Convenção sobre Acordos de Disputas de Investimentos entre Estados e Nacionais de Outros Estados, que conta actualmente com 157 países signatários) e integra o sistema de incentivo e protecção do investimento estrangeiro directo regulado sob as directrizes do Banco Mundial. Apesar de instituído em 1965, o *ICSID* esteve quase sem actividade até 1990, data em que os litígios em matéria de investimento estrangeiro directo se multiplicaram e fizeram emergir o direito do investimento estrangeiro directo como um ramo de direito especial dentro do direito global ou transnacional (Dolzer / Schreuer, 2008, 2).

[57] Estes *standards de protecção* que se formaram a partir das decisões arbitrais dos litígios e que hoje se integram no que podemos denominar como uma categoria especial do *direito costumeiro internacional*, visam essencialmente garantir a posição jurídica do investidor estrangeiro durante o tempo em que este se encontra numa situação de especial fragilidade, na medida em que os investimentos directos estão em regra associados

parâmetros de decisão suficientemente abertos (entre os principais *standards de protecção* destacam-se: o *Fair and Equal Treatment* – cláusula FET, o *Most-Favoured-Nation Treatment,* a cláusula *force majeure,* e a *proibição de expropriação directa ou regulatória* – Dolzer / Schreuer, 2008, 89-194), onde se incorporam aspectos das normas jurídicas dos Estados que acolhem o investimento.

De resto, o próprio artigo 42(1) da Convenção de Washington estipula que, na ausência de acordo entre as partes no que respeita ao direito aplicável, o tribunal deve aplicar o direito interno (incluindo as regras sobre conflitos de normas) dos Estados e as normas e princípios de direito internacional, incluindo, claro está, o *jus cogens* (Reisman, 2000).

Uma norma que suscita diversas questões quanto à forma como estas fontes de direito são mobilizadas, podendo interpretar-se a mobilização do direito internacional como uma fonte de natureza *complementar* (só utilizável quando exista uma lacuna no direito interno) ou como uma fonte de natureza *correctiva* (caso em que o tribunal deve começar por analisar a solução ditada pelo direito interno e posteriormente verificar se a mesma respeita os princípios e os standards do direito internacional), ou como ambas, tal como se afigura ter sido definido logo nos casos *Klöckner v. Cameroun* (ICSID ARB/81/2) e *Amco v. Indonésia* (ICSID ARB/81/1), os quais estão na origem da *doutrina Klöckner-Amco,* que dá *prevalência* aos princípios de direito internacional na resolução dos litígios em matéria de investimento estrangeiro, segundo as normas da Convenção de Washington.

Esta *doutrina* evoluiu no sentido da *prevalência geral do direito internacional,* mesmo nos casos em que as partes escolhiam o direito nacional como ordem jurídica para a resolução do litígio, e acabou por

---

a contratos de longa duração, assentes em projectos de capital intensivo, que deixam o investidor numa situação especialmente vulnerável no que respeita, quer à amortização do capital investido, quer à realização dos lucros projectados, uma vez que o exercício de poderes soberanos pelos Estados que acolhem o investimento – Estados-hospedeiros ou Estados-anfitriões – são aptos a frustrar (e muitas vezes fazem-no de forma intencional e deliberada) as *expectativas legítimas* dos investidores. Vale a pena lembrar que este sistema foi concebido pelo Banco Mundial como instrumento para impulsionar o desenvolvimento económico em países em vias de desenvolvimento, onde a interferência do Estado na economia é muito significativa e onde a estabilidade política não é a regra.

ser contraditada, primeiro, no *caso Wena v. Egipto* (ICSID ARB/98/4), onde se sublinhou o facto de as duas ordens jurídicas (do Estado interno e do direito internacional) concorrerem para a solução do litígio, resultando daí uma margem de livre apreciação para o tribunal na convocação de aspectos de uma e outra. Esta nova interpretação, que ficaria conhecida como *doutrina Wena*, acabaria por ser definitivamente consagrada nos casos *CMS v. Argentina* (ICSID ARB/01/8) e *Azurix v. Argentina* (ICSID ARB/01/12) (Grisel, 2011, 54-69).

Actualmente, nos litígios decididos no âmbito do sistema *ICSID,* os árbitros gozam de um espaço de discricionariedade no modo como combinam e aplicam os diversos parâmetros normativos na solução dos litígios, apresentando, em regra, uma combinação entre o direito interno e as fontes de direito internacional, na qual avulta a *aptidão do princípio da proporcionalidade* para ditar a medida dessa combinação em relação aos resultados alcançados, uma vez que, tal como acontece no controlo de constitucionalidade de actos legislativos, a solução alcançada pelo tribunal arbitral há-de, a seu modo, procurar respeitar os poderes soberanos (legislativo e executivo) do Estado que acolhe o investimento, sem deixar de procurar uma solução de optimização da conduta desse Estado no sentido de proteger a posição jurídica do investidor estrangeiro (Kulick, 2012, 172).

O domínio de aplicação do *princípio da proporcionalidade* é neste caso o das situações em que o Estado que acolhe o investimento adopta uma conduta que pode ser qualificada como *expropriação indirecta*[58], violadora do *standard FET*[59] ou em que o Estado invoque uma situação

---

[58] O *conceito de expropriação indirecta* no direito do investimento estrangeiro é controverso, mas podemos socorrer-nos, a título ilustrativo, do que se afirmou no caso *Metalclad v. Mexico* [ICSID ARB (AF)/97/1] *"expropriação, segundo o NAFTA, inclui não apenas os actos deliberados de apropriação directa de direitos patrimoniais por parte do Estado, mas abrange também interferências incidentais sobre o uso da propriedade das quais resulte uma privação do respectivo titular, na totalidade ou em parte significativa, dos benefícios económicos por ela gerados ou que razoavelmente era expectável que fossem gerados, ainda que dessa privação não resulte um benefício correspectivo para o Estado"* (tradução nossa) (Dolzer / Schreuer, 2008, 99).

[59] O *standard FET* está hoje presente em diversos Tratados multilaterais e bilaterais de protecção do investimento estrangeiro, tendo sido elevado a um *princípio de direito costumeiro* inarredável na resolução de litígios sobre esta matéria. Originário

de estado de necessidade financeiro (Kulick, 2012, 183). É sobretudo no domínio do *standard FET* que o princípio da proporcionalidade se mostra, em nosso entender, mais adequado à realização dos testes da necessidade e da proporcionalidade em sentido restrito, obrigando o Estado a justificar as medidas adoptadas, não só sob o ponto de vista de serem as menos lesivas para os interesses do investidor (o que envolve uma dimensão procedimental do *standard* associada à necessidade de o co-envolver na decisão[60]), mas também por ser justificável a sua adopção tendo em vista a prossecução do interesse público legítimo. No domínio da protecção dos investidores estrangeiros, o que encontramos, maioritariamente, são situações de *frustração de expectativas legítimas* e não propriamente uma restrição de direitos patrimoniais, o que exige um reforço da argumentação anterior, com uma análise mais profunda da *relação de complementaridade* entre o princípio da proporcionalidade e o princípio da protecção da confiança legítima.

c) Uma proposta de recompreensão do princípio

O percurso anterior foi suficiente, em nosso entender, para tornar claras as novas vocações do *princípio da proporcionalidade* enquanto parâmetro judicial de controlo de medidas legislativas. O objectivo central destas linhas é revelar diferentes metódicas de *realização* do princípio, e mostrar que a diferença deixou de estabelecer-se apenas, como até aqui tem sido geralmente aceite pela doutrina e pela jurisprudência nacionais, entre a sua *realização* no domínio da acção das entidades

---

dos textos dos tratados de amizade comercial e de navegação, este *standard* impede os Estados de adoptarem condutas discriminatórias, procurando, por esta via, garantir um quadro normativo mínimo para a estabilidade dos direitos dos investidores estrangeiros. A partir desta formulação são extraídas diversas acepções complementares, que o transformam no *standard* mais denso e complexo do direito do investimento estrangeiro (Kläger, 2011).

[60] Uma das dimensões do *standard FET* é precisamente a dimensão procedimental, da qual se extrai a indispensabilidade de um *fair procedure* na adopção da medida, traduzindo-se num processo de auscultação e ponderação de argumentos a favor e contra a medida (Kläger, 2011, 153).

públicas administrativas[61] e da acção dos órgãos judiciais, e dentro desta segunda variante, entre o controlo dos actos administrativos e o controlo dos actos legislativos – também no controlo dos actos do legislador que restringem ou contendem com direitos fundamentais é importante "melhorar" a metódica de controlo da proporcionalidade.

Com efeito, existem diferenças assinaláveis na *realização* do princípio, mesmo quando se trata de fiscalizar normas legislativas.

Assim, no caso da restrição legislativa de direitos fundamentais podemos distinguir três situações: *i)* a *ponderação perante circunstâncias concretas* (após a verificação da legitimidade dos meios e dos fins), típica de estados de urgência, necessidade ou excepcionalidade (cada vez mais recorrentes), onde se admite um *controlo judicial mais intenso* da necessidade da medida em relação directa com a restrição, em regra, mais abrangente; *ii)* as hipóteses, mais comuns, em que estamos perante um acto legislativo que visa solucionar, em abstracto, a colisão entre dois direitos ou entre direitos e interesses comunitários e onde impera um *balanceamento* entre aqueles, admitindo-se um controlo judicial *menos intenso* quanto ao teste da necessidade da medida (quando comparado com a ponderação em concreto), justificado pela inexistência de elementos de facto, mas *mais intenso* do que no terceiro caso; *iii)* em que a restrição aos direitos resulta apenas, indirectamente, de normas que se destinam essencialmente a prosseguir certas políticas públicas[62].

Já quando estamos perante actos legislativo de prossecução de certas políticas ou finalidades públicas que acabam por restringir ou limitar (e não apenas conformar) direitos – em especial liberdades económicas –

---

[61] A análise da *proporcionalidade* das medidas administrativas obedece a uma metódica distinta, onde a principal preocupação consiste em controlar a juridicidade das decisões adoptadas pelas entidades administrativas, sob as vestes do uso de poderes de autoridade, nos espaços de valoração próprios (discricionariedade) que o legislador lhes confere (Neupert, 2011).

[62] Será o caso da *restrição do direito à autodeterminação em matéria de tratamento de dados pessoais* quando está em causa: *i)* a ameaça concreta e presente de um ataque terrorista (*ponderação perante circunstâncias concretas*); *ii)* a constituição de uma base de dados sobre agentes de crimes (*restrição legislativa que obriga a um balanceamento em abstracto*); e *iii)* a instalação de um sistema de regulação inteligente do trânsito (*restrição legislativa indirecta*).

assistimos, quase sempre, a situações de *imbricação* entre a metódica da proporcionalidade e a da protecção das *expectativas legítimas*[63], no contexto do que a doutrina germânica designa como *princípio fundamental da continuidade* (Leisner, 2002). Algo que no plano do "novo direito internacional económico" se vem também desenvolvendo através do que os autores denominam como *harmonização jurídica*, onde se procura, através da hermenêutica e do recurso à metodologia do direito comparado, encontrar soluções para os conflitos que envolvem diversos ordenamentos jurídicos[64] – em especial no comércio internacional e no investimento estrangeiro, as principais áreas que, conjuntamente com o ambiente e os direitos humanos, contribuíram para a fragmentação do direito internacional – segundo a aplicação do princípio da proporcionalidade (em especial do subprincípio da necessidade), conjugado com o princípio da razoabilidade.

É que neste domínio não pode aplicar-se a *metódica da proporcionalidade "qua tale"*, concebida como "estrutura de análise e resolução de um conflito entre direitos ou entre direitos e valores" (Kumm, 2004), é necessário "temperá-la" com a *metódica da razoabilidade*, mais ajustada ao controlo do exercício de poderes ou competências. A *proporcionalidade*

---

[63] A protecção das *expectativas legítimas* (também conhecido como *princípio da protecção da confiança legítima)* reporta-se ao problema jurídico da *"justa conciliação"* entre a protecção das expectativas desenvolvidas pelos indivíduos enquanto destinatários de determinados actos do poder público (*expectativas legítimas*) e a necessidade de actualização das opções políticas em função das necessidades ditadas pelo interesse geral. Este é um domínio jurídico que também tem sofrido alterações profundas e onde, perante o actual contexto de crises económicas recorrentes, se deve insistir mais no aprofundamento da dimensão procedimental e processual, ou seja, na *"fair change of politic"*, do que na dimensão material da consolidação dos direitos (Thomas, 2000, 41).

[64] A doutrina sublinha a preocupação dos decisores destes litígios – em regra árbitros que actuam *sob nomeação* dos Estados mas *com mandato de ordenamentos especiais* (seja em defesa do *"sistema OMC"*, seja em defesa do "sistema jurídico de protecção do investimento estrangeiro especialmente associado ao *sistema de Washington")* – em encontrar uma metodologia que não se reconduza à simples solução de conflitos entre ordenamentos jurídicos, nem à mera aplicação e interpretação do direito internacional, mas antes a uma *realização* jurisprudencial do direito, o que os obriga a adoptar um conjunto de parâmetros formais para avaliar as actuações das partes – recorde-se a já mencionada dimensão procedimental do *standard FET* –, parâmetros que consubstanciam, em última instância, também critérios de legitimação deste modo de produção jurídica (Kleinlein, 2011).

é um parâmetro normativo que permite escrutinar materialmente uma medida concreta ou um acto normativo, mas quando o órgão de controlo não tem legitimidade para se substituir na decisão (porque enfrenta limites funcionais), então a sua análise, para ser legítima, tem de limitar--se a um juízo de "clareza", "evidência", "percepção racional" da violação dos parâmetros – o mesmo é dizer, há-de amparar-se num controlo de *razoabilidade*.

Nesta conformidade, resulta para nós evidente que, presentemente, a discussão quanto à metódica do princípio da proporcionalidade não pode limitar-se à tradicional abordagem *"à alemã"*, que parece ter sido "adoptada" pelo Tribunal Constitucional português. A metódica deve *ajustar-se* ao caso e complementar-se com o *princípio da razoabilidade* (quando o limite funcional do poder legislativo de restrição de direitos fundamentais o imponha) ou com o *princípio da necessidade* (quando o controlo de actos normativos do Executivo requeira a exigência de um nível mais elevado de qualidade do exercício da função governativa).

Assim, falar em *metódica da proporcionalidade hoje* não pode ser uma referência *só* ao teste triplo, *nem só* ao teste de razoabilidade, *nem* à necessária combinação de ambos em simultâneo, mas sim um exercício prévio de adequação da escolha do teste ao objecto de controlo.

4.2. O princípio da igualdade

O *princípio da igualdade* é hoje outro domínio onde necessariamente são sentidos os efeitos das transformações sociais – a Sociedade em Rede, globalização e novas comunidades inclusivas – e das novas colocações no âmbito do princípio da justiça.

Com efeito, importa lembrar que o conceito de *igualdade* pressupõe sempre um informador material do *tertium comparationis* (Gosepath, 2011), e que este não se esgota na ligação com o radical humanista da dignidade da pessoa humana que tem dominado a cultura Ocidental deste o Iluminismo, mas surge também intimamente associado à *ideia de justiça*. Aliás, como nos explica Amartya Sen, cada *teoria da igualdade* tem subjacente uma *ideia de igualdade*, que para Rawls é a "igualdade na liberdade e na distribuição dos bens primários", para Dworkin é a "igualdade de recursos", para Nagel é a "igualdade económica" e para Nozick é apenas a "igualdade nos direitos de liberdade" (Sen, 1992, 12-13). Como o autor destaca, esta *ideia de igualdade* tem em regra um referente espacio-cultural que pode ser determinado por diversos fundamentos, sejam metafísicos ou religiosos. Recorde-se que no Islão e nos países onde esta religião é maioritária, ainda subsiste a ideia de que a mulher não é igual ao homem e por isso não pode ser titular dos mesmo direitos[65].

No que respeita à primeira dimensão, *i. e.* à operacionalização da igualdade formal (igualdade de tratamento), vale a pena lembrar com Aristóteles que a igualdade envolve sempre uma proporção, a qual pode ser *numérica,* quando trata dois indivíduos como iguais e igualmente, ou *proporcional*, quando tenta alcançar um tratamento igual entre dois indivíduos que são diferentes, buscando ajustar esse tratamento aos fundamentos e à medida daquela diferença. Todavia, como o autor também

---

[65] Na Europa, na década de 80, ainda eram recorrentes os casos em que as mulheres não tinham um tratamento igual ao dos homens na legislação laboral e social – no caso *Broeks v. Netherlands*, o Comité estabelecido nos termos do art. 28.º da Convenção Internacional sobre Direitos Civis e Políticos considerou que a lei holandesa, segundo a qual a mulher casada só tinha direito ao subsídio de desemprego se provasse que estava separada do marido ou que o seu salário fazia parte do rendimento familiar, violava o princípio da igualdade.

Na União Europeia, a Directiva 2006/54/CE, só admite diferenças de tratamento entre homens e mulheres no que se refere ao acesso ao emprego, à formação e promoção profissionais e às condições de trabalho, na medida em que essa diferença de tratamento baseada numa característica relacionada com o sexo não constitua, em determinadas condições, uma discriminação na acepção dessa directiva, *i. e.,* seja fundamentada em causas objectivas e devidamente justificadas – veja-se o caso *Sirdar* (proc. C-273/97), em que o TJUE concluiu que "a exclusão das mulheres do serviço em unidades de combate especiais, como os *Royal Marines*, pode ser justificada (...), em razão da natureza e das condições do exercício das actividades em causa", mas no caso *Napoli* (C-595/12), já considerou ser violadora daquele princípio a norma que "exclui uma mulher que goze de licença de maternidade de uma formação profissional que faz parte integrante do seu posto de trabalho e que é obrigatória para poder obter uma nomeação definitiva num cargo de funcionário e para beneficiar de uma melhoria das suas condições de trabalho, garantindo-lhe, porém, o direito de participar numa próxima formação a organizar, mas cuja data era incerta".

demonstra no seu texto, a *igualdade proporcional* não se baseia numa proporção geométrica (não é mensurável matematicamente) e por isso a sua realização é imprecisa (Aristóteles, 2012, 124-125), pois depende de critérios valorativos, aos quais não são alheios os juízos subjectivos (Gosepath, 2011)[66]. Esta questão da *igualdade proporcional* pode colocar-se (e coloca-se) hoje no tratamento de diversas situações que afectam as liberdades pessoais, o que muitas vezes torna mais complexo do que à primeira vista poderíamos pensar a densificação em concreto *da dignidade da pessoa humana* na regulação da investigação criminal, no direito penitenciário, militar e em outros casos que tolhem as liberdades pessoais (ver *supra* o que dissemos a propósito da dignidade da pessoa humana).

Presentemente, o substracto político-ideológico da igualdade surge, como dissemos, também associado a uma *ideia de justiça*, que tanto pode pender para uma aproximação de igualdade ao *igualitarismo* (própria das concepções marxista e socialista), como à *igualdade de oportunidades* ou à *igualdade num contexto liberal* (típica dos modelos capitalistas liberais e hoje também do modelo social europeu), sendo esta segunda dimensão a que mais se aproxima dos conceitos de justiça de Hobbes, Locke, Rousseau e Kant (Baer, 2012). No essencial, referimo-nos à *ideia de justiça fundada no princípio de distribuição segundo o mérito*, a que alude Aristóteles na "Ética a Nicómaco" (Aristóteles, 2012, 123).

Esta segunda acepção da *igualdade* é também a que determina um conteúdo positivo ao conceito, ou seja, fundamenta a obrigação material de actuação por parte do Estado e da Sociedade (discute-se, depois, se a actuação do Estado deve ou não ser subsidiária em relação à Sociedade, o que varia em função das ideologias) na promoção da igualdade de

---

[66] Veja-se o caso *Burden v. United Kingdom,* Proc. 13378/05, no qual o TEDH concluiu que a não aplicação da isenção do imposto sucessório previsto na lei para os conjuges e as pessoas que vivem em união de facto à sucessão entre duas irmãs que tinham vivido juntas toda a vida, não podia considerar-se violação do princípio da igualdade, por estarmos perante relações jurídicas distintas – umas consanguíneas e outras constituídas por acto de vontade – isto apesar de no caso concreto a coabitação durante toda a vida também ter resultado de um acto de vontade.

oportunidades, excluindo a possibilidade de que a igualdade seja apenas um dever moral.

A doutrina trabalha este princípio a partir da resposta a três questões: *i)* igualdade entre o quê?; *ii)* igualdade entre quem?; *iii)* porquê a igualdade?

Tentaremos sintetizar os argumentos que são apresentados na resposta a cada uma das perguntas.

É preciso determinar, como já afirmámos, o *referente material da igualdade* (a *'igualdade entre o quê?'*) para podermos aplicar o princípio, e isso envolve, como também já dissemos, uma *ideia de igualdade,* que nos é dada por diversas correntes da filosofia. Assim, a primeira ideia assenta na *rejeição da mera igualdade* como um tratamento igual de todos e a atribuição a todos de uma mesma quantidade de bens, pois esta concepção distorce um critério de eficiência económica, não estabelece as distinções necessárias entre os indivíduos (que não são todos iguais) e pode mesmo pôr em causa o pluralismo democrático e social, pois a igualdade é trabalhar o complexo e não o uniforme.

É a partir desta premissa que se desenvolvem as diversas *ideias de igualdade* (propostas para parâmetro de tratamento): *i)* os *liberais* entendem que a igualdade é apenas uma igualdade nas liberdades, não cabendo ao Estado proceder à redistribuição dos recursos, pelo que rejeitam, por exemplo, os impostos progressivos; *ii)* os *utilitaristas* trabalham com a agregação dos interesses e com o objectivo de maximizar o bem-estar, o que significa que qualquer alocação de recurso só é legítima se cada um puder beneficiar do seu quinhão; *iii)* os *sociais* acreditam que a igualdade envolve proporcionar a todos um nível de bem-estar, o que suscita dificuldade se esse bem-estar for interpretado como preferências individuais, mas também quando estamos a trabalhar com a igualdade de oportunidades, pois se a *igualdade for para assegurar as oportunidades,* o favorecimento a quem está em situação desigual (ex. deficiente) não deverá depender de uma condição de recursos, o que dificulta a gestão eficiente da escassez[67];

---

[67] O problema foi recentemente discutido em Portugal a propósito das pensões de sobrevivência, quando o conjuge sobrevivo também é beneficiário de uma pensão, no caso da ponderação da condição de recursos na atribuição de prestações sociais em dinheiro (ex. rendimento social de inserção, complemento solidário para idosos e abono de família).

iv) os *Rawlsianos* e *Dworkinianos* trabalham a *igualdade de recursos*, que para o primeiro se reconduz à distribuição igual de bens básicos (*'original position'*) numa sociedade em que cada um ignora a sua posição de partida (*'véu de ignorância'*) e dispõe de igualdade de oportunidades, ao passo que o segundo, por temer que alguns possam ser "escravos do talento", propõe ainda um esquema de solidariedade para aqueles que não triunfam no contexto da igualdade de oportunidades; *v)* os que se *baseiam na igualdade com responsabilidade* defendem que a desigualdade na distribuição dos recursos pode ser o resultado de uma decisão individual do sujeito e, nessa medida, o dever de solidariedade só deve funcionar quando a desigualdade é resultante de factores externos; *vi)* os que assentam na *igualdade como capacitação* (é o caso de Amartya Sen), que consiste em assegurar a todos *igualdade na capacitação* para seguir a sua função livremente, o que não envolve uma alocação fixa de recursos a cada um, mas pode suscitar problemas quando analisamos a pluralidade das necessidades (Gosepath, 2011).

As diversas concepções materiais que podem estar subjacentes à ideia de igualdade, constituem uma das razões pelas quais a judicialização da violação do princípio da igualdade em matéria de recursos económicos deve ser baseada em critérios objectivos, pois há um risco sério de imiscuição do poder judicial na função executiva (*v. infra* parte II).

A segunda questão é também muito complexa hoje, porque quando queremos definir o *universo dos iguais* (a *'igualdade entre quem?'*) encontramos diversas dificuldades: *i)* a igualdade inclui as gerações futuras, não apenas no domínio das liberdades (o *problema do aborto*), mas também do domínio da distribuição de recursos (impõe-se hoje uma ponderação de *igualdade proporcional sustentável* em áreas como a saúde e a segurança social); *ii)* a igualdade vale em comunidades complexas e multiculturais em razão do alargamento dos *círculos de cidadania,* o que por um lado gera problemas no contexto dos direitos de liberdade (*v.* as decisões respeitantes às comunidades árabes em França)[68], e, por outro,

---

[68] Sobre esta matéria consideramos especialmente relevantes as considerações da doutrina sobre *'o dilema da diferença'*, as dificuldades da justiça na acomodação dessas diferenças em comunidades complexas e "o erro" da pressuposição da unidade dos valores (Minow, 2010).

dificulta cada vez mais a criação de sistemas sustentáveis nos serviços públicos tradicionais.

Por último, a igualdade (independentemente do pressuposto informador de base) é indispensável para garantir a justiça no contexto de uma organização socioeconómica concreta, pois seja qual for a *ideia de igualdade* subjacente à operacionalização do princípio, uma dimensão jurídica resulta desde logo evidente: "proibir o arbítrio, através de critérios qualitativos da igualdade, razoáveis e suficientes" (Garcia, 2005, 57). Esta é a resposta à questão porquê a igualdade?, *i.e.* porque é que devemos continuar a trabalhar normativamente a igualdade, mesmo quando não conseguimos extrair do princípio um conteúdo dogmático objectivo e unívoco.

Capítulo II - Direitos Fundamentais, Internormatividade e Transconstitucionalismo

Um outro ponto importante para uma compreensão actual e informada dos direitos fundamentais, prende-se com a sua localização no constitucionalismo, ou, para sermos mais rigorosos, nas *transições constitucionais* (Vergottini, 1998). Será verdade que os direitos fundamentais, que funcionaram tantas vezes como *motor das transições* ou *momentos constituintes,* são os responsáveis pela aniquilação das Constituições dos Estados europeus no dealbar do séc. XXI, quando estes se preparavam para mais uma transição constitucional, desta feita para ajustar o "espaço nacional" à "arena regional (europeia) e global"? Por outras palavras, terá o constitucionalismo sucumbido à globalização económica por causa das "aberturas constitucionais" à internormatividade e ao transconstitucionalismo dos direitos fundamentais? Terão as constituições perdido a sua força quando a narrativa se alargou à "constituição total"? Teriam as cartas de direitos, que se multiplicaram na segunda metade do século passado, como objectivo reforçar a "coesão entre nações" ou pretenderiam elas já emergir como sucedâneo dos "catálogos nacionais" num cenário de transição dos constitucionalismos nacionais para o constitucionalismo global e daí para um projecto de poder supranacional fundado na "legitimidade pelos direitos humanos" (Habermas, 2001, 170ss.)?

1. Constitucionalismo(s), neoconstitucionalismo, constitucionalismo multinível e transconstitucionalismo

A crise ou o "crepúsculo do constitucionalismo" tem diversas facetas e outros tantos rostos cuja identidade importa sublinhar. Na verdade, os princípios fundantes daquele movimento que nos finais do Séc. XVIII teve origem nos Estados Unidos e que rapidamente se propagou à França, e daí a todos os Estados-nação europeus, conhecido como *constitucionalismo*, que instituiu uma teoria da limitação do poder através das constituições (Loughlin, 2010a, 55) constituem um *milestone* irrepetível na fundação da "democracia constitucional contemporânea" (Cueva Fernández, 2011). Não porque se devam considerar o *big bang* de uma ordem social fundada na paz, pois antes já outras experiências constituintes haviam produzido importantes frutos nesse sentido, como era o caso do "grande projecto de conciliação social e política" de Cícero, no domínio da "constituição dos antigos" (Fioravanti, 1999), ou mesmo dos diversos textos que foram cimentando o constitucionalismo histórico dos britânicos (Canotilho, 2008) e o processo de "nivelamento dos direitos" (Cueva Fernández, 2011).

E mesmo depois, o processo que conduziu à aprovação da Constituição da África do Sul, bem como o respectivo texto final, revelaram-se igualmente trabalhos notáveis e permitiram compreender que a força da génese constitucional como elemento agregador de uma comunidade continuava viva e que havia ainda "caminho para andar" no constitucionalismo, pois este pode ser, com efeito, um conceito suficientemente dúctil para abranger realidades muito diversas (Wahl, 2010). Mas o que tornou os movimentos do constitucionalismo moderno irrepetíveis foi a capacidade de congregação, em um determinado momento histórico, dos membros de uma comunidade na comunhão de dois postulados pétreos que romperam com as práticas político-sociais anteriores: a separação de poderes e a dignidade da pessoa humana.

Foram estes dois postulados que estiveram na origem das diversas leis fundamentais aprovadas em cada Estado-nação no séc. XX, incorporando diversas premissas materiais densificadoras dos mesmos (Grimm, 2010). E assim, com algumas variantes, quer no que toca à construção da forma de governo, ou seja, aos esquemas de equilíbrio e balanceamento dos poderes, quer no que respeita aos compromissos entre Estados e cidadãos em matéria de delimitação do âmbito das liberdades e do recorte dos direitos cívicos, quer aos compromissos entre cidadãos e comunidade no que concerne às dimensões prestacionais tendo em vista a coesão social (diferentes meta-narrativas), a verdade é que os Estados se centraram na implementação e aperfeiçoamento destes postulados com afinco, permitindo que a humanidade (em especial a Europa e os EUA) conhecesse um período de paz a que se seguiu, consequentemente, uma enorme prosperidade económica e social.

Uma prosperidade que aparece sobretudo associada ao *neoconstitucionalismo* enquanto superação do positivismo jurídico e integração do elemento coercivo com um elemento valorativo na estrutura da norma jurídica, apresentando-se a mesma como resultado de um *objectivismo valorativo* (Atienza, *in* Carbonell / Jaramillo, 2010, 268), que leva Dworkin a defini-lo sob a expressão: "tomemos os direitos (a Constituição) a sério" (Dworkin, 1989).

A Constituição, também designada com propriedade como Magna Carta ou Lei Fundamental, desempenhou diversas funções ao longo dos últimos séculos e abrigou diversos projectos políticos (Tushnet, 2012; Holmes, 2012). Através da Constituição os cidadãos identificavam-se com o seu projecto de comunidade política e social e os Estados apresentavam-se perante as instâncias internacionais com identidade própria. Desta forma, aquele documento não só caracterizava a identidade nacional, como servia ainda de parâmetro de controlo do poder, independentemente da natureza jurídica do "guardião" escolhido para o efeito.

A crise ou o "crepúsculo do constitucionalismo" ou ainda, se preferirmos, a *transição constitucional inacabada e imperfeita,* haveria de surgir mais tarde, como consequência, por um lado, do reforço das instâncias internacionais no contexto pós-guerra e, por outro, do triunfo do modelo de constituição liberal em resultado da queda do regime soviético. É a partir deste momento que diversos autores começam a apontar as deficiências e insuficiências das Constituições perante "a nova ordem (económica) global" (Teubner, 2012). E é curioso notar que a "crise do constitucionalismo" conhece dois movimentos complementares, ambos igualmente destrutivos do referencial moderno do conceito: a banalização do termo constituição, através da sua utilização como denominador de realidades distantes da génese conceptual: *i)* quer no plano internacional (veja-se entre os exemplos mais citados a constituição da OIT) onde avultam as propostas para a *"constitucionalização do direito internacional"* (Klabbers / Peters / Ulfestein, 2009) quer, a seu modo, nas propostas de "constitucionalização do direito europeu"[69] (Walker, 2012; AA VV, 2005); e *ii)* o ataque directo à narrativa material, reclamando o seu afastamento quando estão em causa os novos valores do *desenvolvimento global* como o respeito pelo *pluralismo* e o *princípio da sustentabilidade*[70].

Em finais da década de 80, após a inquietante construção das mudanças estruturais da esfera do público de Habermas, Giddens apresenta a sua *"constituição da Sociedade"* (Giddens, 1984), uma obra que através do estudo da estruturação social pretendia revelar a dinâmica da Sociedade e a sua capacidade de organização para a produção do bem comum. É uma "constituição" que em nada se assemelha às notas do constitucionalismo, mas cuja expressão pretendia transmitir a força do poder da autonomia privada e que foi fonte de inspiração para a "delegação" na Sociedade de muitas tarefas de interesse público, no contexto da privatização e desregulação económicas. Trata-se de uma construção pensada no âmbito de um projecto político, que haveria mais tarde de ser teorizado por Teubner, no contexto do que o autor denominou como *"constitucionalismo societal"*, para definir o constitucionalismo para lá do Estado nação, ancorado nas dinâmicas sociais (Teubner, 2010). Nesta fase, muitos retomam a ideia de que o direito público será arredado pela crescente importância da *lex mercatória* e pelas virtudes dos mercados na redistribuição mais equitativa e justa do rendimento.

Já no plano do político, destacamos algumas reflexões que têm subido o tom na discussão sobre o papel da Constituição no actual contexto

---

[69] Veja-se o malogrado projecto de Constituição europeia, em que *"uma constituição constituinte se pretendia impor ao processo constituinte"* (expressão de Miranda *in* Colóquio Ibérico, 2005, 545)

[70] Veremos mais à frente que a juridicização da sustentabilidade económico-financeira foi o primeiro elemento para a relativização do princípio da proibição do retrocesso social.

sócio-político e económico. Em primeiro lugar, sublinhamos a critica de Ackerman – que celebrizou a expressão *"provincianismo constitucional"* – à falta de abertura das Magnas Cartas a realidades que se desenvolviam extra-estadualmente e relativamente às quais a Constituição acabava por funcionar como "bloqueador", perdendo nessa medida, paulatinamente, a ligação à comunidade. Como o autor de resto sublinha, a Constituição dos Estados Unidos, interpretada apenas no seu contexto e na sua circunstância, *i. e.*, sem absorver os princípios firmados em documentos fundamentais do pós-guerra como a Declaração Universal dos Direitos Humanos, corria o risco de conduzir a soluções inconstitucionais segundo o parâmetro do constitucionalismo mundial emergente (Ackerman, 1999, 47ss).

Quase ao mesmo tempo, Habermas dava conta, num ensaio político de 1998, da importância dessa realidade extra-estadual, referindo-se às *"constelações pós-nacionais"*, entre as quais destacava, por exemplo, o papel da OCDE na dinamização dos processos de integração económica e o consequente contributo para o desmantelamento do tradicional Estado Social (Habermas, 1998, 79ss).

Também o aprofundamento do processo de integração europeia suscitou diversas reflexões pertinentes sobre o papel da Constituição, e se para alguns assistíamos a um fenómeno de *interconstitucionalidade*, traduzida num diálogo entre os Tratados Europeus e as Constituições dos Estados-membros (Lucas Pires, 1997), para outros o problema acabaria por se revelar mais complexo, reconduzindo-se a um *sistema multinível* de leis fundamentais, que ficaria conhecido como *constitucionalismo multinível* (Pernice, 2004, 26).

A esta complexidade haveria de acrescer ainda o desenvolvimento da *global administrative law* associado à fragmentação da normatividade e à concorrência entre ordenamentos jurídicos de proveniências diversas, alguns estaduais, outros sociais, organizacionais, internacionais ou institucionais (Fisher-Lescano / Teubner, 2006). E a Constituição, também ela um instrumento normativo em si fragmentário, não teria resposta para o problema. A Constituição fora concebida para agregar uma comunidade-nação sob um projecto político (e para alguns também social e económico) e não para resolver problemas de colisões entre ordenamentos jurídicos.

Neste contexto, a Constituição perde força, e o seu estatuto de lei fundamental é abalado, tendo a mesma de se confrontar com duas possibilidades: ou ficar à margem desta realidade, e ver-se arredada da regulação de alguns domínios, com o risco de perder o seu papel essencial na conformação jurídica do Estado e da Sociedade-nação, ou entrar na luta, e arriscar-se a perder a sua função de lei suprema, vendo-se suplantada em diversos domínios por vigorosos *global standards* produzidos à margem dos esquemas políticos tradicionais e por um eficaz e cimentador *soft law*. Para muitos, esta tensão justifica a *"animosidade dos westfalianos"* perante a globalização e a rede que a caracteriza (Atienza, *in* Carbonell / Jaramillo, 2010, 270), para outros a realidade impõe uma cisão no constitucionalismo, entre o *'triunfalismo'* e a *'nostalgia'* (Kumm, 2010).

As inquietações sobre o papel da Constituição não param de surgir e a doutrina germânica uniu ao debate duas linhas de orientação para uma construção jurídica da superação do problema: a que denominaremos como *via jurídico-normativa*, que nos guiará ao longo das reflexões deste estudo, e a *via político-económica*, que embora assente numa retórica em parte ainda jurídica, acaba por ter como *punctum saliens* o equilíbrio dos poderes no jogo das relações internacionais entre esferas estaduais e supraestaduais. No âmbito destas construções destacamos a proposta de *Volkmann*, que radica na compreensão da Constituição como um "quadro aberto", ou, à letra, um "quadro de busca" (Volkmann, 2008, 88), um testemunho que se transmite de geração em geração e que em cada momento aplicativo reclama interpretação e integração, para que exista uma identificação dos destinatários com o respectivo conteúdo (a acentuação da proposta norte-americana das *living constitutions* e da *'constitutions of many minds'* para a interpretação normativa das constituições – Sunstein, 2009; Strauss, 2010).

Também Gomes Canotilho parece ter optado pela *via jurídico-normativa*, e por se unir aos "nostálgicos", fazendo uso do conceito de *internormatividade* para qualificar as relações entre a Constituição e os restantes ordenamentos de regulação, e respondendo às dificuldades do constitucional suscitadas pela fragmentaridade pós-moderna de uma forma veemente: *"Bringing the State Back in!"* (Canotilho, 2006, 192).

As respostas sobre o *constitutionalismo* na contemporaneidade são muitas e diversas, embora quase todas coincidam em dois pontos essenciais: *i)* a *resposta não é a constituição global* nem a constitucionalização do direito internacional (Preuss, 2010; Schiera, 2013) nem a constitucionalização dos direitos humanos (Lindahl, 2013); *ii)* o *constitucionalismo global* é fragmentário (Teubner, 2012), pluralista (Krisch, 2010) e assenta em pressupostos democráticos distintos do direito estadual (*pós-nacional*, na expressão de Walker, 2013).

Já Marcelo Neves escolhe o termo *transconstitucionalismo* para descrever o processo de adaptação constitucional à complexidade actual. Segundo o autor, o *transconstitucionalismo* não consubstancia em si uma novidade, pois ele já era observável no quadro do constitucionalismo moderno através dos processos reflexivos de concretização aplicativa da lei fundamental – as "pontes de transição" entre o direito e a política. Assim, é o alargamento do processo reflexivo a outras esferas normativas o que dita novas dinâmicas, muitas vezes essenciais ao desenvolvimento nos países emergentes (Neves, 2009).

Todavia, a garantia dos direitos neste quadro normativo complexo põe em evidência uma das preocupações centrais deste novo horizonte jurídico, pois a construção de *passerelles jurídicas* (Cassese, 2009, 137ss) pelo poder judicial na tentativa de alcançar a justiça no espaço global acaba por se revelar uma tarefa mais que difícil até perigosa, evidenciando que não devemos confiar em tribunais que não se integram em uma ordem política fundada em um poder democrático.

O espaço da *global law* é também a oportunidade para o desenvolvimento dos mecanismos alternativos de resolução de litígios. A crise do poder judicial tradicional é também partilhada pelos constitucionalistas norte-americanos quando analisam os poderes das entidades jurisdicionais de nível supranacional (Monaghan, 2007, 833).

Mas um dos pontos principais que haveria de conduzir à actual situação de *crise do constitucionalismo* resultou da percepção dos limites que o *"constitucionalismo total"* (Kumm, 2006) apresentava perante o contexto económico globalizado, ou seja, após um longo período de apelo inesgotável ao texto constitucional através da juridicização dos mais diversos problemas, muitos de natureza política e social, de uma já analisada construção expansionista da *Drittwirkung* – que começou por significar apenas o reconhecimento da eficácia externa (eficácia em relação a terceiros) dos direitos fundamentais ('nascidos' para defender o indivíduo perante o poder público), para vir a reforçar o seu campo de aplicação no domínio das relações jurídicas horizontais, resultando em um alargamento do *dever de protecção* do Estado (*Schutzplicht*), como forma de garantir o núcleo essencial da "norma de protecção" – e de uma distorção do sentido originário da *State Action Doctrine* – que hoje é mobilizada pelo Supreme Court para legitimar o poder de interferência do Estado na ponderação de conflitos entre liberdades individuais para promover direito sociais (Tushnet, 2014) –, verificou-se que a pretensão de transformar um documento que nascera para limitar o poder num mandamento para a *optimização judicial da protecção dos direitos*, acabava por pôr em evidência a fraqueza da própria constituição e também a sua incapacidade para dar resposta adequada aos problemas que emergiam num espaço supra-estadual.

Se a isto somarmos o facto de as disposições constitucionais em matéria económica, que consubstanciam o suporte material para a concretização dos direitos (Balaguer Callejón, 2008, 39), terem perdido eficácia no contexto das constituições dos países europeus, assistindo-se neste domínio a uma constrição do poder de intervenção dos Estados na economia pelos princípios que informam a ordem económica europeia, facilmente identificamos outro segmento importante, igualmente responsável pela "crise do constitucionalismo" e pelo enfraquecimento da Constituição como "norma de protecção". É caso para afirmar que nem só de democracia e liberdade vivem o constitucionalismo e os direitos fundamentais!

Em resumo, no séc. XX foram-se acentuando as dificuldades na articulação entre a clássica "constituição política" e a que veio a designar-se como "constituição civil" ou "constituição social", desenvolvida sobretudo na Europa, no período entre guerras, como instrumento de implementação de um projecto social, e cujas marcas essenciais radicam precisamente na igualdade entre homens e mulheres (impondo por exemplo ao legislador o reconhecimento do divórcio e a modificação das leis sucessórias), na limitação da propriedade privada através do reconhecimento de uma função social inerente à mesma (Ruiz-Rico Ruiz, 2010), e na definição de um *"standard mínimo de protecção social pública"*, fundado no princípio da solidariedade (para alguns concebido como *princípio da socialidade*).

Assim, a fragmentariedade imposta pela *global law,* somada à desarticulação interna do projecto social fundamental, motivada pela *interculturalidade* e pela *globalização económica,* esta última responsável ainda pela drástica redução das receitas fiscais do Estado, conduzem à crise do constitucionalismo, e a Constituição passa a ser vista por alguns autores como um documento desprovido de força executiva e de efectividade, recuperando-se no pior sentido o conceito de *"constituição aberta"* (Häberle, 1975), numa nova ordem normativa onde se multiplicam os *"espaços de a-legalidade"* (Lindahl, 2013). Uma constituição cujo conteúdo se revela, em grande medida, cativo da concretização aplicativa dos respectivos preceitos, passando de um modelo de *paramount law* para um modelo de *good-governance constitucional* (Canotilho, 2006, 281ss), caracterizado pela reconstrução do jurídico segundo um processo *bottom--up,* em que a norma deixa de ter como principal função a prescrição de condutas para passar a apresentar-se como um mecanismo para "facilitar formas de acção", perdendo dimensão política e valorativa (Atienza, *in* Carbonell / Jaramillo, 2010, 272).

Aplicado às normas de direitos fundamentais, o *modelo da governance* revela os seus perigos: a força dos direitos fundamentais não resulta do consenso mas sim da universalidade dos valores que incorporam. Mas no estágio actual a *globalização* mostra as fraquezas da universalidade e apela apenas à *tolerância* como princípio-chave para a harmonização intercultural.

Porém, não obstante a predominância do discurso centrado na descrença generalizada na força da constituição e no conteúdo material da norma jurídica, assistimos hoje, paralelamente, ao esforço envidado por outros autores que tentam recuperar o sentido do constitucionalismo como expressão do poder político para refundar a força e o papel da Constituição na era global (Kuo, 2009). Tomaremos em conta estes contributos, sobretudo nos "testes de resistência" ao constitucionalismo que iremos propor em matéria de análise das medidas de combate ao terrorismo, mais concretamente, as respostas inteligentes que os sistemas jurídicos construíram no domínio do contraterrorismo para não perder o controlo das Constituições.

Neste contexto, o grande teste de resistência ao constitucionalismo parte precisamente do papel que nele ainda é possível reconhecer aos direitos fundamentais constitucionais no quadro da internormatividade, quer aos direitos sociais, mais expostos às dificuldades em virtude, por um lado, da diminuição das receitas públicas, e, por outro, da internacionalização de muitos sectores económicos essenciais ao bem-estar das populações, quer às liberdades fundamentais, que ameaçavam ser sacrificadas em nome da segurança no contexto pós-11 de Setembro.

2. Os direitos fundamentais constitucionais e as Cartas de Direitos

Apesar de podermos encontrar manifestações de constitucionalismo na era antiga, sobretudo associadas à necessidade de racionalizar os esquemas de governo da *"polis"* e da *"república"*, percebemos que a *"garantia constitucional* dos direitos fundamentais", tal como hoje a compreendemos, enquanto elemento essencial de um Estado de direito democrático, é um fenómeno bem mais recente.

É esse, essencialmente, o fio condutor deste curso – a garantia, protecção ou efectividade dos direitos fundamentais –, pois se o afã de *fundamentar* os direitos tem permitido interessantes e frutíferas discussões, mormente entre as teses jusnaturalista, as de matriz cultural e as de base positivista--voluntarista (Balaguer Callejón, 2008, 35ss), a verdade é que o problema mais premente hoje é o da respectiva protecção ou efectivação através da sua concretização aplicativa.

Assim, os valores propalados na antiguidade dificilmente podem consubstanciar uma génese dos direitos do Homem (Vieira de Andrade, 2009, 19). E até a doutrina jusnaturalista, que concebe como matriz da jusfundamentalidade dos direitos a liberdade pessoal (direito à autodeterminação), a igualdade e a dignidade da pessoa humana, enquanto valores (direitos inerentes ao individuo) anteriores ao Estado, tem dificuldade em localizar a génese da efectividade destes direitos nos constitucionalismos antigos (Pieroth / Schlink, 2008, 15).

Com efeito, os documentos pactícios do constitucionalismo britânico – *Magna Charta* de 1215, *Petition of Right* de 1628, *Abolition of Star Chamber* de 1641, *Habeas Corpus Act* de 1679, *Bill of Rights* de 1689 – não se enquadram verdadeiramente no paradigma jusnaturalista dos *direitos individuais*, uma vez que a igualdade, a liberdade e a dignidade matriciais da jusfundamentalidade são necessariamente universais, e essa universalidade apenas se veio a verificar com as Declarações de Direitos norte-americanas e com a *Declaração dos Direitos do Homem e do Cidadão* de 1789 (Vieira de Andrade, 2009, 23).

O contributo inovador dos documentos pactícios do constitucionalismo medieval britânico para a emergência dos direitos fundamentais radica sobretudo na manifestação primitiva de uma "limitação do poder", revelada no "reconhecimento convencional de direitos" a determinadas classes sociais. Embora não deixemos de subscrever também a importância do contributo dado pelos *niveladores* na República de Cromwell, em especial o regime da *New Model Army*, onde se podem já encontrar elementos que virão a estar na génese do constitucionalismo norte-americano (Cueva Fernández, 2011).

Assim, é precisamente à Declaração dos Direito do Homem e do Cidadão (1789) que se deve a "revolução jusfundamental dos direitos", designadamente ao disposto no respectivo art. 16.º, onde se pode ler que *"a sociedade em que não esteja assegurada a garantia dos direitos nem estabelecida a separação dos poderes não tem Constituição"*. E não à Declaração de Direitos de Virgínia (1776), que em nosso entender se inscreve sobretudo no contexto do processo de construção da independência dos Estados Unidos (a afirmação do autogoverno estadual), assumindo um papel instrumental face àquele objectivo, o que explica a existência de "documentos separados" em quase todos os Estados (o *frame of government* e o *bill* ou *declaration of rights*) e em alguns a inexistência até de uma declaração de direitos, pois o objectivo primacial das revoluções era a afirmação dos "direitos políticos". A "estabilização de um *Bill of Rights* comum da federação" apenas foi possível em 1789, com a aprovação das primeiras emendas (Cueva Fernández, 2011).

Cabe não esquecer que os direitos fundamentais de raiz individual consubstanciam verdadeiras garantias institucionais do ordenamento jurídico, funcionando subjectivamente como "trunfos contra a maioria" (Reis Novais, 2006) e objectivamente como garantes da paz social, ou seja, representam uma limitação ao poder democrático, e daí a importância de consagrá-los nos textos constitucionais como forma de garantir a respectiva efectividade. Podemos mesmo afirmar, sem grandes preocupações de rigor dogmático, que colocada a questão neste plano de ponderação entre direitos e poder democrático, estaremos sempre no domínio dos *domestic affairs*, que é aquele onde os *direitos fundamentais constitucionais* vigoram em todo o seu esplendor.

Todavia, as Guerras, sobretudo o contexto do pós-IIª Guerra Mundial, trouxeram um projecto novo: a *garantia internacional de direitos humanos*. Assim se explica que entre os propósitos da Carta das Nações Unidas, de 1945, se incluísse o de "reafirmar a fé nos direitos fundamentais do homem, na dignidade e no valor da pessoa humana, na igualdade de direitos dos homens e das mulheres, bem como das nações, grandes e pequenas". E assim se justifica também que este propósito viesse a materializar-se na *Declaração Universal dos Direitos do Homem*, de 1948.

Mais tarde, em 1966, o *Pacto Internacional sobre Direitos Económicos, Sociais e Culturais* e o *Pacto Internacional sobre Direitos Cívicos e Políticos*, viriam a constituir dois documentos importantes no âmbito da consciencialização dos Estados para o reconhecimento e o respeito pelos direitos e liberdades dos indivíduos enquanto expressão do valor da *dignidade da pessoa humana*. Todavia, estes Pactos são documentos de *soft directives*, especialmente destinados aos Estados, e não direccionados especificamente para os indivíduos, o que permite compreender a quase nula efectividade dos respectivos preceitos, "guardados" apenas pelos ineficazes "comités".

Embora desprovido em grande medida de efectividade, a verdade é que o *movimento internacional pela promoção dos direitos humanos* serviu de inspiração às organizações supranacionais emergentes, como aconteceu com a Declaração de Direitos dos Estados Americanos, elaborada logo em 1948, e que serviu como ponto de partida para a *Convenção Americana dos Direitos Homem* (S. José da Costa Rica), celebrada em 1969. Cabe sublinhar que os direitos consagrados na Convenção gozam de efectividade, garantida pela Comissão Interamericana de Direitos Humanos, à qual os Estados reconhecem poder para elaborar relatórios e informações sobre a actuação dos Estados, bem como pela Corte Interamericana de Direitos Humanos, entidade a quem os Estados signatários da Convenção reconhecem força vinculativa às respectivas decisões (art. 68.º da Convenção).

Este movimento internacional explica também as preocupações da Europa e da Comunidade Economia Europeia em colocar, desde o primeiro momento, os direitos do Homem na sua lista de prioridades, a par do projecto de integração económica. A iniciativa acabaria, contudo, por caber ao Conselho da Europa, que aprovou, em 1950, a *Convenção Europeia para a Protecção dos Direitos do Homem*, a que se somam os diversos *protocolos adicionais,* bem como a *Carta Social Europeia*, de 1961, e a sua *versão revista*, de 1996. Nesta última podemos dizer que se encontram já identificadas as bases do "modelo social europeu".

A experiência europeia culmina com a aprovação da *Carta dos Direitos Fundamentais da União Europeia* (CDFUE), em 2001, que veio a entrar em vigor conjuntamente com o Tratado de Lisboa, e que suscita diversos problemas jurídico-dogmáticos no que respeita à articulação entre os diferentes níveis ou tipos de protecção jurídica de direitos fundamentais que hoje coexistem no "espaço da internormatividade regional europeia" (Duarte, 2006; Bleckmann, 2011). Um problema do qual nos ocuparemos mais em pormenor no ponto seguinte.

Ainda no plano internacional, merecem referência a *Carta Africana dos Direitos dos Homens e dos Povos*, assinada em 1981, em Nairobi, que entrou em vigor em 1986, bem como a *Carta Árabe de Direitos Humanos* (CADH), aprovada na Tunísia, em 2004, que entrou em vigor em 2008.

É sobretudo nestes territórios, onde se registam arreigadas identidades culturais impermeáveis a alguns valores do universalismo jusfundamental[71],

---

[71] Vale a pena lembrar que o *sistema de fontes* jurídicas dos países muçulmanos é diferente do dos países do Ocidente, sobretudo porque não há ainda uma separação completa entre o direito e a religião.

Entre as fontes jurídicas tradicionais dos sistemas árabes incluem-se: *i)* a *Sharì'a* ["via (directa) revelada por Deus"] é a *lei religiosa* que disciplina os actos do corpo e do espírito, e por isso nela se recolhem preceitos sobre religião, política e ética aos quais os muçulmanos se submetem (é por natureza imutável); *ii)* o "conhecimento" *(fikh)* da *Sharì'a* é uma tarefa intelectual reservada aos doutores e o estudo da "teoria geral do direito muçulmano" (o estudo das "raízes do conhecimento *"usul al fikh"*) assenta em quatro pilares fundamentais: as fontes materiais, que são o *Corão* e a *Sunna,* a "doutrina" *(igmà')* e o método comparativo *(qiyàs)*; *iii)* o *Corão (Al kur'na – a leitura)* é o *livro sagrado,* dividido em 114 capítulos *(suras)*, no qual se recolhem as revelações de Maomé, e que foi mandado redigir pelo terceiro *califa* (Otmán) - segundo os estudiosos divide-se em dois grandes temas: os espirituais ou religiosos correspondentes à época em que o profeta estava em Meca e os relativos à organização jurídico-política da sociedade muçulmana, associados ao período em que Maomé esteve em Medina [há várias interpretações, mas destacamos sobretudo duas: a *ortodoxa,* relacionada com a *Sunna,* e a *heterodoxa,* proclamada pelos *chíitas,* que acolhem uma interpretação segundo as tradições reconhecidas pelo *Imams* - recorde-se que os *chíitas* ou muçulmanos heterodoxos surgiram da primeira grande cisão da comunidade islâmica em 656, após a morte do terceiro califa (Otmán). Quando Maomé morre em 634, sucede-lhe o sogro Abu Bakr (califa – o sucessor), seguido de Omar (2.º Califa) e de Otman (3.º califa). Quando Otman morre, em 656, a comunidade escolhe como 4.º califa Moavia, mas outros elegem *Ali Ibn Ali Talib* (primo e genro de Maomé). Com o assassinato de Ali em 661 consolida-se a cisão, e os partidários de Ali deixam de reconhecer os três primeiros califas, nomeando Ali e os seus descendentes como sucessores de Maomé. Os *chíitas,* como passam a ser designados, são dirigidos por *Imams*] e importa ainda sublinhar que apesar da imutabilidade da *Sharì'a,* os três primeiros califas desempenharam um papel muito importante na sua interpretação, o que significa que o Corão recolhe já esses contributos; *iv)* as *Sunnas* ("modo habitual de comportar-se" – direito consuetudinário) são regras costumeiras entre as quais merece especial destaque "a *sunna* do Profeta" (instituída pela doutrina iraquiana em 720), que se foi estabelecendo não só em função do seu comportamento, mas também no âmbito da sua participação como árbitro *(hakam)* em diversos litígios; *v)* os *hadits* (praxes atestadas) são regras fixadas pelos doutrinadores das diversas escolas, resultantes de comportamentos atribuídos, sobretudo, a Maomé e aos primeiros califas (o procedimento de consolidação obedece a trâmites especiais); *vi)* o *igmà'* ("acordo de opinião da comunidade"), que são regras estabelecidas a partir de um consenso entre os doutores em matéria religiosa, jurídica ou ética, que não permite actuação em contrário por parte da comunidade; *vii)* o *qiyàs* (método comparativo) permite colmatar lacunas, comparando o caso novo e o caso consolidado para extrair a regra – é uma fonte de direito muito contestada, pois não é inequívoca a fonte de inspiração divina que permite fazer a comparação e por isso tem de impor-se como expressão do bom senso individual *(ra'y); viii)* o *'urf* (costume), que pode ser *geral ('urf 'àmm)*, vigorando enquanto a causa que justificou a sua origem se mantiver, ou *particular ('urf Khàss)*, limitado a um certo lugar e por certo tempo; e *ix)* o *Ámal* (praxes jurisprudenciais forenses) que tem de ser validado por um *faqìh.*

No século XIX regista-se um processo de aculturação, onde a influência do modelo romanista ganha preponderância relativamente aos sistemas de *common law,* e os países muçulmanos adoptam legislação formal (direito autoritário), reservando às fontes tradicionais um papel co-adjuvante, mas não principal, com a preocupação, claro está, de salvaguardar a *Sharì'a* e os seus princípios fundamentais (dialéctica entre a *Sharì'a* e a *siyàsa* "política" que importa apreender a efectividade das Cartas de Direitos e avaliar a capacidade do respectivo contributo na melhoria da qualidade do modelo social vigente nestes países, para o que muito tentam contribuir os Tribunais Supremos, como é o caso do Egipto (Mallat, 2012, 1299).

Em África, a Organização da Unidade Africana anuncia a promoção dos valores da liberdade, igualdade, justiça e dignidade como legítimas aspirações do povo africano, mas as dificuldades que enfrenta na concretização destes objectivos são bem patentes. Dificuldades emergentes, desde logo, da falta de efectividade das disposições da Carta, devidas, quer à falta de efeitos vinculativos das decisões da Comissão Africana dos Direitos do Homem e dos Povos, quer à complexidade que envolve a implementação do Tribunal Africano dos Direitos do Homem e dos Povos, aprovado pelo Protocolo adicional à Carta, adoptado em 1998, no Burkina Faso. O mencionado Protocolo, que entrou em vigor em 2004, foi subscrito pela Argélia, Burkina Faso, Burundi, Costa do Marfim, Camarões, Gabão, Gambia, Gana, Quénia, Líbia, Lesotho, Mali, Moçambique, Mauritânia, Maurícias, Nigéria, Níger, Ruanda, África do Sul, Senegal, Tanzânia, Togo e Uganda, mas não deu ainda os seus frutos, pois o Tribunal não foi até agora instalado na Tanzânia, como estava previsto. Com efeito, após a instituição, em 2000, da União Africana e da decisão de criação do Tribunal Africano de Justiça, segundo o Protocolo adoptado em Maputo, em 2003, ficou decidido, em 2005, na Reunião da União Africana que teve lugar na Líbia, a fusão do Tribunal Africano dos Direitos do Homem e dos Povos com o Tribunal Africano de Justiça,

---

ou "instrumento de regulação da coisa pública"). É nesta fase que surgem os três modelos de codificação: *i) Modelo otomano* – desenvolveu-se no seio do império Otomano fundado pelos sultões turcos, inicialmente suscitou problemas de compatibilização com a *Shari'a*, mas posteriormente os defensores da ortodoxia islâmica (*ulema*) esforçaram-se por adaptar o direito consuetudinário otomano ao direito muçulmano [este sistema adopta importantes reformas (*Tanzìmàt*), sofrendo relevante influência do direito comercial francês e tem como instrumento mais conhecido a *Magala* (código civil otomano)], hoje este direito ainda está na base dos ordenamentos jurídicos da Síria, Líbano, Jordânia, Iraque, Líbia e, em certa medida, Tunísia; *ii) Modelo egípcio* – baseado na tentativa de estabelecer uma codificação interconfessional (preocupação em estabelecer um *waqf* - estatuto pessoal dos indivíduos) o modelo egípcio assenta sobre um código civil misto e um nacional; *iii) Modelo maghrebino* – nasce na Tunísia já no séc. XX, também sob influência francesa, e assenta numa codificação única onde se recolhem regras sobre direito das obrigações e contratos e estende-se, depois, a Marrocos (Aguilera Barchet, 2007).

o que fez sustar o processo de instalação do primeiro, e vem permitindo justificar o atraso registado na implementação de um órgão jurisdicional de garantia dos direitos humanos naquele continente.

Já nos países árabes registam-se diferentes evoluções, uma vez que a entrada em vigor da CADH é ainda recente e os mecanismos de garantia nela previstos, como é o caso do Comité Árabe para os Direitos Humanos, não puderam até ao momento presente produzir os seus frutos. Assim, alguns países, como é o caso da Jordânia que subscreveu a "Declaração do Cairo sobre Direitos Humanos no Islão" logo em 1990 e, mais tarde, em 2004, a CADH, apresentam uma atitude aparentemente mais activa na promoção destes valores, que se manifesta, por exemplo, na criação governamental do Centro Nacional de Direitos Humanos pela Lei n.º 75/2002. De outro lado, países como o Egipto, o Iraque ou Marrocos não ratificaram sequer a CADH. A comunidade internacional aguardou com especial interesse, os "contributos práticos" que os movimentos de revolta popular naqueles países ("Primavera Árabe") poderiam representar na dinamização de um espaço de direitos fundamentais no mundo árabe, mas a realidade que entretanto emergiu mostrou um cenário bem diferente, onde têm triunfado opções não democráticas e alguns extremismos.

Em jeito de balanço final, podemos afirmar que coexistem dois tipos de discurso ou linguagem no domínio do que designaremos como *direitos fundamentais em sentido amplo*. Referimo-nos aos direitos fundamentais constitucionais e à linguagem internacional dos direitos humanos. Trata--se de duas realidades bem distintas, uma – a dos *direitos fundamentais constitucionais* – que tem matriz nacional, localizando-se no domínio dos *domestic affairs,* e que se prende com a força (efectividade) dos direitos individuais e das garantias institucionais na arena da luta que os grupos sociais travam no contexto da dinâmica própria do princípio democrático e do desenvolvimento económico nacional (pacto social da nação); outra – a dos *direitos humanos* (em grande medida coin-cidente com a dos *direitos fundamentais internacionais*) – que aspira a uma matriz universal, localizando-se na arena internacional, e que se reconduz à tentativa generalizada de expandir a salvaguarda de valores essenciais à dignidade da pessoa humana e à liberdade dos povos. Mas como a doutrina não se cansa de sublinhar, esta segunda opção – a de "constitucionalizar" os valores morais subjacentes aos direitos humanos – enfrenta diversas dificuldades práticas que são inultrapassáveis e que colocam aquelas propostas no domínio da pura ideologia (Lindahl, 2013).

E esta coexistência de discursos, aparentemente pacifica e não problemática, tornou-se complexa com a instituição de novas Cartas de Direitos que não se reconduzem a nenhum dos paradigmas previamente enunciados, vindo antes ancorar-se em uma nova categoria de direitos fundamentais, que designaremos como *direitos fundamentais federativos ou de clube*. Trata-se de um conjunto de direitos fundamentais reconhecidos por comunidades de Estados que promovem em conjunto determinado tipo de políticas e cujo impacto sobre as constituições nacionais importa analisar com especial cuidado. O *case study* por excelência é neste caso o triângulo das "constituições europeias", CEDH e CDFUE (Bleckmann, 2011).

Com efeito, embora os direitos consagrados na CEDH não resultem de um projecto de integração económica ou política de âmbito supranacional (o elemento que na nossa proposta acentua a dimensão do "clube"), pensamos que hão-de poder também reconduzir-se à categoria de direitos fundamentais de clube, na medida em que expressam a afirmação de uma "Europa amiga dos direitos", que é "guardada" por um órgão jurisdicional específico, através do qual se procura garantir que os Estados da Convenção respeitam o valor da dignidade da pessoa humana, nas suas diversas refracções. Todavia, como teremos oportunidade de verificar mais à frente quando analisarmos a jurisprudência deste tribunal, veremos que a sua relevância tende a diluir-se em razão do que designamos como *processo de auto-deslegitimação* resultante do arrebatamento de algumas decisões.

3. Os princípios, a metódica dos direitos fundamentais na internormatividade e o *judicial dialogue*

Para podermos apurar as diferenças metodológicas na aplicação dos direitos, sobretudo no que respeita aos *direitos fundamentais constitucionais e aos direitos fundamentais federativos ou de clube*, começaremos por analisar os princípios que compõem os respectivos regimes jurídicos. O objectivo fundamental é não apenas perceber as diferenças, mas também as dificuldades na articulação entre estes instrumentos, pois, como veremos, "a interacção das cartas de direitos nacionais em rede com a «constituição de direitos europeia»" (Canotilho / Moreira, 2007, 325) suscita diversos problemas, que não se compadecem, a nosso ver, com a mera invocação dos princípios gerais do direito europeu, como o da *primazia*, da *subsidiariedade* ou da *proporcionalidade*, nem mesmo, no plano do direito emanado pelas instituições europeias, com os princípios da *interpretação em conformidade* (Quadros, 2009; Gorjão-Henriques, 2010). Veremos, pelas referências doutrinárias e jurisprudenciais subsequentes, que a questão inicialmente formulada como um problemas de articulação entre ordenamentos jurídicos, que esteve subjacente à jurisprudência do primado e preferência aplicativa (*caso Simmenthal* do TJCE, sentença n.º 1/2004 do Tribunal Constitucional Espanhol e a sentença K 18/04 do Tribunal Constitucional Polaco – todos resumidos por Cassese, 2009, 46-57) se revelou apenas a pequena ponta de um *iceberg*.

De resto, parece-nos possível e correcto afirmar que a escolha por uma metódica de imbricação de catálogos reveladora ou criadora de *standards* em contraposição a um modelo hierarquizado, fundado em uma *Grundnorm*, parece ter sido a opção desde sempre formulada pela União Europeia, começando por afirmar a necessidade de defesa de direitos fundamentais logo no *caso Stauder* (Ac. do TJCE de 12.11.1969, no Proc.º 29/69), insinuando depois a existência de um parâmetro supranacional orientador dos Estados-membros na densificação material dos direito fundamentais no caso *Nold II* (Ac. do TJCE de 14.05.1974, no Proc.º 4/73) e culminando com a referência expressa à CEDH para reconhecer um "núcleo comum de direitos fundamentais" no *caso Rutili* (Ac. do TJCE de 28.10.1975, Proc.º 36/75).

Uma imbricação que tende a ser fortalecida com a adesão da UE à CEDH prevista no art. 6.º/2 do TUE e cujos termos do acordo a celebrar figuram no Protocolo n.º 8 anexo ao Tratado de Lisboa, pese embora as inúmeras dúvidas que esta adesão suscita, bem como as vantagens que lhe são apontadas – nas declarações ao Tratado de Lisboa pode ler-se sobre o art. 6.º/2 do TUE que *"a Conferência acorda em que a adesão da União à Convenção Europeia para a Protecção dos Direitos do Homem e das Liberdades Fundamentais se deverá realizar segundo modalidades que permitam preservar as especificidades do ordenamento jurídico da União. Neste contexto, a Conferência constata a existência de um diálogo regular entre o Tribunal de Justiça da União Europeia e o Tribunal Europeu dos Direitos do Homem, diálogo esse que poderá ser reforçado quando a União aderir àquela Convenção"* –, todas sintetizadas na *Resolução do Parlamento Europeu, de 19 de Maio de 2010, sobre os aspectos institucionais da adesão da União Europeia à Convenção Europeia para a Protecção dos Direitos do Homem e das Liberdades Fundamentais (2009/2241(INI))*. Este é, porém, um processo lento, destacando-se entre as últimas iniciativas a solicitação da Comissão ao Tribunal de Justiça, em Julho de 2013, para que se pronunciasse sobre a compatibilidade do projecto de Acordo de Adesão com os Tratados.

Neste ponto, excluiremos da nossa análise os *direitos humanos*, na medida em que os mesmos, ao não gozarem do mesmo tipo de efectividade – constituem, na essência, meros direitos de reconhecimento do homem como pessoa na comunidade mundial (Luhman *apud* Neves, 2009, 251) ou simples "expectativas normativas de inclusão jurídica de toda e qualquer pessoa na sociedade (mundial)" (Neves, 2009, 252) – acabam por se encontrar quase sempre ligados a questões que se inscrevem nos domínios do direito internacional, das relações internacionais e do direito das organizações internacionais, cujo aprofundamento, embora dotado de especial relevância e protagonismo no contexto actual, extrapola o objectivo fulcral traçado para este ponto de reflexão do nosso curso.

O mesmo não acontecerá com o que denominaremos como *protecção de liberdades económicas por tribunais internacionais*, no âmbito do que em nosso entender se vem revelando como a garantia das liberdades económicas no modelo de economia globalizada e que pode estar na génese de um *direito constitucional internacional*, onde os agentes económicos tentarão encontrar tutela jurisdicional (efectiva?) para os seus investimentos, e onde os Estados parecem assumir um papel de coadjuvantes dos referidos investidores nesta luta (mais política do que jurídica) na arena global. Trata-se de mais uma novidade da *global law* que não se compagina com os quadros do direito internacional clássico, pois a jurisprudência daí emanada apresenta inequívocas pretensões constituintes (Cassese, 2009a, 99).

3.1. Princípios nacionais e supranacionais

Comecemos, pois, pelos princípios que regem os *direitos fundamentais constitucionais*. São eles, no plano nacional, o *princípio da universalidade, da igualdade, da garantia ou da efectividade,* a que se somam ainda, no domínio dos direitos, liberdades e garantias, os princípios *da aplicabilidade directa, da eficácia horizontal e da limitação à livre restrição* (Canotilho, 2003; Vieira de Andrade, 2009; Miranda, 2008). Princípios que, com maior ou menor variação, são também reconhecidos e invocados pelos autores estrangeiros relativamente aos catálogos de direitos que integram os respectivos textos constitucionais.

Já no caso dos *direitos fundamentais federativos ou de clube,* entre os quais se inscrevem, como dissemos, os firmados na CDFUE e também, embora com um fundamento distinto, os que constam da CEDH, verificamos que os *princípios da universalidade, da igualdade e da efectividade,* este último com as devidas adaptações, se apresentam igualmente como princípios densificadores do reconhecimento daqueles direitos no contexto federativo ou da comunidade de Estados que agregam. Mas aqui regista-se, desde logo, uma diferença assinalável – são direitos para uma comunidade de Estados soberanos e não direitos niveladores ou agregadores.

No plano supranacional registamos ainda que a *limitação à livre restrição* goza de consagração expressa no art. 52.º/1 da CDFUE, no qual se estabelece que "qualquer restrição ao exercício dos direitos e liberdades reconhecidos na Carta deve ser prevista por lei e respeitar o conteúdo essencial desses direitos e liberdades". Uma norma que se compreende, na medida em que, ao contrário do que acontece no "clube da CEDH", onde apenas se procuram guardar determinados direitos no espaço dos

Estados aderentes, no "clube da CDFUE" encontramos entidades autónomas, dotadas de poder executivo, às quais se permite, assim, a aprovação de medidas restritivas dos direitos no "espaço da UE", desde que sejam respeitados os limites impostos pela Carta. Um preceito que parece deixar a legitimação necessária para as restrições que devem ser impostas à liberdade de empresa no contexto da efectivação dos direitos subjectivos de acesso a serviços essenciais (Krajewski, 2011, 495).

No "clube da UE" afirmou-se também um princípio próprio, o qual hoje tende a assumir natureza adjectiva, e que é em grande medida responsável pelas alterações metodológicas verificadas no plano da decisão judicial em matéria de direitos fundamentais pelas "três instâncias concorrentes", ou seja, pelo TJUE, pelo TEDH e pelos tribunais constitucionais ou tribunais supremos no plano nacional: referimo-nos ao *princípio do nível mais elevado de protecção*. Não se trata, ao contrário do que uma interpretação literal poderia fazer crer, de garantir a prevalência da solução interpretativa menos restritiva do direito subjectivo, até porque, em caso de um conflito entre estes direitos, o princípio não teria qualquer conteúdo útil; mas sim de orientar a decisão de acordo com os *standards* de protecção em concurso, aproximando-se de um *"mandato de optimização"*.

No essencial, a "comunidade de cartas de direitos" vigente no clube europeu impõe uma "coordenação da protecção jusfundamental" que não neutralize nem desrespeite as especificadades de cada modelo constitucional nacional (Bleckmann, 2011; Spielmann, 2012). Trata-se de um *novo sistema* no qual a *ponderação* sai claramente reforçada e reformulada, tornando mais pertinentes dos argumentos apontados por Alexy no que respeita às virtualidades deste princípio relativamente às críticas apontadas por Habermas à construção ponderativa (Alexy, *in* Carbonell / Jaramillo, 2010, 109ss). Para o triunfo da *ponderação* é contudo essencial mostrar que o método adoptado neutraliza argumentos de irracionalidade.

Veremos que a nossa proposta de interpretação dos arts. 52.º e 53.º da CDFUE radica na compreensão de um método baseado num sistema de *hierarquia plana,* ou seja, é "plana" porque à partida todos os documentos ("catálogos") estão no mesmo nível, o mesmo é dizer que à partida (quando surge o litígio) qualquer deles – constituição, CDFUE e CEDH, o que, entre nós, é resultado, fundamentalmente, da interpretação conjugada dos arts. 8.º/4 e 16.º/2 *in fine* da CRP e dos arts. 52.º e 53.º da CDFUE – pode ser "convocado" para a fundamentação da decisão, mas o processo judicial acabará por revelar o *standard prevalecente*, assim justificando a sobreveniência de uma "hierarquia". A grande vantagem deste sistema é a resiliência e o impulso construtivo que encerra, a desvantagem é a incerteza que ocasiona à partida. Nesta proposta também percebemos que a "atitude da magistratura" (mais ou manos predisposta ao diálogo internormativo e interjurisdicial) será determinante no sucesso do modelo e, com ele, na melhoria da qualidade material das decisões.

Na doutrina germânica podemos apontar uma proposta hermenêutica que não se afasta no essencial daquela que aqui formulamos, e que se fundamenta, basicamente, no disposto no art. 23.º/1 da GG e nos arts. 52.º e 53.º da CDFUE (é bom não esquecer que a GG não contempla uma disposição semelhante ao art. 16.º/2 da CRP, o que torna mais difícil a "integração da CEDH" neste triângulo, sendo necessário recorrer ao princípio da interpretação em favor do direito internacional para alcançar idêntico resultado), na qual também se destaca a necessidade de "trabalhar com *standards*" na protecção de direitos fundamentais na *metódica multinível* (Morlok, 2010, 80).

Neste contexto, podemos começar por dizer que o *princípio da universalidade* constitui uma dimensão inalienável da jusfundamentalidade europeia, na medida em que neste plano os direitos fundamentais não se limitam apenas a agregar os membros de uma comunidade (cidadãos) para o exercício em comum do projecto político-institucional pré-definido, antes irradiando a sua força jusfundamental à titularidade por terceiros de dimensões densificadoras do valor da *dignidade da pessoa humana* no espaço europeu. Com efeito, o princípio da *universalidade dos direitos fundamentais* não determina que todos os direitos sejam direitos de todos. Tratando-se de um princípio e não de uma regra, o seu conteúdo não deve ser interpretado sob um critério de admissão ou exclusão, o que significa que a existência de uma geometria variável na titularidade dos direitos, como acontece na CDFUE e nos próprios catálogos nacionais, é perfeitamente compaginável com o respectivo conteúdo fundamental, que se reconduz, em termos gerais, à titularidade subjectiva de um conjunto de direitos fundamentais inalienáveis da pessoa humana: o mencionado *standard fundamental europeu*.

Na verdade, a universalidade antes referida não pode funcionar como elemento aniquilador da interculturalidade, constituindo esta tensão o desafio lançado pelo multiculturalismo relativista (Legarre / Orrego, 2010, 26), que a Europa vem testando e aprimorando, quer nos problemas gerados pelos fluxos migratórios internos (veja-se o que é dito no relatório de 2010 da Agência Europeia de Direitos Fundamentais[72] sobre a "expulsão de romenos"), quer pelo acolhimento de imigrantes na Europa. Mas a inversa também é verdadeira, ou seja, o reconhecimento e o respeito pela diversidade cultural, que é também um valor europeu (art. 2.º do TUE), não se pode sobrepor ao conteúdo fundamental da dignidade da pessoa humana, na medida em que é essencial afirmar, no espaço heterogéneo europeu, a coerência do sistema de direitos fundamentais, o que não neutraliza o facto de este poder ser um sistema aberto e dinâmico (Calliess/Ruffert, 2007, 2727).

Nesta medida, a *universalidade dos direitos* constitui, como o próprio preâmbulo do Tratado da União Europeia bem assinala, uma manifestação do

> *"património cultural, religioso e humanista da Europa, de que emanaram os valores universais que são os direitos invioláveis e inalienáveis da pessoa humana, bem como a liberdade, a democracia, a igualdade e o Estado de Direito".*

Uma ideia que é também reforçada no art. 2.º do TUE, quando se afirma que

> *"a União funda-se nos valores do respeito pela dignidade humana, da liberdade, da democracia, do Estado de Direito e do respeito pelos direitos*

---

[72] A Agência dos Direitos Fundamentais foi criada pelo Regulamento (CE) n.º 168/2007 do Conselho, de 15 de Fevereiro de 2007, com base no Observatório Europeu do Racismo e da Xenofobia (OERX), instituído pelo Regulamento (CE) n.º 1035/97 do Conselho, de 2 de Junho de 1997.

do Homem, incluindo os direitos das pessoas pertencentes a minorias. Estes valores são comuns aos Estados-membros, numa sociedade caracterizada pelo pluralismo, a não discriminação, a tolerância, a justiça, a solidariedade e a igualdade entre homens e mulheres";

e ainda nos considerando do preâmbulo da CDFUE, onde se consagra que o património espiritual e moral da União se baseia nos valores indivisíveis e universais da *dignidade do ser humano.*

Quer isto dizer, em suma, que o *princípio da universalidade* vigora do domínio da CDFUE no seu conteúdo pleno, não se circunscrevendo ao universo da cidadania europeia – um universo que abrange os direitos políticos consagrados nos artigos que integram o Título V e mesmo aí com diversas gradações (ex. os direitos consagrados no art. 43.º são extensíveis aos residente num Estado-membro) e até excepções (é o caso do direito a uma boa administração – art. 41.º) –, sendo nessa medida responsável, precisamente, pelas inúmeras dificuldades metodológicas em matéria de aplicação dos direitos, pois estes acabam por ser protegidos pelos dois ordenamentos jurídicos (nacional e da UE), embora segundo diferentes *standards*, que variam em função do compromisso assumido pelos membros de cada comunidade.

O *princípio da igualdade,* por seu turno, fundado no reconhecimento desse valor, funciona como elemento neutralizador de qualquer juízo discriminador, impondo um tratamento justo dentro do universo subjectivo abrangido pelos direitos. E também não subjazem dúvidas quanto à efectividade deste princípio no domínio dos direitos consagrados na CDFUE, pois não só o art. 3.º/3 do TUE estabelece que *"a União combate a exclusão social e as discriminações e promove a justiça e a protecção sociais, a igualdade entre homens e mulheres, a solidariedade entre as gerações e a protecção dos direitos da criança",* como a própria CDFUE dedica o Título III à igualdade, começando por afirmar, no art. 20.º, que *"todas as pessoas são iguais perante a lei".*

Já o princípio da *efectividade* depende, como bem se compreende, do tipo de garantia prevista para os direitos, quase sempre associada à emissão de uma decisão por um órgão jurisdicional independente, na sequência de um *due process*[73]. Neste ponto, com as devidas adaptações, não registamos diferenças significativas entre os direitos fundamentais constitucionais e os direitos fundamentais de clube. Precisando um pouco melhor: não perspectivamos grandes dificuldades na efectivação dos direitos consagrados na CDFUE, na medida em que, quer os órgãos jurisdicionais da União, designadamente o Tribunal de Justiça da União Europeia (arts. 251.°ss do TFUE e Estatuto do TJUE), quer os órgãos jurisdicionais dos Estados-membros (art. 52.°/5 CDFUE), têm poder para aplicar os preceitos da CDFUE. Todavia, perspectivamos sérias dificuldades na articulação entre estes órgãos jurisdicionais entre si e entre eles e o Tribunal Europeu dos Direitos do Homem, o que nos obrigará a analisar os contributos que poderemos retirar do *princípio do nível mais elevado de protecção* e das teorias do *judicial dialogue* para optimizar a *efectividade da protecção jusfundamental* no espaço europeu da internormatividade.

De acordo com a doutrina, o *princípio do nível mais elevado de protecção* opera no "triângulo normativo europeu" e é resultante das aberturas normativas registadas em cada documento (Duarte, 2006, 281ss). O mesmo é dizer que ele resulta da conjugação do disposto no art. 53.° da CEDH –

> *"nenhuma das disposições da presente Convenção será interpretada no sentido de limitar ou prejudicar os direitos do homem e as liberdades fundamentais que tiverem sido reconhecidos de acordo com as leis de qualquer Alta Parte Contratante ou de qualquer outra Convenção em que aquela seja parte"*

–, no art. 53.° da CDFUE –

---

[73] Vale a pena destacar, a propósito do âmbito do princípio da efectividade, o decidido no caso *J. van der Weerd* (proc. C-225/05). Estava em causa a apreciação da legalidade das medidas adoptadas por um Estado-membro no contexto do combate à febre aftosa, baseadas em procedimentos que violavam disposições da Directiva 85/511, não tendo, contudo, os interessados suscitado perante o tribunal nacional a questão da violação do direito europeu. Na sequência de um reenvio prejudicial, o TJUE informou o tribunal nacional que *"o direito comunitário não impõe ao juiz nacional, num processo como o principal, o dever de suscitar oficiosamente um fundamento relativo à violação de disposições da regulamentação comunitária, uma vez que nem o princípio da equivalência nem o da efectividade o exigem"*.

*"nenhuma disposição da presente Carta deve ser interpretada no
sentido de restringir ou lesar os direitos do Homem e as liberdades fundamentais reconhecidos, nos respectivos âmbitos de aplicação, pelo direito
da União, o direito internacional e as Convenções internacionais em que
são Partes a União ou todos os Estados-Membros, nomeadamente a CEDH,
bem como pelas Constituições dos Estados-Membros"*

– e nos arts. 8.º/4 e 16.º da CRP –

*"as disposições dos tratados que regem a União Europeia e as normas
emanadas das suas instituições, no exercício das respectivas competências, são aplicáveis na ordem interna, nos termos definidos pelo direito
da União, com respeito pelos princípios fundamentais do Estado de direito
democrático"* e *"os direitos fundamentais consagrados na Constituição
não excluem quaisquer outros constantes das leis e das regras aplicáveis
de direito internacional"*

– ou em normas homologas consagradas nas Constituições de outros
Estados-membros.

Da leitura destas normas parece resultar que o titular de um direito
fundamental que esteja em conexão com os "três catálogos" – CEDH,
CDFUE e CRP – beneficia da "interpretação mais generosa" que lhe seja
concedida, independentemente "do lugar" e "do nível" onde o direito
venha a ser aplicado. Mas não é isso que acontece, o que resulta das
normas é antes a circunstância de o órgão judicial que vai apreciar
o caso e definir o conteúdo do direito ficar obrigado a um exercício de
direito comparado, de modo a verificar se o *standard* do ordenamento normativo que ele aplica é mais ou menos generoso na definição
do conteúdo do direito, ficando "impedido" de aplicar o seu *standard*
caso o mesmo seja mais restritivo do que aquele que é aplicado pelos
outros ordenamentos em comparação, a não ser que a restrição tenha
lugar no nível nacional e se revele essencial para garantir os princípios
fundamentais do Estado de Direito em questão (diferentes modulações
dos "contra-limites").

Assim, na CDFUE (e nas anotações complementares a esta elaboradas pelo *Praesidium* da Convenção que a redigiu) tentam gizar-se algumas regras orientadoras da decisão em caso de concurso de *standards* de protecção, que mais do que firmar as esferas de actuação das diferentes jurisdições visam essencialmente estabelecer parâmetros hermenêuticos para a solução dos litígios, quais sejam: *i)* sempre que um direito se encontre simultaneamente garantido pela CDFUE e pela CEDH, observa-se, em princípio, o *standard* firmado na CEDH, sem prejuízo da possibilidade de a CDFUE vir a estabelecer um *standard de protecção mais elevado*; *ii)* quando está em aplicação um direito da CDFUE que integre as tradições constitucionais comuns aos Estados-membros, prevalece o *standard fixado pela tradição constitucional*; *iii)* a entrada em vigor da carta não deve alterar o nível de protecção actualmente conferido, no âmbito de aplicação respectivo, pelo direito da União, pelo direito dos Estados-Membros e pelo direito internacional, em especial pela CEDH.

Na verdade, apesar de teoricamente cada órgão judicial cumprir uma tarefa diferente – o tribunal constitucional apenas guarda a constituição do respectivo Estado-membro, o TJUE apenas efectiva o direito europeu em grande medida balizado pelas competências da UE e o TEDH apenas garante a protecção de direitos individuais contra ao actos dos Estados--membros da Convenção que violem o disposto na CEDH – a verdade é que na prática multiplicam-se os casos em que assistimos a uma aparente *"concorrência entre instâncias"* (Knauff, 2010).

É neste ponto que as alterações metodológicas e o *judicial dialogue* se revelam essenciais, na medida em que a determinação do *standard europeu dos direitos fundamentais* há-de resultar de uma construção assente na tradição comum das constituições estaduais, de acordo com uma interpretação aberta e orientada para a CEDH (Kühling, 2009, 663). É por isso cada vez mais essencial o papel do TEDH, devendo essa responsabilidade acrescida (decorrente da sua "posição natural, enquanto primeiro guardião supranacional de direitos fundamentais") na formulação de *standards* ser acompanhada de uma mais rigorosa aplicação da doutrina da margem de apreciação, o que, como veremos no "roteiro jurisprudencial", não tem sido conseguido em muitos casos.

Com efeito, este princípio assenta em um *pressuposto material* extrinsecado a partir do patamar comum aos diversos catálogos de direitos, que é identificado no art. 6.º /3 do TUE da seguinte forma: *"do direito da União fazem parte, enquanto princípios gerais, os direitos fundamentais tal como os garante a CEDH e tal como como resultam das tradições constitucionais comuns aos Estados-membros"*. Um pressuposto que consubstancia o denominado *standard fundamental europeu*, integrador dos valores fundantes da União (art. 2.º do TUE). Mas o núcleo essencial do *standard fundamental europeu*, que é actualmente garantido pela CDFUE, *ex. vi.* arts. 52.º/3 e 4 e 53.º da CDFUE, não é contudo fácil de densificar, atendendo ao respeito que a mesma União guarda relativamente à sua diversidade cultural (art. 3.º/3 do TUE) e à identidade nacional dos Estados-membros (art. 4.º/2 do TUE), significando isto que o *standard europeu* não se afigura na maior parte dos casos como um *standard* suficientemente denso para neutralizar, na expressão de Alexy, a "força irradiante" dos direitos constitucionais dos catálogos nacionais, embora venha sendo reforçado pela aproximação entre os *standards* do TJCE e do TEDH.

Em resumo, esta diversidade de catálogos e de tribunais pode culminar em muitos casos com um "regresso à magna carta nacional" para salvaguardar os princípios essenciais informadores da cultura nacional.

3.2. Problemas metodológicos

Antes, porém, de estudar os contributos que o *judicial dialogue* pode oferecer à efectivação e melhoria na aplicação dos direitos fundamentais, importa ainda sublinhar as dificuldades existentes quando se trata de analisar a possibilidade de aplicação ao domínio dos *direitos fundamentais de clube* dos princípios da vinculação de entidades privadas, da garantia da eficácia horizontal dos direitos ou mesmo dos instrumentos legítimos de restrição dos mesmos. É aqui que, mais uma vez, os problemas metodológicos se fazem sentir com especial intensidade. Vejamos esta questão mais em pormenor, tomando como exemplo a aplicação dos preceitos da CDFUE.

Comecemos por recortar com precisão o *âmbito subjectivo de vinculação dos direitos consagrados na CDFUE*. Estes direitos consubstanciam, de acordo com o art. 51.º da CDFUE, um *limite ao poder de actuação* das instituições, órgãos e organismos da União, bem como para os Estados-membros *quando apliquem direito da União*. O que significa, em primeiro lugar, que a consagração de um catálogo europeu de direitos fundamentais não afecta, à primeira vista, a repartição de poderes gizada pelos Tratados, pois o art. 51.º da CDFUE é peremptório na afirmação de que os direitos consagrados na Carta não constituem, nem podem constituir, um alargamento dos poderes consagrados nos Tratados (o princípio da atribuição de poderes mantém-se imperturbável), nem sequer uma alteração à dinâmica própria do *princípio da subsidiariedade* (Schmidt, 2010, 105).

Todavia, a doutrina mais recente aponta para uma interpretação mais construtiva do art. 51.º/1 da CDFUE, concebendo esta norma como um factor de dinamização de uma "união jurídica europeia" fundada num *standard jusfundamental europeu* capaz de dinamizar um poder soberano europeu e até de agregar as "comunidades jurídicas" que por agora não se quiseram vincular à CDFUE (Nusser, 2011).

De qualquer forma, *no plano negativo ou da função de defesa dos direitos* parecem não surgir dúvidas relevantes quanto aos limites que a entrada em vigor do novo catálogo acarreta para os poderes públicos: limitação dos poderes das instituições, órgãos e organismos da União, bem como dos Estados-membros *quando apliquem direito da União*.

Quer isto dizer que um eventual conflito entre uma norma de um Estado-membro em matéria de segurança nacional (matéria que é da competência exclusiva daqueles) que contenda com um direito consagrado na CDFUE e densificado em normas europeias emanadas no âmbito de uma competência da União (ex. liberdade de circulação) deveria ser resolvido segundo o *princípio da proporcionalidade*, que ditaria a prevalência do direito europeu apenas quando a solução alcançada não pusesse em causa o respeito pelos princípios fundamentais do Estado de direito em causa (por exemplo, no caso português, os princípio fundamentais do Estado de direito democrático – art. 8.º/4 da C.R.P.). Um problema que pode ser bem ilustrado no *caso Lindqvist*.

Case Study I – *Lindqvist* – Ac. TJCE Proc. C-101/01, decisão de 6 de Novembro de 2003

B. Lindqvist era um cidadão sueco, que além de ter um emprego remunerado como agente de manutenção, exercia funções de catequista na paróquia de Alseda (Suécia) e frequentava um curso de informática no âmbito do qual criou uma página de Internet. No final de 1998, B. Lindqvist criou, em casa e com o seu computador pessoal, páginas de Internet com o objectivo de possibilitar aos paroquianos que preparavam o crisma obter facilmente as informações de que podiam necessitar. A seu pedido, o administrador do sítio Internet da Igreja da Suécia estabeleceu uma ligação entre essas páginas e o referido sítio. As páginas em causa continham informações sobre *Lindqvist* e 18 dos seus colegas da paróquia, incluindo os respectivos nomes, por vezes completos. Além disso, *Lindqvist* descreveu as funções ocupadas pelos colegas, bem como os seus hábitos nos tempos livres de modo humorístico. Em vários casos, fazia referência à situação familiar, ao número de telefone e a outros dados. Na informação disponibilizada, referiu ainda que uma das colegas tinha uma lesão num pé e estava com baixa por doença.

O Ministério Público intentou uma acção contra *Lindqvist* por violação da PUL – *Personuppgiftslag, SFS 1998, n.º 204* (lei sueca relativa aos dados de carácter pessoal, que transpôs para aquele ordenamento jurídico a Directiva 95/46) –, designadamente por ter tratado dados de carácter pessoal, no âmbito de um procedimento automatizado, sem previamente ter notificado por escrito a *Datainspektion;* ter tratado, sem autorização, dados de carácter pessoal sensíveis, relativos à lesão no pé e uma baixa por doença; e ter transferido para países terceiros dados de carácter pessoal tratados sem autorização. O autor reconheceu os factos, mas negou ter cometido qualquer infracção, e depois de ter sido condenado pelo *Eksjö tingsrätt* no pagamento de uma multa, interpôs recurso desta decisão para o *Göta hovrätt,* que decidiu suspender a instância e submeter ao TJCE algumas questões prejudiciais.

No acórdão emanado do TJCE pode ler-se o seguinte:

"A operação que consiste na referência, feita numa página da Internet, a várias pessoas e a sua identificação pelo nome ou por outros

meios, por exemplo, o número de telefone ou informações relativas às
suas condições de trabalho e aos seus passatempos, constitui um «trata-
mento de dados pessoais por meios total ou parcialmente automatizados»
na acepção do artigo 3.°, n.° 1, da Directiva 95/46/CE do Parlamento
Europeu e do Conselho, de 24 de Outubro de 1995, relativa à protecção
das pessoas singulares no que diz respeito ao tratamento de dados pes-
soais e à livre circulação desses dados.

O tratamento de dados de carácter pessoal como o que é referido na
resposta à primeira questão não se inclui em nenhuma das excepções do
artigo 3.°, n.° 2, da Directiva 95/46.

A indicação do facto de uma pessoa se ter lesionado num pé e estar
com baixa por doença a meio tempo constitui um dado de carácter pes-
soal relativo à saúde na acepção do artigo 8.°, n.° 1, da Directiva 95/46.

Não existe uma «transferência para um país terceiro de dados» na
acepção do artigo 25.° da Directiva 95/46 quando uma pessoa que se
encontra num Estado-Membro insere numa página Internet, de uma pes-
soa singular ou colectiva que alberga o sítio Internet no qual a página
pode ser consultada e que está estabelecida nesse mesmo Estado ou nou-
tro Estado-Membro, dados de carácter pessoal, tornando-os deste modo
acessíveis a qualquer pessoa que se ligue à Internet, incluindo pessoas
que se encontram em países terceiros.

As disposições da Directiva 95/46 não contêm, em si mesmas, uma res-
trição contrária ao princípio geral da liberdade de expressão ou a outros
direitos e liberdades que vigoram na União Europeia e que correspondem,
nomeadamente, ao artigo 10.° da Convenção Europeia para a Protecção
dos Direitos do Homem e das Liberdades Fundamentais, assinada em
Roma em 4 de Novembro de 1950. Compete às autoridades e aos órgãos
jurisdicionais nacionais encarregados de aplicar a regulamentação na-
cional que procede à transposição da Directiva 95/46 assegurar um justo
equilíbrio entre os direitos e interesses em causa, incluindo os direitos
fundamentais protegidos pela ordem jurídica comunitária.

As medidas adoptadas pelos Estados-Membros para assegurar a pro-
tecção dos dados de carácter pessoal devem estar em conformidade quer
com as disposições da Directiva 95/46 quer com o seu objectivo de manter

um equilíbrio entre a livre circulação dos dados de carácter pessoal e a protecção da vida privada. Em contrapartida, nada se opõe a que um Estados-Membro alargue o alcance da legislação nacional que procede à transposição da Directiva 95/46 a domínios não incluídos no seu âmbito de aplicação, desde que nenhuma outra disposição do direito comunitário a tal obste".

Todavia, a questão parece assumir contornos mais complexos. Assim, o problema não se confina a um "concurso" entre normas europeias e normas constitucionais nacionais, como se de uma relação de confronto entre princípios se tratasse, exige antes, como a análise da jurisprudência do Tribunal Constitucional Alemão (*Bundesverfassungsgericht*) bem ilustra (*v. Case Study III*), um exercício de direito comparado para verificar se os *standards de protecção dos direitos* são equivalentes no plano nacional e europeu. O objectivo desta operação hermenêutica é convocar, em caso afirmativo, a aplicação do *princípio da equivalência de tratamento*, conduzindo assim a uma denegação de apreciação da questão pelo tribunal constitucional do Estado-membro; ou, em caso negativo, convocar o *princípio da garantia da identidade nacional* (uma garantia cujo *standard*, pode ser obtido por interpretação dos preceitos constitucionais ou mesmo, por efeito do art. 16.º/2 da CRP ou preceito semelhantes, por remissão para a CEDH), que pode justificar a intervenção do órgão constitucional do Estado-membro (art. 53.º da CDFUE).

Case Study II – Acórdão do Tratado de Lisboa (*BVerfGE 2 BvE 2/08*)

Depois do célebre *acórdão Maastricht (BVerfGE 89/155)*, de 11 de Agosto de 1993, o Tribunal Constitucional Alemão voltou a ser chamado, através da invocação do *art. 38.º da GG* (norma segundo a qual o direito de voto é o direito fundamental essencial dos cidadãos que não pode ser posto em causa pela participação do Estado noutras comunidades jurídicas que envolvam a transferência de poderes soberanos para entidades supranacionais), para verificar, em abstracto, a conformidade de um Tratado Europeu, desta feita o Tratado de Lisboa, com a Constituição alemã. E na decisão proferida em 30 de Junho de 2009

(BVerfGE 2 BvE 2/08), o Tribunal concluiu que não havia incompatibilidade entre o Tratado e a Lei fundamental alemã, sustentado novamente o que havia defendido no acórdão Maastricht: "não há violação do direito fundamental ao voto, nem da cláusula pétrea do art. *79§3,* desde que a União permaneça, como até aqui, ou seja, como comunidade de Estados *(Staatenverbund)"*.

Por outras palavras *"the European Union is an association of sovereign states and, hence, a secondary political area"* (Schorkopf, 2009, 1219). Por isso os autores consideraram que a decisão de 2009 constituiu um epílogo da decisão de 1993, com todos os inconvenientes daí resultantes, pois a repetição em 2009 do conteúdo da decisão de 1993 denotava "perda de *frescura"*, e revelava até menor abertura e optimismo face ao projecto de integração europeia (Schönberger, 2009, 1207). No essencial, a novidade que resulta da sentença de 2009 pode resumir-se no seguinte: *"in a true democracy the weight of each voter must be the same, which is to be reflected in equal participation in the respective representative parliamentary body (...) from this viewpoint, the Court argues that the European Parliament cannot be recognized as a truly legitimate parliamentary body since the citizens of the smaller member states are granted greater representation than the citizens of the larger nations, e.g. France or Germany"* (Tomuschat, 2009, 1260). Trata-se de conceber o direito ao voto como dimensão concretizadora da dignidade da pessoa humana, de forma a reconduzir a sua eventual limitação no contexto europeu a uma violação da cláusula pétrea do art. *79§3 da GG* (Schönberger, 2009, 1208).

Para além desta proibição de ingerência das Instituições nos poderes dos órgãos político-constitucionais germânicos, o Tribunal apresenta ainda uma lista de matérias que representam, em seu entender, a linha defensiva dos poderes soberanos nacionais face à União Europeia, entre os quais inclui *"the administration of criminal law; the civil and military monopoly on the use of force; fundamental fiscal decisions on revenue and expenditures; provisions governing the media; dealings with religious communities; and the shaping of citizens' lives via social policy and important decisions on cultural issues, e.g. the education system"* (§ *352 do acórdão in Tomuschat, 2009, 1260).* E apresenta ainda *um novo* conceito de soberania pós-Westfália – *"Sovereign statehood stands for a pacified space and the order provided within this space on the basis of individual freedom and collective self determination. The state is neither myth nor an end in itself, but a historically grown, globally recognised form of organisation of a capable political community"* (§ 224 do acórdão in *Schorkopf, 2009, 1224)*.

Case Study III – Acórdão das Bananas (*BVerfGE 2 BvL 1/97*)

O *"caso das bananas"* é fundamental para percebermos a transição do modelo nacional de protecção constitucional de direitos para o modelo supranacional equivalente, sempre que esteja em causa a aplicação de direito europeu.

O caso concreto respeitava à aplicação do Regulamento (CEE) n.º 404/93 e do Regulamento (CE) n.º 478/95, relativos à organização comum do mercado das bananas. Com efeito, até 1993 cada Estado-membro tinha uma organização própria do seu mercado de bananas (ex. em França o mercado era fechado e os preços tabelados, ao passo que na Alemanha o mercado era livre). Com a entrada em vigor dos Regulamentos comunitários foram estabelecidas quotas de importação que privilegiavam os produtores europeus de bananas e os países ACP (África, Caribe e Pacífico) em consequência da aplicação dos acordos UE-ACP. Em reacção a esta legislação, 19 empresas importadoras de bananas, designadas como grupo Atlanta, intentaram, em 1993, uma acção no Tribunal Administrativo Alemão, invocando que os Regulamentos em causa violavam o direito europeu. O Tribunal alemão reenviou a questão para o TJCE, o qual decidiu, em 1995, que não havia qualquer invalidade das referidas normas europeias (Proc. C-466/93). Na sequência desta decisão, os autores intentaram nova acção no Tribunal Administrativo alemão, alegando desta feita que a restrição imposta pelas normas comunitárias à sua actividade de importação de bananas de países terceiros violava direitos fundamentais consagrados na Constituição alemã, designadamente, a respectiva liberdade pessoal *(art. 2.º, §1.º)*, o direito de propriedade *(art. 14.º, §1.º)*, a liberdade de exercício de actividade económica *(art. 12.º, § 1.º)* e o princípio da igualdade *(art. 3.º,*

§ 1.°). O Tribunal Administrativo de *Frankfurt/Main*, em 1996, decidiu suspender o processo e reenviá-lo ao Tribunal Constitucional Alemão, que não admitiu o pedido, reiterando a jurisprudência já antes firmada no caso Solange II, estabelecendo o seguinte: *"[s]ubmissions of cases to the Federal Constitutional Court for constitutional review under Article 100(1) GG which refer to rules that are part of secondary European Community law are only admissible if their grounds show in detail that the present evolution of law concerning the protection of fundamental rights in European Community law, especially in case law of the Court of Justice of the European Communities, does not generally ensure the protection of fundamental rights required unconditionally in the respective case".*

Evolução da jurisprudência alemã

É importante sublinhar, como o próprio texto do acórdão anterior denota, que a decisão do *"caso das bananas"* resulta de uma evolução jurisprudencial, a qual pode ser sintetizada da seguinte forma:

1. Na decisão de 29.05.1974 (*2 BvL 52/71 – caso Solange I*) – o BVG estabeleceu o seguinte: *"the competent Senate of the Federal Constitutional Court had, with reference to actual jurisdiction, come to the result that the integration process of the Community had not progressed so far that Community law also contained a codified catalogue of fundamental rights decided on by a Parliament and of settled validity, which was adequate in comparison with the catalogue of fundamental rights contained in the Basic Law. For this reason, the Senate regarded the reference by a court of the Federal Republic of Germany to the Federal Constitutional Court in constitutional review proceedings, following the obtaining of a ruling of the Court of Justice of the European Communities under Article 177 of the EEC Treaty, which was required at that time, as admissible and necessary if the German court regards the rule of Community law that is relevant to its decision as inapplicable in the interpretation given by the Court of Justice of the European Communities because and in so far as it conflicts with one of the fundamental rights of the Basic Law";*

2. Na decisão de 22.10.1986 *(BvR 197/83 – caso Solange II)* – o *BVG* já afirmava o seguinte: *"the Senate holds that a measure of protection of fundamental rights has been established in the meantime within the sovereign jurisdiction of the European Community which in its conception, substance and manner of implementation is essentially comparable with the standards of fundamental rights provided in the Basic Law, and that there are no decisive factors to lead one to conclude that the standard of fundamental rights which has been achieved under Community law is not adequately consolidated and only of a transitory nature [...]In this context, the Senate commented on the decisions of the Court of Justice of the European Communities concerning the fundamental rights and freedoms relating to economic activities, such as the right to property and the freedom to pursue economic activities, but also on the freedom of association, on the general principle of equal treatment and the prohibition of arbitrary acts, religious freedom and the protection of the family, as well as on the principles, which follow from the rule of law, of the prohibition of excessive action and of proportionality as general legal principles in achieving a balance between the common interest objectives of the Community legal system, and on the safeguarding of the essential content of fundamental rights [...] As long as the European Communities, in particular European case law, generally ensure effective protection of fundamental rights as against the sovereign powers of the Communities which is to be regarded as substantially similar to the protection of fundamental rights required unconditionally by the Basic Law, and in so far as they generally safeguard the essential content of fundamental rights, the Federal Constitutional Court will no longer exercise its jurisdiction to decide on the applicability of secondary Community legislation cited as the legal basis for any acts of German courts or authorities within the sovereign jurisdiction of the Federal Republic of Germany, and it will no longer review such legislation by the standard of fundamental rights contained in the Basic Law. References (of rules of secondary Community law to the Federal Constitutional Court) under Article 100(1) GG are therefore inadmissible"*;

3. Na decisão de 1993 *(caso Maastricht* – também designado como *Brunner* ou *Solange III)* – o *BVG* havia estabelecido o seguinte: *"the*

Senate stressed that the Federal Constitutional Court, through its ju-
risdiction, guarantees, in co-operation with the Court of Justice of the
European Communities, that effective protection of fundamental rights for
the residents of Germany will also be secured against the sovereign pow-
ers of the Communities and is generally to be regarded as substantially
similar to the protection of fundamental rights required unconditionally
by the Basic Law, and that in particular the Court provides a general
safeguard of the essential contents of the fundamental rights. The Federal
Constitutional Court thus guarantees this essential content against the
sovereign powers of the Community as well. Under the preconditions the
Senate has formulated in BVerfGE 73, 339 - "Solange II" -, the Court of
Justice of the European Communities is also competent for the protec-
tion of the fundamental rights of the citizens of the Federal Republic of
Germany against acts done by the national (German) public authority
on account of secondary Community law. The Federal Constitutional
Court will only become active again in the framework of its jurisdiction
should the Court of Justice of the European Communities depart from the
standard of fundamental rights stated by the Senate in BVerfGE 73, 339.

4. Na revisão constitucional de 1992, ficou estabelecido no art. 23.º,
§ 1.º da GG o seguinte: *"With a view to establishing a united Europe,*
the Federal Republic of Germany shall participate in the development of
the European Union that is committed to democratic, social and federal
principles, to the rule of law, and to the principle of subsidiarity, and
that guarantees a level of protection of basic rights essentially compa-
rable to that afforded by this Basic Law. To this end the Federation may
transfer sovereign powers by a law with the consent of the Bundesrat.
The establishment of the European Union, as well as changes in its treaty
foundations and comparable regulations that amend or supplement this
Basic Law, or make such amendments or supplements possible, shall be
subject to paragraphs (2) and (3) of Article 79".

5. Assim, a conclusão a que o tribunal chega no "caso das bananas" é
a seguinte *"the grounds for a submission by a national court of justice or*
of a constitutional complaint which puts forward an infringement by sec-
ondary European Community Law of the fundamental rights guaranteed

in the Basic Law must state in detail that the protection of fundamental rights required unconditionally by the Basic Law is not generally assured in the respective case. This requires a comparison of the protection of fundamental rights on the national and on the Community level similar to the one made by the Federal Constitutional Court".

6. Na decisão de 2009 (*BVerfGE 2 BvE 2/08 et alii* – Ac. Tratado de Lisboa) assistimos, porém, a um aparente retrocesso da jurisprudência e à reivindicação de uma maior intervenção por parte do *BVerfG* quando aí se afirma que o Tribunal pode fiscalizar a conformidade constitucional do direito europeu derivado com a Constituição alemã sempre que se verifique uma violação patente dos limites de competências ou do *princípio da identidade constitucional* que o tribunal define como um conjunto de matérias caracterizadoras da soberania nacional e, por essa razão, intransmissíveis. A fórmula utilizada não poderia ser mais perniciosa: *"Areas that shape the citizens' circumstances of life, in particular the private space of their own responsibility and of political and social security, which is protected by the fundamental rights, and to political decisions that particularly depend on previous understanding as regards culture, history and language and which unfold in discourses in the space of a political public that is organised by party politics and Parliament" (§ 181 do acórdão in Schorkopf, 2009, 1233).*

7. Apesar dos receios expressos pela doutrina germânica que começava a questionar a razão pela qual nesta "nova interpretação" do *BVG* a Constituição alemã haveria perdido a sua abertura para a Europa (Murkens, 2009, 519), a verdade é que na decisão do Tribunal, de 06.07.2010 *(2 BvR 2661/06)*, no caso *Mangold* (apreciação da conformidade com o direito europeu das normas laborais alemãs que previam a dispensabilidade de fundamentação do termo nos contratos celebrados com trabalhadores de idade superior a 52 anos), aquela entidade reiterou a suficiência do controlo feito pelo órgão jurisdicional europeu (Cf. Proc. C-144/04 – considerou a legislação alemã incompatível com uma Directiva cujo prazo de transposição ainda não havia sido esgotado, bem como com o princípio da proibição de discriminação em razão da idade), aceitando mesmo a elevação do *standard* de protecção europeu

dos direitos subjectivos às meras expectativas decorrentes da iminente transposição de uma Directiva, mas sublinhou aspectos importantes como a não submissão daquele tribunal à obrigação de reenvio (art. 267.º/3 TFUE), ao mesmo tempo que reconheceu a possibilidade de "tolerância" perante erros do TJCE, afirmando que o Tribunal Constitucional não deveria funcionar como o órgão judicial de cassação das decisões do primeiro (Mahlmann, 2010, 1407).

Quer isto dizer que apesar da reafirmação da *"competência da competência"* como titularidade inquestionável do Estado-nação (território dos Estados-membros), conclusão que é inclusive reforçada pela afirmação de um *núcleo material mínimo da soberania estadual*, o que ganha destaque é o facto de o Tribunal Constitucional Alemão ter optado por não accionar ainda o *princípio da protecção nacional* quando está em causa a limitação de direitos fundamentais no contexto da construção do projecto económico europeu.

8. Mas a questão do Tribunal Constitucional Alemão (que Ulrich Beck enquadra na constante vertigem da "Europa Alemã" – Beck, 2013) voltou a agudizar-se com o contexto da crise das dívidas soberanas na Europa, primeiro com a decisão sobre o *'resgate à Grécia' (1 BVR 987/10, Sept. 7, 2011)* e depois com a decisão sobre o *'o mecanismo de estabilidade europeu' (2 BVR 1390/12, Sept. 12, 2012)*. Decisões que o Tribunal tomou em tempo considerado *record* e para as quais fez uso de poderes que raramente utiliza, como a audição. O parâmetro de controlo baseou-se no art. 38(1) da Constituição e na possibilidade de haver uma violação da responsabilidade orçamental prevista nos art. 20(1) e (2) e 79(3) da Constituição, numa espécie de controlo preventivo do Parlamento relativamente às sua próprias decisões, embora construindo esse controlo a partir do princípio democrático, no sentido de que o Parlamento não está autorizado a assumir compromissos orçamentais que não possam ser controlados pelo Estado e pelo povo alemão, decisões que foram apelidadas pela doutrina "sim... mas" (Schneider, 2013).

9. Mais recentemente, na decisão sobre o *Mecanismo Europeu de Estabilização: European Central Bank's Outright Monetary Transactions (OMT) (2 BvR 2728/13)*, o tribunal vais mais longe e questiona a solução

proposta pelo BCE de comprar dívida pública dos Estados, considerando que, no seu entender, a mesma desrespeita os Tratados (*"exceeds the European Central Bank's monetary policy mandate and thus infringes the powers of the Member States, and that it violates the prohibition of monetary financing of the budget"*), mas admitindo a possibilidade de uma interpretação restritiva em conformidade com os Tratados, que considerou ser aquela que poderia vir a ser adoptada pelo Tribunal de Justiça Europeu, por ser este o órgão competente para o controlo. Alguns viram nesta decisão uma inflexão do Tribunal Constitucional Alemão em relação à posição adoptada no caso "Tratado de Lisboa" no sentido do reconhecimento de que em certas matérias a "competência" é do órgão jurisdicional europeu (di Fabio, 2014).

Já *no plano positivo ou da função de protecção dos direitos,* a questão tende a ser mais complexa, não só no domínio da construção do "espaço de liberdade, segurança e justiça" no plano europeu (Duarte, 2006, 340), de que o Acórdão *Kadi* (analisado na Parte III, Processo C-415/05) nos parece constituir um exemplo muito positivo – mais do que isso, este acórdão constitui uma verdadeira pedra angular, pois através dele a União Europeia afirmou-se como um "Estado («constitucional»!) de direito" (Estado que garante os direitos de defesa) perante a ONU –, mas também na forma como a União irá lidar com a redefinição do conteúdo essencial do "Estado constitucional", de que o acórdão do *BVG* sobre o Tratado de Lisboa constitui o primeiro passo.

Case Study IV – *Ordre des barreaux francophones et germanophone* – Ac. TJCE Proc. C-305/05, decisão de 27 de Junho de 2007

Mediante duas petições apresentadas em 22 de Julho de 2004, respectivamente pela *Ordre des barreaux francophones et germanophone* e pela *Ordre français des avocats du barreau de Bruxelles,* por um lado, e pela *Ordre des barreaux flamands* e pela *Ordre néerlandais des avocats du barreau de Bruxelles,* por outro, as mesmas pediram ao órgão jurisdicional de reenvio que anulasse os artigos 4.º, 5.º, 7.º, 25.º, 27.º, 30.º e 31.º da Lei de 12 de Janeiro de 2004, que alterou a Lei de 11 de Janeiro de 1993 relativa à prevenção da utilização do sistema financeiro para efeitos de branqueamento de capitais, a Lei de 22 de Março de 1993 relativa ao estatuto e à fiscalização dos estabelecimentos de crédito e a Lei de 6 de Abril de 1995 relativa ao estatuto das empresas de investimento e à sua fiscalização, aos intermediários e consultores financeiros (Moniteur belge de 23 de Janeiro de 2004, p. 4352, a seguir «Lei de 12 de Janeiro de 2004»), que transpõe a Directiva 2001/97 para o ordenamento jurídico nacional belga.

O órgão jurisdicional de reenvio salienta que os recursos foram interpostos contra a Lei de 12 de Janeiro de 2004, que se destinava a transpor para o ordenamento jurídico belga as disposições da Directiva 2001/97. Dado que o legislador comunitário é obrigado, à semelhança do legislador belga, a respeitar os direitos de defesa e o direito a um processo equitativo, o referido órgão considera que, antes de se pronunciar sobre a compatibilidade dessa lei com a Constituição belga, há que dilucidar previamente a questão da *validade da directiva* na qual a referida lei assenta.

Nestas condições, a *Cour d'arbitrage* decidiu suspender a instância e submeter ao Tribunal de Justiça a seguinte questão prejudicial:

«O artigo 1.º, n.º 2, da Directiva 2001/97 [...] viola o direito a um processo equitativo tal como este é garantido pelo artigo 6.º da [CEDH] e, consequentemente, o artigo 6.º, n.º 2, [UE], na medida em que o novo artigo 2.º-A, n.º 5, que o referido artigo 1.º, n.º 2, inseriu na Directiva 91/308/CEE, impõe a inclusão dos profissionais forenses independentes, sem excluir a profissão de advogado, no âmbito de aplicação pessoal dessa mesma directiva, que, em substância, tem por objecto impor às pessoas e às instituições por ela visadas a obrigação de informar as autoridades responsáveis pela luta contra o branqueamento de capitais de todos os factos que possam ser indício de um tal branqueamento (artigo 6.º da Directiva 91/308/CEE, substituído pelo artigo 1.º, n.º 5, da Directiva 2001/97/CE)?»

Da resposta à questão destacamos as seguintes passagens: *"é jurisprudência assente que, quando um diploma de direito comunitário derivado é susceptível de mais do que uma interpretação, deve ser dada preferência àquela que torna a disposição conforme com o Tratado em vez da que leva a declarar a sua incompatibilidade com este (...). Com efeito, compete às autoridades não só interpretar o seu direito nacional em conformidade com o direito comunitário mas também velar por que não se baseiem numa interpretação de um diploma de direito derivado que entre em conflito com os direitos fundamentais ou com os outros princípios gerais do direito comunitário (acórdão de 6 de Novembro de 2003, Lindqvist, C-101/01, Colect., p. I-12971, n.º 87). Recorde-se também que os direitos fundamentais são parte integrante dos princípios gerais do direito cujo respeito o Tribunal de Justiça assegura. Para este efeito, o Tribunal inspira-se nas tradições constitucionais comuns aos Estados-Membros e nas indicações fornecidas pelos instrumentos internacionais relativos à protecção dos direitos do Homem em que os Estados-Membros colaboraram ou a que aderiram. A CEDH reveste-se, neste contexto, de um significado particular (v., neste sentido, acórdãos de 12 de Novembro de 1969, Stauder, 29/69, Colect. 1969-1970, p. 157, n.º 7; de 6 de Março de 2001, Connolly/ Comissão, C-274/99 P, Colect., p. I-1611, n.º 37). Assim, o direito a um processo equitativo decorrente, nomeadamente, do artigo 6.º da CEDH constitui um direito fundamental que a União Europeia respeita enquanto princípio geral, por força do artigo 6.º, n.º 2, UE (...).*

Segundo a jurisprudência do Tribunal Europeu dos Direitos do Homem, o conceito de «processo equitativo» a que se refere o artigo 6.º da CEDH é constituído por diversos elementos, que compreendem designadamente os direitos de defesa, o princípio da igualdade das armas, o direito de acesso aos tribunais e o direito de acesso a um advogado tanto em causas cíveis como penais(...).

O TJCE conclui, por fim, que "*as obrigações de informação e de colaboração com as autoridades responsáveis pela luta contra o branqueamento de capitais, previstas no artigo 6.º, n.º 1, da Directiva 91/308/ CEE do Conselho, de 10 de Junho de 1991, relativa à prevenção da utilização do sistema financeiro para efeitos de branqueamento de capitais, na redacção dada pela Directiva 2001/97/CE do Parlamento Europeu e do Conselho, de 4 de Dezembro de 2001, e impostas aos advogados pelo artigo 2.º-A, n.º 5, desta directiva, atendendo ao artigo 6.º, n.º 3, segundo parágrafo, da mesma, não violam o direito a um processo equitativo garantido pelos artigos 6.º da CEDH e 6.º, n.º 2, UE*".

O que encontramos no plano da concretização positiva dos direitos é um dilema que não é fácil de resolver: ou olhamos os *direitos fundamentais federativos como valores-padrão* a concretizar segundo geometrias variáveis, e nesse caso o *standard* varia de acordo com a jurisprudência do "tribunal constitucional" do Estado-membro, e renunciamos à prevalência do controlo dos tribunais supranacionais; ou, ao invés, olhamos os *direitos fundamentais federativos como valores transnacionais* (Calliess, 2009) e a União Europeia como um "superestado", o que determina, automaticamente, a reacção dos Estados-membros e, em particular, dos "tribunais constitucionais nacionais" na defesa da identidade cultural nacional (Ladeur, 2009).

Quer isto significar, em primeiro lugar, que a dogmática própria do "controlo do direito europeu", em que cada tribunal de um Estado-membro é também um tribunal europeu (um tribunal que aplica o direito europeu), e em que ao Tribunal de Justiça da União Europeia fica todavia reservada a competência para a decisão final, não é transponível para o domínio dos direitos fundamentais, pois nem os tribunais constitucionais nacionais são tribunais europeus (tribunais concebidos para aplicar a CDFUE), nem o Tribunal da União Europeia têm o monopólio da última palavra no que respeita à interpretação de aplicação de direitos fundamentais, mesmo quando se trata da sua aplicação no âmbito da matérias que integram o leque de poderes da União. Em suma, no domínio substancial ou material dos direitos fundamentais o princípio da preferência do direito europeu parece não ter (ou pelo menos não ter a mesma) utilidade prática, em grande medida como decorrência de a separação de funções entre os tribunais nacionais e o TJUE, prevista no art. 267.º TFUE, apresentar nesta matéria contornos menos nítidos.

Por outras palavras, o que pretendemos sublinhar é, em primeiro lugar, a nossa convicção quanto à inadaptação do *modelo tradicional europeu de controlo de constitucionalidade dos direitos* – baseado na instituição de um "tribunal constitucional" a quem pudesse ser cometido o controlo centralizado (a "última palavra") dos princípios constitucionais – ao actual xadrez de multíplices Cartas de Direitos. Contudo, não podemos deixar de destacar que não existe solução pronta, pois "estamos ainda no caminho", e que nele encontramos tanto aqueles que, mesmo no contexto actual, vêm sublinhar as "virtudes do modelo europeu" e a necessidade de instituição de um sistema com estas características (Ferreres Comella, 2011), como os que reconhecem que o futuro pode estar na generalização de um modelo de *weak judicial review,* através do qual é possível, a seu modo, preservar a separação de poderes neste contexto mais "enredado" (Tushnet, 2009).

Já em registo mais próximo do nosso, alguns autores afirmam que a questão deve ser solucionada no plano do aprofundamento da dogmática do *"direito em rede"* (Ladeur, 2009; Krisch, 2010). Mas para outros este é hoje um paradigma, um modelo que falhou e que não consegue evoluir mais perante as inúmeras resistências apostas pela comunidade jurídica, que vê nele a fonte do enfraquecimento do poder legislativo democrático, perante o fortalecimento do poder judicial (Teubner, 2009). Uma solução que, como outros alertam, pode consubstanciar um "risco democrático" em consequência da elevada perturbação do princípio da separação de poderes (Möllers, 2013; Rüthers, 2014).

As dificuldades de um controlo supranacional de direitos fundamentais tornam-se por demais evidentes no plano da respectiva eficácia horizontal. A explicação é, aparentemente, simples: se os valores estabelecem uma ligação importante entre o direito e a cultura, então, constituindo os direitos fundamentais uma "ordem de valores" (di Fabio, 2004) é normal que esses valores se liguem intrinsecamente à identidade cultural do Estado, o que deita por terra a possibilidade de a aprovação de uma Carta de Direitos poder ser reconduzida à instituição de um novo parâmetro axiológico reconhecido por uma comunidade.

Case Study V – Carolina do Mónaco (Hannover *v.* Allemagne) - TEDH Proc. N.º 59320/00, decisão de 24 de Setembro de 2004

O caso reporta-se à publicação por revistas alemãs de fotografias de Carolina do Mónaco em diversas ocasiões, acompanhada e sozinha, obtidas e divulgadas sem o consentimento da mesma.

Após diversos processos que correram termos nos tribunais alemães, a solução da questão culminou com uma decisão do Tribunal

Constitucional Alemão, de 15/12/1999, na qual ficou estabelecido que apenas a publicação de fotografias com os filhos violava direitos de personalidade (art. 2.º §1.º da GG), bem como a garantia da protecção familiar (art. 6.º da GG). No respeitante às restantes fotografias, o tribunal considerou que a ponderação entre a garantia dos direitos de personalidade e a liberdade de imprensa deveria fazer-se com apoio nos arts. 22.º e 23.º da lei dos direitos de autor, na qual se estabelece que o consentimento para a publicação de imagens não é necessário quando estão em causa *'pessoas que integram o domínio da história contemporânea'*, pois neste caso reconhece-se o interesse geral do público a obter informação.

Insatisfeita com os resultados das decisões judiciais alemãs, Carolina do Mónaco recorre para o TEDH, invocando a violação do art. 8.º da CEDH (direito ao respeito pela vida privada e familiar). O Tribunal analisa a decisão do Tribunal Constitucional Alemão, designadamente o critério funcional e espacial que serviu de fundamento à delimitação do conceito de *"personalidade absoluta da história contemporânea"*, com base no qual o mesmo havia decidido pela inexistência de violação de direitos de personalidade na publicação das fotografias, e conclui que a ponderação entre a protecção da vida privada e a liberdade de expressão que resultou da decisão do Tribunal Alemão é injusta, devendo o critério assentar antes na *"contribuição que a publicação dessas fotografias podem ter no contexto de um debate de interesse geral que permita o aprofundamento da democracia"*. Nesta medida, o TEDH considerou que tinha havido violação do art. 8.º da Convenção e condenou o Estado alemão.

O caso ilustra bem as dificuldades que existem no reconhecimento a um tribunal supranacional de poderes para efectuar uma ponderação de direitos no contexto das relações jurídicas horizontais, sobretudo quando essa ponderação assenta, como é o caso do TEDH, em um juízo posterior à ponderação que é efectuada pelos tribunais nacionais, que decidem em função do seu modelo cultural.

O conflito entre liberdade de imprensa e reserva da vida privada constitui, neste âmbito, um *case study* privilegiado, pois a diversidade de modelos culturais de referência – o francês que promove a protecção da vida privada, o inglês que privilegia a liberdade de imprensa e o alemão que é pretensamente ecléctico – põe em evidência as deficiências que um controlo superior e sem referente cultural próprio enfrenta, e o perigo daí resultante de que as suas decisões, não obstante a referência formal à margem de livre apreciação dos Estados, redundem em um fundamentalismo autopoiético e arbitrário.

Decisões como esta revelam as insuficiências de uma incorrecta aplicação do modelo jurídico de *"direito em rede"*, que acaba por substituir o modelo de *governance*, assente em uma *"boa administração da geometria variável"*, por um regresso aos critérios tradicionais de hierarquia e preferência de aplicação, conduzindo (tornando verdadeira a profecia de *Teubner*) a um resultado desastroso: o *empowerment* de um poder estadual não democrático como é caso do poder judicial.

No mesmo sentido podem ser invocadas outras decisões igualmente reveladoras das dificuldades da jurisprudência do TEDH quando está em causa a apreciação de questões que envolvem dimensões concretizadoras da cultura nacional.

Case Study VI – "véu islâmico" (Dogru *v.* France) - TEDH Proc. N.º 27058/05, decisão de 4 de Dezembro de 2008

A requerente, uma muçulmana nascida em França, frequentava o primeiro ano do liceu em 1998/1999 e a partir de Janeiro de 1999 começou a usar um véu, tendo-se recusado a retirá-lo nas aulas de educação física. Em Fevereiro de 1999, a requerente foi expulsa do liceu por não participar activamente nas aulas de educação física. Uma decisão que foi reiterada pelo director dos serviços de educação e mantida pelo Tribunal Administrativo para o qual havia sido interposto recurso da decisão. Também o Tribunal Administrativo de Nante, para onde havia sido interposto recurso da primeira decisão judicial, decidiu manter o julgado, considerando que o comportamento da aluna era desproporcionado relativamente ao direito de expressão religiosa e que por isso o incumprimento reiterado dos deveres respeitantes às aulas de educação física justificava a expulsão. Em recurso para o *Conseil d'Etat* foi invocada a violação da liberdade de convicção e de expressão, mas esta entidade considerou o recurso improcedente.

É nesta sequência que surge o recurso para o TEDH com fundamento na violação do art. 9.º da CEDH (liberdade de pensamento, de consciência e de religião). Recorde-se que os primeiros casos franceses relativos ao "uso do véu islâmico" na escola pública datam de 1989. É dessa data o parecer do *Conseil d'Etat (n.º 346.893)* no qual se afirma que o princípio secular na escola pública constitui uma dimensão concretizadora do princípio da separação entre Estado e Igreja, exigindo a neutralidade dos professores e dos currículos escolares no respeito pela liberdade de consciência dos estudantes. Esta neutralidade requer também que a liberdade de convicção dos alunos, em especial a liberdade religiosa, não contenda com o regular funcionamento das actividades lectivas.

Após a aprovação de diversos documentos de "uniformização de condutas administratrivas" e da tramitação de alguns procedimentos em escolas onde os incidentes se foram registando, foi-se sedimentando a orientação segundo a qual o mero uso de símbolos religiosos pelos alunos, desde que não interferisse com a ordem pública, seria tolerado, mas isso não poderia pôr em causa o regular funcionamento das aulas, em especial, as de educação física, o que significava a possibilidade de reprovação por faltas das alunas que recusassem usar o equipamento adequado.

É então que o parlamento aprova a Lei n.º 2004-228 (lei do secularismo), na qual se estipula que: "nas escolas públicas do ensino primário e secundário é proibido o uso de símbolos e vestuário que expressem manifestações religiosas". Na defesa que apresentou no presente caso, o Governo francês expressou a convicção de que a lei francesa do secularismo estava em conformidade com a CEDH e que as medidas aí contempladas eram adequadas e necessárias para garantir a neutralidade na arena pública, um dos princípios mais enraizados na cultura francesa.

Na apreciação deste caso, o TEDH sublinhou a circunstância de os factos serem anteriores à mencionada lei e por isso o "princípio da legalidade" da actuação das entidades ter apenas como base a orientação do *Conseil d'Etat* que deixava ampla margem de discricionariedade às escolas na determinação dos limites admissíveis para o uso do "véu". Para além disso, o TEDH sublinhou também que os valores do pluralismo e da democracia requeriam um diálogo social promotor da interculturalidade e reconheceu que a Constituição francesa consagrava a secularidade como um princípio fundamental (tal como acontecia com a Turquia e que determinara a solução no caso *Leyla Sahin* – Proc.44774/98, decisão de 29 de Junho de 2004), o que contribuía para justificar que a solução adoptada no caso concreto não fosse desrazoável, na medida em que estavam ainda envolvidos valores de saúde pública, uma vez que o uso do véu era utilizado como fundamento, pela recorrente, para recusa da prática das actividades desportivas. Por último, sublinhando o facto de a requerente poder continuar a aprendizagem através de um regime de ensino à distância, o TEDH considerou que neste caso não havia violação do art. 9.º da CEDH.

Case Study VII – "crucifixo" (Lautsi *v.* Italy) - TEDH Proc. N.º 30814/06, decisão de 8 de Março de 2011

O requerente, um finlandês residente em Itália, pai de duas crianças que frequentavam uma escola pública na cidade italiana de Abano Terme (Pádua), considerou que a prática de a escola ter um crucifixo pendurado em cada sala de aula não se adequava ao princípio secular segundo o qual ele queria educar os seus filhos, tendo suscitado essa questão numa reunião de pais. O director da escola apreciou a questão e optou pela manutenção dos crucifixos.

Inconformado, o requerente interpôs recurso para o tribunal administrativo, alegando a violação dos arts. 3.º e 9.º da constituição italiana e do art. 9.º da CEDH. O Tribunal Administrativo não deu provimento ao recurso e na fundamentação da decisão alegou que o crucifixo não era apenas um símbolo religioso, mas também um símbolo do Estado Italiano. O Tribunal Constitucional acabou por se declarar incompetente, uma vez que as normas em causa não integravam o respectivo objecto de cognição. Por sua vez o tribunal administrativo superior considerou que o crucifixo deveria ser considerado, simultaneamente, um símbolo da história e da cultura italiana e também um símbolo dos princípios da equidade, liberdade e tolerância que suportam um Estado secular.

Neste caso, o TEDH, à semelhança do que já fixara em jurisprudência anterior (caso Dahlab v. Switzerland – Proc. 42393/98, decisão de 15.01.2001), considerou, numa primeira decisão proferida em 2008, que os crucifixos nas salas de aula das escolas públicas eram necessariamente interpretados como uma parte do ambiente escolar e, por essa razão, devem ser considerados "powerful external symbols". Assim, num primeiro momento deu razão ao requerente, considerando que os crucifixos nas salas de aula restringiam o direito dos pais à livre educação dos filhos e qualificando aqueles símbolos como incompatíveis com a neutralidade do Estado, o que o levou a concluir pela existência de uma violação do art. 9.º da CEDH.

Inconformado, o Estado Italiano interpôs recurso para a *Grand Chambre*, que em decisão de 2010 anulou a decisão da primeira instância, reconhecendo o seguinte *"in that connection, it is true that by prescribing the presence of crucifixes in State-school classrooms – a sign which, whether or not it is accorded in addition a secular symbolic value, undoubtedly refers to Christianity – the regulations confer on the country's majority religion preponderant visibility in the school environment. That is not in itself sufficient, however, to denote a process of indoctrination on the respondent State's part and establish a breach of the requirements of Article 2 of Protocol No. 1."* (§71) e acrescentou *"Furthermore, a crucifix on a wall is an essentially passive symbol and this point is of importance in the Court's view, particularly having regard to the principle of neutrality (see paragraph 60 above). It cannot be deemed to have an influence on pupils comparable to that of didactic speech or participation in religious activities"* (§72).

As dificuldades de harmonização de *standards* não são exclusivas do TEDH, e surgem também perante o TJCE quando este é chamado a resolver litígios que envolvem problemas relacionados com os modelos culturais dos Estados-membros, como acontece, por exemplo, com a protecção dos direitos de autor (*caso Promusicae*) ou, novamente nas problemáticas do espaço de liberdade, segurança e justiça, com o direito ao reagrupamento familiar (*caso Parlamento/Conselho*)

Case Study VIII – *Promusicae* - TJUE Proc. C-275/06, decisão de 29 de Janeiro de 2008

A *Promusicae* é uma associação sem fins lucrativos que agrupa produtores e editores de gravações musicais e audiovisuais. Por carta de 28 de Novembro de 2005, apresentou um pedido de diligências prévias no *Juzgado de lo Mercantil n.º 5 de Madrid* contra a *Telefónica*, sociedade comercial que tem como actividade, nomeadamente, a prestação de serviços de acesso à Internet. Com efeito, a *Promusicae* requereu que se ordenasse à *Telefónica* a revelação da identidade e endereço físico de determinadas pessoas a quem esta última presta serviços de acesso à Internet e relativamente às quais se conhece o «endereço IP» e a data e hora da ligação. Segundo a *Promusicae*, essas pessoas utilizavam o programa de troca de ficheiros (dito *«peer to peer» ou «P2P»*), denominado *«KaZaA»*, e permitiam o acesso, nos ficheiros partilhados dos respectivos computadores pessoais, a fonogramas cujos direitos patrimoniais de exploração pertenciam aos associados da *Promusicae*. O objectivo da *Promusicae* era intentar acções cíveis contra os visados.

Por despacho de 21 de Dezembro de 2005, o *Juzgado de lo Mercantil n.º 5* de Madrid deferiu o pedido de diligências prévias formulado pela *Promusicae*. Todavia, a *Telefónica* deduziu oposição a este despacho, sustentando que, nos termos da LSSI, a transmissão dos dados solicitados pela *Promusicae* só é autorizada no âmbito de uma investigação criminal ou para protecção da segurança pública e da defesa nacional, e não no âmbito de uma acção cível ou de diligências prévias relativas a essa acção. Por sua vez, a *Promusicae* alegou que o artigo 12.º da LSSI deve ser interpretado em conformidade com várias disposições das Directivas 2000/31, 2001/29 e 2004/48, bem como com os artigos 17.º, n.º 2, e 47.º da CDFUE, textos que não permitem aos Estados-Membros limitar apenas às finalidades referidas na letra dessa lei a obrigação de transmitir os dados em causa.

Nestas condições, o *Juzgado de lo Mercantil n.º 5 de Madrid* decidiu suspender a instância e submeter ao Tribunal de Justiça a seguinte questão prejudicial: *«O direito comunitário e, concretamente, os artigos 15.º, n.º 2, e 18.º da Directiva [2000/31], o artigo 8.º, n.os 1 e 2, da*

Directiva [2001/29], o artigo 8.° da Directiva [2004/48] e os artigos 17.°,
n.° 2, e 47.° da Carta [...] permitem que os Estados-Membros restrinjam
ao âmbito de uma investigação criminal ou da protecção da segurança
pública e da defesa nacional, com exclusão, portanto, dos processos cí-
veis, a obrigação de conservação e de colocação à disposição de dados
de ligação e tráfego gerados pelas comunicações estabelecidas durante a
prestação de um serviço da sociedade da informação que recai sobre os
operadores de redes e serviços de comunicações electrónicas, os fornece-
dores de acesso a redes de telecomunicações e os prestadores de serviços
de [armazenamento] de dados?»

Questão à qual o TJCE respondeu de forma cautelosa, mostrando respeito pela geometria variável dos standards nacionais fixados em matéria de ponderação de conflitos entre a reserva da intimidade da vida privada e a protecção dos direitos de autor:

"As Directivas 2000/31/CE do Parlamento Europeu e do Conselho, de 8 de Junho de 2000, relativa a certos aspectos legais dos serviços da sociedade d[a] informação, em especial do comércio electrónico, no mercado interno («Directiva sobre o comércio electrónico»), 2001/29/CE do Parlamento Europeu e do Conselho, de 22 de Maio de 2001, relativa à harmonização de certos aspectos do direito de autor e dos direitos conexos na sociedade da informação, 2004/48/CE do Parlamento Europeu e do Conselho, de 29 de Abril de 2004, relativa ao respeito dos direitos de propriedade intelectual, e 2002/58/CE do Parlamento Europeu e do Conselho, de 12 de Julho de 2002, relativa ao tratamento de dados pessoais e à protecção da privacidade no sector das comunicações electrónicas (Directiva relativa à privacidade e às comunicações electrónicas), não impõem aos Estados-Membros que prevejam, numa situação como a do processo principal, a obrigação de transmitir dados pessoais para garantir a efectiva protecção dos direitos de autor no âmbito de uma acção cível. Porém, o direito comunitário exige que os referidos Estados, na transposição dessas directivas, zelem por que seja seguida uma interpretação das mesmas que permita assegurar o justo equilíbrio entre os direitos fundamentais protegidos pela ordem jurídica comunitária. Seguidamente, na execução das medidas de transposição dessas directivas, compete às autoridades e aos órgãos jurisdicionais dos Estados-Membros não só interpretar o seu direito nacional em conformidade com essas mesmas directivas, mas também seguir uma interpretação destas que não entre em conflito com os referidos direitos fundamentais ou com os outros princípios gerais do direito comunitário, como o princípio da proporcionalidade."

Case Study IX – *Parlamento/Conselho* - TJCE Proc. C-540/03, decisão de 27 de Junho de 2006

Estava em causa um recurso de anulação interposto pelo Parlamento contra o Conselho da União Europeia, visando a anulação de duas disposições da Directiva 2003/86/CE do Conselho, de 22 de Setembro de 2003, relativas ao direito ao reagrupamento familiar, nas quais se estipulava o seguinte:

«A título de derrogação, nos casos de crianças com idade superior a 12 anos que cheguem independentemente da família, o Estado-Membro pode, antes de autorizar a sua entrada e residência ao abrigo da presente directiva, verificar se satisfazem os critérios de integração previstos na respectiva legislação nacional em vigor à data de transposição da presente directiva.»;

«A título de derrogação, os Estados-Membros podem exigir que os pedidos respeitantes ao reagrupamento familiar dos filhos menores tenham de ser apresentados antes de completados os 15 anos, tal como previsto na respectiva legislação nacional em vigor à data de transposição da presente directiva. Se o pedido for apresentado depois de completados os 15 anos, os Estados-Membros que decidirem aplicar esta derrogação devem autorizar a entrada e residência desses filhos com fundamento distinto do reagrupamento familiar.»; e,

«Os Estados-Membros podem exigir que o requerente do reagrupamento tenha residido legalmente no respectivo território, durante um período não superior a dois anos, antes que os seus familiares se lhe venham juntar. A título de derrogação, se a legislação de um Estado-Membro em matéria de reagrupamento familiar, em vigor à data de aprovação da presente directiva, tiver em conta a sua capacidade de acolhimento, o

Estado-Membro pode impor um período de espera, não superior a três anos, entre a apresentação do pedido de reagrupamento e a emissão de uma autorização de residência em favor dos familiares.»

Na fundamentação do pedido, o Parlamento sustentou:

1. que *"as disposições impugnadas não respeitavam os direitos fundamentais, nomeadamente o direito à vida familiar e o direito à não discriminação, tal como são garantidos pela Convenção Europeia para a Protecção dos Direitos do Homem e das Liberdades Fundamentais, assinada em Roma em 4 de Novembro de 1950 (a seguir «CEDH»), e tal como resultam das tradições constitucionais comuns aos Estados-Membros da União Europeia, enquanto princípios gerais do direito comunitário, que a União deve respeitar por força do artigo 6.°, n.° 2, UE, para o qual remete o artigo 46.°, alínea d), UE no que respeita à acção das instituições. Invocou que o direito ao respeito pela vida familiar, consagrado no artigo 8.° da CEDH, é interpretado pelo Tribunal de Justiça como abrangendo igualmente o direito ao reagrupamento familiar. O mesmo princípio foi acolhido no artigo 7.° da Carta, relativamente à qual o Parlamento salienta que, na medida em que estabelece uma lista dos direitos fundamentais existentes e embora não tenha efeitos jurídicos vinculativos, constitui, no entanto, um indício útil para a interpretação das disposições da CEDH. Refere ainda o artigo 24.° da Carta, consagrado aos direitos da criança, cujo n.° 2 prevê que «[t]odos os actos relativos às crianças, quer praticados por entidades públicas, quer por instituições privadas, terão primacialmente em conta o interesse superior da criança» e cujo n.° 3 dispõe que «[t]odas as crianças têm o direito de manter regularmente relações pessoais e contactos directos com ambos os progenitores, excepto se isso for contrário aos seus interesses»"*.

2. existência de uma *"violação do princípio da não discriminação em razão da idade das pessoas, que é tido em conta pelo artigo 14.° da CEDH e expressamente referido pelo artigo 21.°, n.° 1, da Carta"*;

3. *"violação de várias disposições de convenções internacionais assinadas sob a égide das Nações Unidas: o artigo 24.° do Pacto Internacional sobre os Direitos Civis e Políticos, que foi adoptado em 19 de Dezembro de 1966 e entrou em vigor em 23 de Março de 1976, a Convenção sobre*

os Direitos da Criança, que foi adoptada em 20 de Novembro de 1989 e entrou em vigor em 2 de Setembro de 1990, a Convenção Internacional sobre a Protecção dos Direitos de Todos os Trabalhadores Migrantes e dos Membros das suas Famílias, que foi adoptada em 18 de Dezembro de 1990 e entrou em vigor em 1 de Julho de 2003, e a Declaração dos Direitos da Criança, proclamada pela Assembleia Geral da Organização das Nações Unidas em 20 de Novembro de 1959 [resolução 1386(XIV)]. O Parlamento recordaou ainda a recomendação n.° R (94) 14 do Comité de Ministros do Conselho da Europa aos Estados-Membros, de 22 de Novembro de 1994, relativa a políticas familiares coerentes e integradas, e a recomendação n.° R (99) 23 do mesmo Comité aos Estados-Membros, de 15 de Dezembro de 1999, sobre o reagrupamento familiar de refugiados e outras pessoas com necessidade de protecção internacional. O Parlamento invocou por fim várias Constituições de Estados-Membros da União Europeia".

Em contraposição, *"o Conselho observou que a Comunidade não é parte contratante dos diversos instrumentos de direito internacional público invocados pelo Parlamento. Em todo o caso, essas normas exigem simplesmente que os interesses das crianças sejam respeitados e tidos em conta, não estabelecendo, porém, qualquer direito absoluto em matéria de reagrupamento familiar. Por outro lado, o Conselho observou que, em sua opinião, a petição não deve ser examinada à luz da Carta, uma vez que esta não constitui uma fonte de direito comunitário".*

Sobre este diferendo o TJCE afirmou que *"os direitos fundamentais são parte integrante dos princípios gerais de direito cujo respeito é assegurado pelo Tribunal de Justiça. Para este efeito, este último inspira-se nas tradições constitucionais comuns aos Estados-Membros, bem como nas indicações fornecidas pelos instrumentos internacionais relativos à protecção dos direitos do Homem em que os Estados-Membros colaboraram ou a que aderiram. A CEDH reveste, neste contexto, um significado particular. Por outro lado, segundo o artigo 6.°, n.° 2, UE, «[a] União respeitará os direitos fundamentais tal como os garante a [CEDH], e tal como resultam das tradições constitucionais comuns aos Estados-Membros, enquanto princípios gerais do direito comunitário».*

Acrescentou ainda que o Tribunal de Justiça teve já ocasião de re-cordar que o Pacto Internacional sobre os Direitos Civis e Políticos é um dos instrumentos internacionais relativos à protecção dos direitos Humanos que tem em conta na aplicação dos princípios gerais do direito comunitário. Este é igualmente o caso da Convenção sobre os Direitos da Criança, acima referida, que, como o referido pacto, vincula todos os Estados-Membros. No que se refere à Carta [o acórdão é anterior ao Tratado de Lisboa], esta foi proclamada solenemente em Nice pelo Parlamento, o Conselho e a Comissão em 7 de Dezembro de 2000. Embora a Carta não constitua um instrumento jurídico vinculativo, o legislador comunitário quis reconhecer-lhe importância, ao afirmar, no segundo considerando da directiva, que esta respeita os princípios que são reco-nhecidos não apenas pelo artigo 8.° da CEDH, mas também pela Carta. Por outro lado, o objectivo principal da Carta, tal como resulta do seu preâmbulo, consiste em reafirmar «os direitos que decorrem, nomeada-mente, das tradições constitucionais e das obrigações internacionais comuns aos Estados-Membros, do Tratado da União Europeia e dos Tratados comunitários, da [CEDH], das Cartas Sociais aprovadas pela Comunidade e pelo Conselho da Europa, bem como da jurisprudência do Tribunal de Justiça das Comunidades Europeias e do Tribunal Europeu dos Direitos do Homem».

Com excepção da Carta Social Europeia, não se verifica, em todo o caso, que os outros instrumentos internacionais invocados pelo Parlamento contenham disposições mais protectoras dos direitos das crianças do que as constantes dos instrumentos já mencionados".

Assim, depois de analisar as disposições da Directiva cuja anulação foi pedida, o TJCE conclui, em fundamentação que se apoia largamente nos contributos da jurisprudência do TEDH (recurso ao *judicial dia-logue*), que as mesmas não violavam quaisquer direitos fundamentais.

O que destacamos hoje na *arena europeia* (voltamos a frisar) é a inoperatividade de um modelo de controlo centralizado, modelo de tipo *kelseniano*, em que um tribunal supremo tenha a "última palavra" em matéria de interpretação do conteúdo normativo dos direitos quando se trata de "direitos comuns ao nível europeu e nacional". Com efeito, a concretização normativa há-de repousar sobre o que antes designámos como modelo de *hierarquia plana,* significando que a solução é "ditada" no contexto da tensão que se estabelece entre o nível nacional e europeu (entre os tribunais nacionais e o TJUE), baseada na descentralização decisória originária da doutrina *Simmenthal* (referimo-nos ao contributo da sentença do caso C-106/77, de 9 de Março de 1978, reforçada hoje pelo art. 52.º/5 da CDFUE), e na afirmação do valor que nessa relação dialéctica de tensão se venha a revelar predominante, pressupondo muitas vezes um mecanismo de *hidden dialogue* a que nos iremos referir a seguir. Trata-se, porém, de uma metodologia que suscita contestação entre aqueles que não conseguem conceber um modelo descentralizado e dialéctico para a *"guarda dos direitos"* (Ferreres Comella, 2011, 183-202).

Acresce ainda que a falta de um efectivo referente axiológico europeu para além da afirmação da dignidade da pessoa humana, pese embora o que se anuncia no preâmbulo da CDFUE, fica particularmente bem patente no diferente tipo e nível de realização de direitos sociais no contexto do denominado "modelo social europeu". Sem prejuízo de uma referência mais detalha às origens do Estado Social e aos modelos da *Daseinvorsorge* e do *Service Publique,* ou mesmo das propostas liberal e socialista de um modelo de sociedade que levaremos a efeito na Parte II, o que importa destacar aqui é a incapacidade aparente da União Europeia em lidar com a implementação do *"novo tom"* da *"função de protecção do Estado":* o *Estado garantidor* e muito particularmente da subespécie do *Estado garantidor na rede.*

Um modelo que assenta em *"prestações jurídicas transsubjectivas dos direitos fundamentais",* ou seja, no resultado de uma ponderação que se expande para atender aos diversos "elementos de conexão" convocados pela rede jurídica (o direito-rede em acção), o que transforma os direitos fundamentais em uma organização autónoma, responsável por uma nova "epistemologia social" (Ladeur, 2009, 169-172). Os actuais titulares/ beneficiários de direitos sociais enfrentam as adversidades da inserção em uma "comunidade jurídica instituída sobre um projecto de integração económica" e devem procurar ajustar-se às modificações que este modelo exige, sem prejuízo de o impulso inicial para essa mudança constituir uma responsabilidade do poder público.

Com efeito, importa perceber que ontem – quando o poder político chamou a si um conjunto de serviços e funções gerais do bem-estar da população que a mesma não conseguiria "produzir" por si no contexto social pós-revolução industrial e, de forma mais intensa, no contexto do pós-guerra – como hoje, a *garantia do bem-estar social"* é um conceito cuja densificação apenas é possível em relação a um modelo económico-social concreto. Por essa razão, as preocupações sociais do Estado consubstanciam fundamentalmente um problema político e não um problema jurídico.

Nesta medida, não só é importante analisar o desfasamento entre o referente material dos direitos sociais nas constituições, que está subjacente às correntes do activismo judiciário que representam os excessos da ponderação judicial e da interpretação constitucional (Benvindo, 2010), e o referente material dos direito sociais no "direito em rede", que exige um novo código binário entre público e privado, e um refundar de axiomas éticos tradicionais, como ainda tentar perceber o papel que as organizações internacionais podem vir a desempenhar quando tentam chamar a si o controlo dos direitos sociais (ex. a *monitorização de direitos fundamentais pela OIT* - Gusy, 2008, 523ss). Com efeito, veremos mais adiante que o nível de realização do bem-estar não deve depender do nível de despesa pública com prestações sociais, mas sim de um controlo de efectividade da realização destes direitos no contexto do quadro normativo-legal pré--estabelecido: direitos sociais e prestações sociais públicas são conceitos bem distintos no contexto económico-social presente. A incapacidade de gerar uma interpretação consistente do fenómeno social na esfera global não deve significar uma *"desistência do jurídico"*, mas apenas uma sinalização do *"caminho para a reformulação dos sistemas jurídicos"*.

4. Do *hidden dialogue* ao *judicial dialogue*

A parte geral do nosso curso sobre direitos fundamentais só fica completa com uma referência às teorias do *judicial dialogue* que prometem complementar o problema metodológico gerado pelo "direito em rede" no domínio do controlo judicial dos direitos fundamentais, como o que referimos no primeiro capítulo a propósito do direito constitucional comparado.

A alteração primordial a registar é uma consequência directa das mudanças gerais que este "direito em rede" impõe: também o tribunal vai perceber que não deve decidir sozinho (sobretudo os tribunais constitucionais ou tribunais supremos dos Estados-membros, onde esse "modo de ver o direito" é mais comum – em regra um Tribunal Constitucional decide em função da interpretação que ele próprio vem fazendo do catálogo que prometeu guardar). E vai impor-se, até como forma de auto-controlo, a tarefa mais ou menos generalizada e complexa de recorrer ao *método do direito comparado*, bem como, em alguns casos, de usar "precedentes de jurisprudência estrangeira" ou exemplos do direito estrangeiro como factos relevantes para fundamentar as suas decisões (Bobek, 2013).

Vergottini é especialmente cuidadoso na distinção entre estes dois tipos de situações, sublinhando que a aplicação do direito estrangeiro, quer de um precedente jurisprudencial, quer de uma norma constitucional ou legal, constitui apenas uma *variável cognitiva* da decisão que se soma aos restantes elementos de facto ("fontes de inspiração") tomados em consideração pelo juiz (Vergottini, 2010, 140). Já quando está em causa o recurso ao *método do direito comparado*, o elemento externo apresenta-se como um *apport cognoscitivo propedêutico* que é determinante na decisão, na medida em que o argumento comparativo se imbrique no argumento de autoridade (Vergottini, 2010, 149 e 164; Bobek, 2013, 31-35).

Assim, o *direito constitucional comparado,* que existia já como disciplina académica, ganhou também assento permanente na jurisprudência dos tribunais constitucionais dos países ocidentais, assim como na jurisprudência do Supremo Tribunal norte-americano, onde parece florescer, vencido o período de "provincianismo". Sublinhe-se, porém, que a sua recepção expressa consta apenas da Constituição sul-africana e húngara. Talvez por essa razão, grande parte dos autores comunga da tese de que o recurso ao direito estrangeiro numa decisão judicial deve limitar-se a uma função confirmatória (reforço da racionalidade da norma nacional), pedagógica (coadjuvar na interpretação da solução normativa nacional) e *obiter dictum* (reforça um argumento que já vale por si), para não pôr em causa princípios fundamentais do ordenamento jurídico nacional, designadamente o princípio democrático (Legarre / Orrego, 2010, 22-23).

Em contraponto com estas mudanças é importante destacar que o recurso ao direito constitucional comparado por um tribunal constitucional não deve servir um objectivo de universalização de valores, mas antes o de aprofundamento das soluções de inclusividade no contexto intercultural, até onde essa inclusividade se revelar possível, ou seja, até onde não redunde em uma neutralização do elemento cultural que dá substância material ao projecto social concreto que aquele órgão judicial tem como missão garantir.

Antes, porém, de analisar decisões recentes onde o *judicial dialogue* se encontra bem patente, pensamos ser oportuno destacar que nos sistemas jurídicos onde se optou pela consagração de um modelo de controlo concentrado de constitucionalidade cometido a um Tribunal Constitucional, e mais ainda no sistema português onde se combina este controlo de natureza abstracta com a atribuição àquele Tribunal do "monopólio da última palavra" em sede de fiscalização concreta (Canotilho, 2003, 887ss), percebemos que há muito que o Tribunal Constitucional "é forçado" a estabelecer um *judicial dialogue* com o Supremo Tribunal de Justiça e com o Supremo Tribunal Administrativo, o que lhe permitirá certamente alcançar vantagem nesta nova conjuntura.

Embora, o "método" até aqui utilizado consubstancie no essencial um *hidden dialogue*, que resulta do facto de o controlo de constitucionalidade, mesmo no âmbito da fiscalização concreta, ser sempre um controlo estritamente normativo, (o que em princípio inviabilizaria o diálogo), que acaba por não sê-lo na realidade quando o Tribunal admite controlar "segmentos normativos interpretativos". Por outras palavras, o sistema de controlo da constitucionalidade até estaria em princípio gizado entre nós para ser um controlo liofilizado – o Tribunal, a sua jurisprudência e a Constituição -, na medida em que o objecto de controlo seriam apenas normas, contudo, ao admitir estender o respectivo controlo, em resultado da adopção de um *conceito funcional de norma*, às interpretações normativas que os tribunais criam e aplicam na resolução dos casos concretos (os denominados "segmentos normativos interpretativos"), a jurisprudência do Tribunal Constitucional Português acaba por dar guarida a diversos casos de inevitável *hidden dialogue*.

Segundo os autores, os Tribunais Constitucionais dos Estados-membros também optam em regra por diversas técnicas de *hidden dialogue* sempre que são chamados a decidir uma questão que contenda com a aplicação de direito europeu, sobretudo se já existir uma decisão do TJCE e se estiver em causa a aplicação da válvula dos "contra-limites", ou seja, um acto normativo europeu violador dos princípios fundamentais do Estado--membro, que ao Tribunal Constitucional cumpre "guardar" (Martinico / Fontanelli, 2008). Assim acontece, por exemplo, com a *doppia pregiudizialittà* aplicada pelo Tribunal Constitucional Italiano, nos termos da qual este tribunal reconhece "prioridade" à jurisidição europeia nas matérias do art. 267.º do TFUE, ao mesmo tempo que não renuncia à sua função de "válvula de segurança" ao manter o poder de controlo sobre os "contra-limites" (Martinico / Fontanelli, 2008, 9). Foi precisamente o que sucedeu no caso *Berlusconi,* quando o Tribunal Constitucional Italiano esperou pela decisão do TJCE (Proc. C-403/02) para depois se pronunciar, fazendo referência à decisão do órgão jurisdicional europeu (Ordinanza 165/2004), no qual havia sido expressamente afirmado que *"o princípio da aplicação retroactiva da pena mais leve faz parte das tradições constitucionais comuns aos Estados-Membros"* (§69).

Pese embora esta posição de princípio, a verdade é que o Tribunal Constitucional italiano acabou por surpreender a comunidade jurídica ao enviar para o TJCE uma questão prejudicial sobre a conformidade com o direito europeu das normas que criavam um imposto regional sobre as escalas turísticas das aeronaves destinadas ao transporte privado de pessoas, bem como das embarcações de recreio, onerando unicamente as pessoas singulares e colectivas com domicílio fiscal fora do território regional (Sentenza n.º 102/2008), tendo este decidido (*caso Presidente del Consiglio dei Ministri v. Sardegna* – Proc. C-169/08) que havia efectivamente violação do direito europeu, pois a legislação fiscal de uma autoridade regional que cria um imposto sobre escalas como o que está em causa no processo principal, que onera unicamente as pessoas singulares e colectivas com domicílio fiscal fora do território regional, constitui um auxílio de Estado a favor das empresas estabelecidas nesse território.

A mesma conclusão pode ser alcançada no *caso Arcelor*, que embora tenha tido origem num processo judicial administrativo, consubstancia materialmente uma questão de direito constitucional, envolvendo o *Conseil d'État* e o TJCE, tendo o primeiro reenviado para aquele órgão judicial da UE uma questão prévia respeitante à violação do princípio da igualdade de tratamento entre empresas a propósito do regime jurídico do *comércio de licenças de emissão de gases com efeito de estufa*.

Case Study X – *Arcelor* - TJCE Proc. C-127/07, decisão de 16 de Dezembro de 2008

As requerentes, um conjunto de empresas do sector siderúrgico (grupo *Arcelor*), solicitaram às autoridades francesas competentes a revogação do artigo 1.º do Decreto n.º 2004-832, na medida em que declara este decreto aplicável às instalações do sector siderúrgico. Não tendo obtido resposta aos pedidos, interpuseram no *Conseil d'État* um recurso de anulação das decisões tácitas de indeferimento daqueles, com fundamento em abuso de poder, tendo ainda requerido que fosse ordenado às referidas autoridades que procedessem à revogação pretendida. Em seu apoio, invocaram a violação de várias normas e princípios constitucionais, com especial destaque para a violação do direito de propriedade, da liberdade de empresa e do princípio da igualdade.

O *Conseil d'État* julgou improcedentes os fundamentos invocados pelas recorrentes no processo principal, com excepção do relativo à violação do princípio constitucional da igualdade gerada por um tratamento diferente de situações comparáveis. A este último respeito, o mencionado órgão refere que as indústrias do plástico e do alumínio emitem gases com efeito de estufa idênticos àqueles cujas emissões a Directiva 2003/87 pretendeu limitar e que estas indústrias produzem materiais que substituem parcialmente os produzidos pela indústria siderúrgica, com a qual se encontram, portanto, em situação de concorrência. O *Conseil d'État* aduz ainda que, apesar de a decisão de não incluir imediatamente as indústrias do plástico e do alumínio no regime de comércio de licenças de emissão ter sido tomada tendo em consideração a sua quota-parte nas emissões totais de gases com efeito de estufa e a necessidade de assegurar a implementação progressiva de um sistema global, a questão de saber se a diferença de tratamento entre as indústrias em causa é objectivamente justificada suscita dificuldades sérias e por essa razão, uma vez que a norma em crise transpunha para o ordenamento jurídico francês uma directiva europeia, decidiu sobrestar na sua decisão e reenviar o processo ao TJCE como se pode ler no respectivo aresto: *"Il est sursis à statuer sur la requête de la Societe Arcelor e o. jusqu'à ce que la Cour de justice des Communautés européennes se soit prononcée sur la question de la validité de la directive du 13 octobre 2003 au regard du principe d'égalité en tant qu'elle rend applicable le système d'échange de quotas d'émission de gaz à effet de serre aux installations du secteur sidérurgique sans y inclure les industries de l'aluminium et du plastique. Cette question est renvoyée à la Cour de justice des Communautés européennes siégeant à Luxembourg»* (Proc. N.º 287110, de 08.02.2007).

No reenvio o *Conseil d'État* formulou a seguinte questão prejudicial: *"A Directiva [2003/87] [é válida] à luz do princípio da igualdade, na medida em que estabelece que o regime de comércio de licenças de emissão [...] é aplicável às instalações do sector siderúrgico, sem nel[e] incluir as indústrias do alumínio e do plástico[?]"*.

Após analisar os argumentos técnicos que justificaram a diferença de tratamento entre estes dois sectores industriais, o TJCE conclui o seguinte: *"O exame da Directiva 2003/87/CE do Parlamento Europeu e do Conselho, de 13 de Outubro de 2003, relativa à criação de um regime de comércio de licenças de emissão de gases com efeito de estufa na Comunidade e que altera a Directiva 96/61/CE do Conselho, conforme alterada pela Directiva 2004/101/CE do Parlamento Europeu e do Conselho, de 27 de Outubro de 2004, à luz do princípio da igualdade de tratamento não revelou elementos susceptíveis de afectar a sua validade na medida em que submete o sector siderúrgico ao regime de comércio de licenças de emissão de gases com efeito de estufa, mas não inclui no âmbito de aplicação deste regime o sector químico e o sector dos metais não ferrosos".*

Na sequência desta resposta o *Conseil d'État* acaba por indeferir o recurso interposto pelas autoras, podendo ler-se na fundamentação da sua decisão o seguinte: *"Considérant que, par un arrêt du 16 décembre 2008, la Cour de justice des Communautés européennes, statuant sur la question préjudicielle qui lui avait été soumise par la décision visée ci-dessus du Conseil d'Etat, statuant au contentieux, du 8 février 2007, a dit pour droit que l'examen de la directive 2003/87/CE (...) au regard du principe d'égalité de traitement n'a pas révélé d'éléments de nature à affecter sa validité en tant qu'elle rend applicable le système d'échange de quotas d'émission de gaz à effet de serre au secteur de la sidérurgie sans inclure dans son champ d'application les secteurs de la chimie et des métaux non ferreux; qu'en effet, la Cour a estimé que le traitement différent de secteurs comparables était fondé sur des critères objectifs tenant, d'une part, au nombre très élevé d'installations du secteur de la chimie, d'autre part, au niveau très inférieur des émissions de dioxyde de carbone du secteur des métaux non ferreux par rapport à celui de la sidérurgie, qui entrent dans la marge d'appréciation que cette juridiction reconnaît au législateur communautaire dans la phase de mise en oeuvre de ce système nouveau et complexe visant à réduire les atteintes à l'environnement au coût économiquement le plus faible, la directive ayant elle-même prévu, à son article 30, que les mesures instaurées, notamment en ce qui concerne les secteurs économiques couverts, doivent être réexaminées à intervalle raisonnable»* (Proc. N.º 287110, de 03.06.2009).

Ainda neste contexto, sublinhe-se, apenas como nota histórica, o facto de o Tribunal Constitucional português, no Ac. n.º 163/90, ter deixado subentendido que também ele estaria subordinado ao "reenvio prejudicial", quando estivesse em causa a interpretação e eficácia de normas de direito comunitário (Cardoso da Costa, 1998, 1379), mecanismo que, porém, até hoje nunca foi aplicado entre nós, mas que tem como precedente mais recente o caso Melloni do Tribunal Constitucional Espanhol, no qual o TJUE afirmou o princípio do primado (*Case Study XI*). De resto, como os autores sublinham, nestes conflitos latentes em que os litígios apresentam pontos de conexão com diversas ordens judiciais, sem que exista uma regra ou um princípio expresso que determine qual delas é a competente, o mais normal é a opção pela via do diálogo, evitando-se o confronto directo no medir de forças, embora, lateralmente, todos os "guardiões" gostem de apontar argumentos ameaçadores em favor da respectiva supremacia (Stith, 2007, 36).

Case Study XI – Melloni Proc. C-399/11, decisão de 26 de fevereiro de 2013

Stefano Melloni, cidadão italiano, foi detido em Espanha, tendo a Primeira Secção da Câmara Penal da Audiencia Nacional (Espanha) declarado que se justificava a sua extradição para Itália, para aí ser julgado pelos factos constantes dos mandados de detenção n.ºs 554/1993 e 444/1993, emitidos em Junho de 1993 pelo Tribunale di Ferrara (Itália). Depois de lhe ter sido concedida liberdade mediante caução de 5 000 000 ESP, Melloni fugiu, pelo que não chegou a ser entregue às autoridades italianas.

Por acórdão de 21 de Junho de 2000, proferido pelo Tribunale di Ferrara, seguidamente confirmado por acórdão de 14 de Março de 2003 da Corte d'appello di Bologna (Itália), Melloni foi condenado sem ter estado presente no julgamento à pena de dez anos de prisão, como autor do crime de falência fraudulenta. A Quinta Secção Penal da Corte Suprema di Cassazione (Itália) negou provimento ao recurso interposto pelos advogados e em 8 de Junho de 2004, o Procurador-Geral da República na Corte d'appello di Bologna emitiu o mandado de detenção europeu n.º 271/2004, para execução da pena proferida pelo Tribunale di Ferrara.

Na sequência da sua detenção, em 1 de Agosto de 2008, pela polícia espanhola, o Juzgado Central de Instrucción n° 6 (Espanha) decidiu remeter o mandado de detenção europeu n.º 271/2004 à Primeira Secção da Câmara Penal da Audiencia Nacional. Melloni opôs-se à sua entrega às autoridades italianas, argumentando, em primeiro lugar, que, na fase de recurso, tinha designado outro advogado e revogado o mandato dos dois advogados que antes o tinham representado, aos quais, apesar disso, continuaram a ser dirigidas as notificações. Em segundo lugar, afirmou que a lei processual italiana não prevê a possibilidade de se interpor recurso das condenações proferidas na ausência do arguido no julgamento e que, consequentemente, a execução do mandado de detenção europeu deveria, eventualmente, estar subordinada à condição de a República Italiana garantir a possibilidade de ser interposto recurso do acórdão que o condenou.

A Primeira Secção da Câmara Penal da Audiencia Nacional decidiu entregar Melloni às autoridades italianas, para cumprimento da pena a que fora condenado pelo Tribunale di Ferrara, considerando, por um lado, que não tinha sido provado que os advogados por ele designados tivessem deixado de o representar a partir de 2001 e, por outro, que os direitos de defesa tinham sido respeitados, uma vez que ele teve conhecimento do processo que ia ser instaurado, que, voluntariamente, não compareceu no julgamento e que designou dois advogados para o representar e defender, os quais, nessa qualidade, intervieram em primeira, segunda e terceira instâncias, esgotando assim as vias de recurso. Melloni interpôs um «recurso de amparo» (queixa constitucional) para o Tribunal Constitucional, alegando uma violação indireta das exigências absolutas que decorrem do direito a um processo equitativo consagrado no artigo 24.º/2, da Constituição espanhola. A Primeira Secção do Tribunal Constitucional admitiu o «recurso de amparo», suspendendo a execução do despacho e o Plenário do Tribunal Constitucional avocou esse recurso.

O Tribunal Constitucional Espanhol optou pelo reenvio prejudicial para o TJUE, alegando que a jurisprudência nacional relativa ao art. 24.º da Constituição espanhola é igualmente aplicável no quadro do procedimento de entrega instituído pela Decisão-Quadro 2002/584, por duas razões: i) primeiro, pelo facto de a condição imposta à entrega de uma pessoa condenada ser inerente ao conteúdo essencial do direito constitucional a um processo equitativo; ii) segundo, pela circunstância de o artigo 5.º/1, dessa decisão-quadro, na redação então em vigor, prever a possibilidade de a execução de um mandado de detenção europeu emitido para cumprimento de uma condenação proferida na ausência do arguido no julgamento estar, «ao abrigo do direito do Estado-Membro de execução», subordinada, designadamente, à condição de «a autoridade judicial de emissão dar garantias consideradas suficientes para assegurar à pessoa sobre a qual recai o mandado de detenção europeu a possibilidade de pedir um novo julgamento que salvaguarde os direitos de defesa no Estado-Membro emissor e de ser julgada presencialmente» (acórdão do Tribunal Constitucional 177/2006, de 5 de Junho de 2006).

Nas questões formuladas, para além de questionar a legalidade das normas europeias em causa, perguntava-se ainda se o artigo 53.° da Carta, interpretado de modo sistemático em conjugação com os direitos reconhecidos nos artigos 47.° e 48.° da Carta, permitia que um Estado-Membro sujeitasse a entrega de uma pessoa que tivesse sido condenada [sem ter estado presente no julgamento] à condição de essa condenação poder ser objecto de novo julgamento ou de recurso no Estado requerente, conferindo assim a esses direitos um nível de protecção mais elevado do que aquele que decorria do direito da União Europeia, a fim de evitar uma interpretação que limitasse ou lesasse um direito fundamental reconhecido pela Constituição desse Estado-Membro. O TJUE, na sua resposta, afirmou que o artigo 53.° da Carta dos Direitos Fundamentais da União Europeia deve ser interpretado no sentido de que não permite a um Estado-Membro subordinar a entrega de uma pessoa condenada sem ter estado presente no julgamento à condição de a condenação poder ser revista no Estado-Membro de emissão, a fim de evitar uma violação do direito a um processo equitativo e dos direitos de defesa garantidos pela sua Constituição.

Assim, o TJCE oscila, em regra, entre os casos em que opta por "evitar" os confrontos, não decidindo em favor das liberdades do Tratado questões que possam colidir com os princípios fundamentais aplicados por cada ordenamento jurídico dos Estados-membros (ex. *caso Ómega*), e os casos em que pretende reforçar o seu papel, impondo o primado do direito europeu (ex. *caso Roquette Frères*). Quer num caso, quer noutro, encontramos na sua jurisprudência uma atitude mais aberta ao *judicial dialogue*, o que pode também resultar do carácter *sui generis* deste órgão, ao qual não são impostos limites claros do que deve ser entendido como "exercício de uma função estritamente judicial".

Case Study XII – Omega Proc. C-36/02, decisão de 14 de Outubro de 2004

A Omega, sociedade de direito alemão, explorava em Bona (Alemanha), desde 1 de Agosto de 1994, um estabelecimento designado «*Laserdrome*», habitualmente destinado à prática de «desportos laser». O referido estabelecimento continuou a ser explorado posteriormente a 14 de Setembro de 1994, dado que a Omega obteve autorização para continuar provisoriamente a exploração, por despacho do *Verwaltungsgericht Köln (Alemanha)* de 18 de Novembro de 1994. O equipamento utilizado pela Omega no seu estabelecimento, que incluía, designadamente, aparelhos de pontaria a laser semelhantes a pistolas automáticas, bem como receptores de raios instalados, quer em carreiras de tiro, quer em coletes usados pelos jogadores, foi inicialmente desenvolvido a partir de um brinquedo para crianças, livremente disponível no comércio. Dado que o equipamento em causa se revelou tecnicamente insuficiente, a Omega recorreu, a partir de data não especificada, mas posterior a 2 de Dezembro de 1994, ao equipamento fornecido pela sociedade britânica *Pulsar International Ltd (actualmente Pulsar Advanced Games Systems Ltd, a seguir «Pulsar»)*. Contudo, só foi celebrado um contrato de franquia com a *Pulsar* em 29 de Maio de 1997.

Tendo observado que o jogo praticado no *«Laserdrome»* tinha por objectivo atingir receptores colocados em coletes usados pelos jogadores, a autoridade policial de Bona, em 14 de Setembro de 1994, proferiu um despacho dirigido à Omega, que a proibia de *«permitir ou tolerar no seu [...] estabelecimento jogos que tenham por objecto disparar sobre alvos humanos através de um raio laser ou de outros dispositivos técnicos (por exemplo, raios infravermelhos), ou seja, 'simulações de homicídio' com registo dos tiros que atingem o alvo»*.

Nos termos do despacho de proibição de 14 de Setembro de 1994, os jogos que se praticavam no estabelecimento explorado pela Omega constituíam um perigo para a ordem pública, dado que os actos homicidas simulados e a banalização da violência que deles resultava eram contrários aos valores fundamentais que prevaleciam na opinião pública. Em consequência, a Omega interpôs recurso de revista para o *Bundesverwaltungsgericht* com fundamento na violação do direito comunitário, invocando em especial a livre prestação de serviços consagrada no artigo 49.º CE, dado que o seu *«Laserdrome»* tinha de utilizar o equipamento e a técnica fornecidos pela sociedade britânica *Pulsar*.

O *Bundesverwaltungsgericht* considera que, nos termos do direito nacional, deve ser negado provimento ao recurso de revista interposto pela Omega. Interroga-se, contudo, sobre se esta solução é compatível com o direito comunitário, em especial com os artigos 49.° CE a 55.° CE, relativos à livre prestação de serviços, e com os artigos 28.° CE a 30.° CE, relativos à livre circulação de mercadorias, razão pela qual formula um pedido de reenvio prejudicial, mas sempre vai afirmando que *"a dignidade humana é um princípio constitucional susceptível de ser violado quer através de um tratamento degradante infligido a um adversário, o que o se verifica no caso em apreço, quer despertando ou reforçando no jogador uma atitude que nega o direito fundamental de cada pessoa a ser reconhecida e respeitada, como a representação, no caso vertente, de actos fictícios de violência com uma finalidade lúdica. Um valor constitucional supremo como a dignidade humana não pode ser posto de parte no âmbito de um jogo de divertimento. Os direitos fundamentais invocados pela Omega não podem, à luz do direito nacional, alterar esta apreciação"*.

O TJCE decidiu o seguinte: *"o direito comunitário não se opõe a que uma actividade económica que consiste na exploração comercial de jogos de simulação de actos homicidas seja objecto de uma medida nacional de proibição adoptada por razões de protecção de ordem pública, devido ao facto de essa actividade ofender a dignidade humana"*.

Case Study XIII – *Roquette Frères SA* – Proc. C-94/00, decisão de 22 de Outubro de 2002

A *Roquette Frères SA* era uma sociedade francesa que exercia a actividade de comercialização de gluconato de sódio e de glucono-delta-lactona. Em 10 de Setembro de 1998, a Comissão adoptou, com base no artigo 14.°, n.° 3, do Regulamento n.° 17 (norma que conferia à Comissão poderes de instrução com vista à averiguação de eventuais infracções às regras da concorrência aplicáveis às empresas), uma decisão ordenando à Roquette Frères que se submetesse a uma diligência de instrução relativa à sua eventual participação em acordos e/ou práticas concertadas no mercado do gluconato de sódio e do glucono-delta-lactona, susceptíveis de constituírem uma infracção ao artigo 85.° do Tratado CE.

Assim, a Comissão pediu ao Governo francês que tomasse as medidas necessárias para que fosse assegurada a assistência das autoridades

147

nacionais em caso de oposição da Roquette Frères à diligência prevista, e na sequência deste pedido os serviços administrativos competentes apresentaram, em 14 de Setembro de 1998, um requerimento ao presidente do tribunal de grande instance de Lille, a fim de obter a autorização de busca e apreensão, a efectuar na Roquette Frères, previstas nos artigos 48.º e 56.º-A do despacho relativo à concorrência. No essencial, foram anexados a esse requerimento cópia da decisão de instrução emitida pela Comissão e o texto do acórdão Hoechst/Comissão (Proc. 46/87 e 227/88, de 21 de Setembro de 1989 – ver ainda o Proc. C-227/92-P, de 8 de Julho de 1999), no qual havia sido estabelecido em matéria de *"exigências decorrentes do direito fundamental à inviolabilidade do domicílio"* que *"se é verdade que o reconhecimento desse direito quanto ao domicílio privado das pessoas singulares se impõe na ordem jurídica comunitária como princípio comum aos direitos dos Estados-membros, o mesmo não sucede quanto às empresas, uma vez que os sistemas jurídicos dos Estados-membros apresentam divergências não desprezíveis no que se refere à natureza e grau de protecção das instalações comerciais face às intervenções das autoridades públicas"*; acrescentando ainda que *"conclusão diversa não pode, aliás, ser retirada do artigo 8.º da Convenção Europeiacdos Direitos do Homem, cujo n.º 1 estabelece que «qualquer pessoa tem direito ao respeito da sua vida privada e familiar, do seu domicílio e da sua correspondência». O objecto de protecção deste artigo é o desenvolvimento da liberdade pessoal do homem, não podendo, por isso, ser alargada às instalações comerciais. Além disso, constata-se a inexistência de qualquer jurisprudência a este respeito por parte do Tribunal Europeu dos Direitos do Homem".*O despacho de autorização foi notificado em 16 de Setembro de 1998. As diligências de instrução ocorreram em 16 e 17 de Setembro de 1998. A Roquette Frères cooperou nas referidas diligências, embora manifestando reservas quanto à tiragem de cópias de um certo número de documentos. Reservas que acabaram por justificar a interposição de um recurso do despacho de autorização para a *Cour de Cassation*, no qual são invocados como fundamentos, quer o facto de o juiz ter ordenado as buscas domiciliárias sem dispor de elementos que atestassem a existência de presunções sérias de práticas anticoncorrenciais susceptíveis de justificar as medidas compulsórias, quer a violação de garantias processuais previstas no direito nacional (aplicáveis neste tipo de intervenções), sobretudo no que respeitava à inviolabilidade de domicílio, pois no acórdão *Niemietz/Alemanha*, o TEDH havia já reconhecido que o art. 8.º da CEDH poderia ser aplicado a certas actividades ou a certas instalações profissionais.

Nestes termos, a *Cour de Cassation* decidiu suspender a instância e colocar ao Tribunal de Justiça as seguintes questões prejudiciais:

«*1) Face aos direitos fundamentais reconhecidos pela ordem jurídica comunitária e no artigo 8.º da Convenção Europeia de Salvaguarda dos Direitos do Homem, deve o acórdão Hoechst proferido em 21 de Setembro de 1989 ser interpretado no sentido de que o juiz nacional, que tem a competência nos termos do seu direito nacional para ordenar inspecções e apreensões dos agentes da administração nas instalações das empresas em matéria de concorrência, não pode recusar a autorização pedida quando entende que os elementos de informação ou indícios que lhe são apresentados como fazendo presumir a existência de práticas anticoncorrenciais por parte das empresas visadas na decisão de investigação da Comissão são insuficientes para autorizar uma tal medida ou quando, como no caso, nenhum elemento ou indício lhe foi apresentado?*

2) Na hipótese de o Tribunal de Justiça entender não existir a obrigação de a Comissão apresentar ao juiz nacional competente os indícios e elementos de informação de que dispõe e que levem a presumir a existência de práticas anticoncorrenciais, esse juiz, não obstante, tem competência, tendo em conta os direitos fundamentais acima referidos, para recusar a autorização das inspecções e apreensões pedidas quando entender que a decisão da Comissão, como no caso presente, não é suficientemente fundamentada e não lhe permite aferir, em concreto, o mérito do pedido que lhe foi submetido, colocando-o, desse modo, na impossibilidade de exercer a fiscalização exigida pelo seu direito constitucional nacional?»

O TJCE respondeu, esclarecendo que *"de acordo com o princípio geral de direito comunitário que consagra a protecção contra as intervenções arbitrárias e desproporcionadas do poder público na esfera da actividade privada de uma pessoa singular ou colectiva, cabe ao órgão jurisdicional nacional, competente nos termos do direito interno para autorizar buscas e apreensões nas instalações de empresas suspeitas da prática de infracções às regras da concorrência, examinar se as medidas compulsórias solicitadas na sequência de um pedido de assistência formulado pela Comissão (...) não são arbitrárias ou desproporcionadas relativamente ao objecto da diligência de instrução ordenada. Sem prejuízo da aplicação das disposições de direito interno que regulam a aplicação das medidas compulsórias, o direito comunitário opõe-se a que a fiscalização exercida por esse órgão jurisdicional nacional a respeito do mérito das referidas medidas vá além do que é exigido pelo princípio geral acima mencionado. O direito comunitário obriga a Comissão a zelar por que o referido órgão jurisdicional disponha de todos os elementos necessários que lhe permitam exercer a fiscalização que lhe incumbe (...) em contrapartida, o órgão jurisdicional nacional não pode exigir a transmissão de elementos ou de indícios que figuram no dossier da Comissão e nos quais assentam as suspeitas desta última. Quando o referido órgão jurisdicional considere que as informações comunicadas pela Comissão não satisfazem as exigências mencionadas no n.º 2 do presente dispositivo, não pode, sem violar os artigos 14.º, n.º 6, do Regulamento n.º 17 e 5.º do Tratado CE (actual artigo 10.º CE), limitar-se a indeferir o pedido que lhe foi submetido. Nesse caso, esse órgão jurisdicional deve informar a Comissão ou a autoridade nacional que solicitou a sua intervenção a pedido desta última acerca das dificuldades encontradas, no mais curto prazo possível, solicitando, eventualmente, as informações suplementares que lhe permitirão exercer a fiscalização de que está incumbido. Só na posse desses eventuais esclarecimentos, ou na falta de diligências úteis por parte da Comissão em resposta ao seu pedido, é que o órgão jurisdicional nacional tem fundamentos para recusar a assistência solicitada, caso seja impossível concluir, face às informações de que dispõe, pela inexistência de arbitrariedade e pela proporcionalidade das medidas compulsórias em causa relativamente ao objecto da diligência de instrução".*

O TEDH, por seu lado, consegue, através da *"doutrina da margem de apreciação"*, um parâmetro de interpretação que visa distinguir entre o que deve ser considerado uma questão local a decidir pelos tribunais nacionais (recordem-se os casos do "véu islâmico" – *Drogu* e *Leyla Sahin*) e o que deve ser qualificado como fundamental, exigindo a todos os Estados o cumprimento do mesmo parâmetro de actuação, independentemente das variações culturais existentes entre eles (*caso Hatton*).

Case Study XIV – *Hatton and others v. The United Kingdom* e Proc. 360022/97, decisão de 8 de Julho de 2003

O TEDH foi chamado a apreciar um caso de perturbação do direito ao sono em consequência do ruído nocturno oriundo do aeroporto de *Haethrow*. Na decisão do caso apreciava-se a violação do art. 8.º da Convenção (direito ao respeito pela vida privada e familiar), tendo o tribunal concluído que as medidas implementadas a nível nacional, ou seja, os diversos regulamentos legais sobre a redução do ruído nocturno em cumprimento dos *standards* fixados pelos organismos internacionais, assim como a informação permanente dos interessados, designadamente, do *Heathrow Airport Consultative Committee,* no qual estavam representados os membros do poder local das imediações do aeroporto e as associações de vizinhos do aeroporto, seriam suficientes para concluir o seguinte: *"In these circumstances the Court does not find that, in substance, the authorities overstepped their margin of appreciation by failing to strike a fair balance between the right of the individuals affected by those regulations to respect for their private life and home and the conflicting interests of others and of the community as a whole, nor does it find that there have been fundamental procedural flaws in the preparation of the 1993 regulations on limitations for night flights"*

Todavia, esta decisão não foi unânime, e os cinco juízes que votaram vencidos consideraram que neste caso o Estado não estava a cumprir as obrigações impostas pela norma de protecção do direito à privacidade, lavrando um voto de vencido onde se pode ler que: «*Although we might agree with the judgment when it states: "the Court must consider whether the State can be said to have struck a fair balance between those interests [namely, the economic interests of the country] and the conflicting interests of the persons affected by noise disturbances", the fair balance between the rights of the applicants and the interests of the broader community must be maintained. The margin of appreciation of the State is narrowed because of the fundamental nature of the right to sleep, which may be outweighed only by the real, pressing (if not urgent) needs of the State. Incidentally, the Court's own subsidiary role, reflected in the use of the "margin of appreciation", is itself becoming more and more marginal when it comes to such constellations as the relationship between the protection of the right to sleep as an aspect of privacy and health on the one hand and the very general economic interest on the other hand (...) reasons based on economic arguments referring to "the country as a whole" without any "specific indications of the economic cost of eliminating specific night flights" are not sufficient. Moreover, it has not been demonstrated by the respondent State how and to what extent the economic situation would in fact deteriorate if a more drastic scheme – aimed at limiting night flights, halving their number or even halting them – were implemented».*

Trata-se, como bem percebemos, de um sinal no sentido do estreitamento da margem de apreciação "reconhecida" aos Estados, que apesar de tudo não suscita neste caso o mesmo tipo de objecções que pudemos apontar ao *caso Carolina do Mónaco*.

Mas o *judicial dialogue* é uma realidade que se estende muito para além do diálogo europeu, revelando que esta problemática não é exclusiva do "clube europeu", e em especial do clube europeu dos direitos fundamentais, e sim que corresponde a uma necessidade geral sentida pelos tribunais de incorporar nas respectivas decisões fragmentos de jurisprudência estrangeira. Trata-se de uma corrente que tem sido sobretudo impulsionada pelo crescente relevo da *litigação transnacional* – litígios que correndo os seus termos nos tribunais nacionais envolvem partes de outros Estados e convocam a aplicação de direitos estrangeiro, pondo em crise o princípio da territorialidade – e pela instituição e reforço do papel dos *tribunais internacionais* – é cada vez mais notória a tentativa de os sujeitos procurarem resolver os seus diferendos com os Estados recorrendo à resolução internacional dos litígios, seja em tribunais internacionais, órgãos internacionais de resolução de litígios (ex. *International Center for Settlement of Investors Disputes*) ou mesmo através da arbitragem internacional –, fenómenos que integram a denominada *"global community of Courts"* (Slaughter, 2003).

Case Study XV – ADPF 101/2006 (o caso da importação de pneus recauchutados)

O Supremo Tribunal Federal do Brasil foi chamado a pronunciar-se no âmbito de um processo de *Argüição de Descumprimento de Preceito Fundamental* (ADPF n.º 101/2006), no qual se pediu que fossem declaradas inconstitucionais e ilegais decisões judiciais que vinham admitindo a importação de pneus recauchutados com base no argumento de que as normas infraconstitucionais que vedavam essa prática eram inconstitucionais, por violação do direito ao meio ambiente (art. 225).

Entre a propositura da ADPF em 2006 e a decisão do STF em 2009 foi solicitada a intervenção de outras entidades, cujas decisões acabaram por influenciar a decisão final do processo. Com efeito, em 2007, o *Appellate Body* da OMC (WTO) decidiu em sentido favorável ao Brasil um litígio resultante de uma queixa apresentada pela UE relativamente a um conjunto de medidas adoptadas por aquele Estado, no sentido de restringir a importação de pneus recauchutados daquela comunidade de Estados, que alegadamente violariam o GATT (*WT/DS332/AB/R*). A decisão considerou ainda que os fundamentos de ordem ambiental invocados pelo Brasil deveriam ser também respeitados nas importações daquele tipo de pneus em relação ao Uruguai e ao Paraguai. E no âmbito da arbitragem solicitada pela UE, a OMC deu ao Brasil um prazo até Dezembro de 2008 para cumprir as restrições impostas nas importações relativas àqueles países (*WT/DS332/16*).

Todavia, ao dar execução a esta decisão, o Brasil incorria na violação das regras do Mercosul, na medida em que o Tribunal Permanente de Revisão do Mercosul já havia condenado a Argentina num caso em que a mesma pretendia, precisamente, estabelecer limites à importação de pneus recauchutados oriundos do Uruguai

Assim, o Brasil optou por adoptar uma solução intermédia que não respeitava nenhuma daquelas decisões, pois permitia a impostação de pneus em quantidade superior à que havia sido permitida pela decisão da OMC, mas em número mais restrito do que aquele a que estaria obrigado segundo a decisão do Mercosul.

Na decisão tomada pelo STF, que foi de procedimento parcial da ADPF, pode ler-se o seguinte: *"aquela decisão [a da OMC] convida o Judiciário nacional, em especial este Supremo Tribunal, a examinar e julgar a matéria no que concerne às providências, incluídas as normativas, adotadas no sentido de garantir a efetividade dos princípios constitucionais. Enfoque especial há de ser dado à questão das decisões judiciais contraditórias, realce àquelas listadas na peça inicial desta Argüição, mas que têm caráter meramente exemplificativo, à luz das obrigações internacionais do Brasil, mas, principalmente e em razão da competência deste Supremo Tribunal, dos preceitos constitucionais relativos à saúde pública e à proteção ao meio ambiente ecologicamente equilibrado"*.

O *judicial dialogue* é especialmente importante no contexto da internacionalização das relações económicas, do qual resultam também, como veremos, novos desafios para a resposta social dos Estados, bem como para a resposta a alguns "problemas globais" como o ambiente e o terrorismo.

Os principais cultores da *judical dialogue* encontram-se hoje nos EUA, e é lá que encontramos também aqueles que apontam as principais objecções a esta metodologia, temendo que a mesma redunde em um *outsourcing* de parâmetros de decisão. Com efeito, o juiz *Scalia* afirma que a utilização de direito estrangeiro em sentenças constitucionais norte--americanas é um erro, mas confessa também não ter dúvidas de que é o futuro (Scalia, 2009).

Em abordagem que teoricamente se aproxima de *Vergottini*, *Scalia* aponta as vantagens do direito comparado enquanto "boa prática" na tarefa hermenêutica – dá como exemplo o "aperfeiçoamento" na aplicação da 8.ª emenda "proibição de penas cruéis" –, mas acrescenta simultaneamente as razões que devem fundamentar a rejeição do uso do direito comparado na interpretação constitucional, de entre as quais avultam a desarticulação face ao sistema nacional e a falta de democraticidade das soluções alcançadas (a *living constituion* deve ser dinamizada pelo poder parlamentar e não judicial). Um resultado que no seu entender se verifica mesmo que no plano dos valores a decisão seja positiva, como aconteceu no já referido caso *Lawrence v. Texas* (2003) em que a remissão para a jurisprudência do TEDH levou o *Supreme Court* a concluir que a punição de comportamentos homosexuais era inconstitucional (Scalia, 2009).

Nos estudos mais recentes sobre a *global law* discutem-se as virtudes e as limitações do *judicial dialogue*. Reiteram-se as ideias de que se trata de um fenómeno recente e muito florescente, com diferentes conformações – análise comparativa, interacções directas e decisões em rede ou decisões em comité – e que está a permitir a emergência de uma jurisprudência constitucional global após o abandono de quase todos os projectos políticos de uma constituição global (Law / Chang, 2011). Para que este fenómeno possa ser efectivamente frutífero é necessário fazer uma análise correcta da sua aplicação – ver a qualidade das decisões proferidas e não apenas a mera estatística da incorporação de direito estrangeiro nas decisões – bem como perceber que "o diálogo" envolve uma relação bidireccional e não apenas a recepção da jurisprudência dos tribunais mais conceituados pelos tribunais de países considerados menos paradigmáticos ou relevantes na "arena global".

Acreditamos que o fenómeno se torna mais fácil em um sistema de decisões judiciais como o norte-americano ou no do mundo anglo-saxónico – o que não deixa de ser aparentemente contraditório com o facto de o Reino Unido ter "reclamado", conjuntamente com a Polónia, o aditamento de um esclarecimento quanto aos limites de aplicação do título IV da CDFUE naquele território (Protocolo n.º 30 anexo ao Trtado de Lisboa) –, mas olhando a realidade europeia, não negamos o reconhecimento da importância que o aperfeiçoamento desta metódica pode significar na elevação da qualidade das decisões judiciais nacionais, sobretudo quando se trata de decidir questões com pontos de conexão relevantes entre os ordenamentos jurídicos dos Estados-membros e com o próprio sistema jurídico da União.

E Marcelo Neves também não esconde o desejo e a inevitabilidade da extensão deste fenómeno a ordenamentos jurídicos que gozam ainda de um grau de integração mitigado em outras comunidades jurídicas, como é o caso do Brasil. Na sua obra expõe diversas perspectivas e planos, sintetizando as que considera serem as principais interacções – direito internacional público e direito estatal, direitos supranacional e direito estatal, direitos estatais entre si, ordens jurídicas estatais e transnacionais, ordens jurídicas estatais e ordens locais extraestatais e direitos internacional e direitos supranacional – e embora não subcrevamos inteiramente esta visão, pois acreditamos que hoje a imbricação é global, e por isso mais complexa, não permitindo "arrumar" o fenómeno em relações bipolares como as apresentadas na sua obra, concordamos inteiramente com o autor quando este sublinha que o grande desafio do séc. XXI é a construção de uma nova metodologia (Neves, 2009).

ROTEIRO JURISPRUDENCIAL PARA APREENSÃO DAS DIFERENÇAS METÓDICAS ENTRE A RESOLUÇÃO DE LITÍGIOS DE DIREITOS FUNDAMENTAIS POR TRIBUNAIS INTERNACIONAIS E A RESOLUÇÃO DE LITÍGIOS DE DIREITOS FUNDAMENTAIS NO CONTEXTO TRANSCONSTITUCIONAL E DO JUDICIAL DIALOGUE

1. A resolução de litígios respeitantes a "direitos fundamentais em sentido amplo" por tribunais internacionais:

Acórdão do TEDH no caso *Loizidou* vs. Turquia (Proc. 15318/89)

Loizidou era uma cidadã cipriota, originária de *Kyrenia* (norte do Chipre), que em 1972 casou e foi viver com o marido em Nicosia. A autora reclamou a propriedade sobre uns lotes de terreno localizados em *Kyrenia,* bem como o facto de relativamente a um deles ter sido emitida uma autorização de edificação previamente à ocupação do norte do Chipre pela Turquia em Julho de 1974. A propriedade dos terrenos encontrava-se devidamente atestada por documentos oficiais emitidos pelas autoridades cipriotas, mas as autoridades turcas impediam-na de regressar à terra natal e usufruir pacificamente dos respectivos bens.

Por essa razão, a autora decidiu participar, em 19.03.1989, na marcha organizada pelo "*Women Walk Home*" *movement* na cidade de *Lymbia,* perto da cidade turca de *Akincilar,* na zona do norte do Chipre ocupada pelos turcos. Liderando um grupo de cinquenta manifestantes, *Loizidou* acabou por atravessar o posto das Nações Unidas e entrar na zona ocupada pelos turcos, facto que determinou a detenção de todas as manifestantes pelos soldados turcos por mais de 10 horas, acabando a requerente por ter de regressar a Nicosia de ambulância.

Por força deste incidente, a autora deu início a um processo judicial que culminou com um pedido apresentado junto do TEDH no qual o governo cipriota e *Loizidou* afirmaram que após a ocupação do norte do Chipre pela Turquia, os proprietários dos bens aí localizados ficaram totalmente privados do respectivo gozo, o que consubstanciaria uma violação do direito de propriedade, consagrado no art. 1.º do Primeiro Protocolo adicional à CEDH, e que, no caso de Loizidou, os factos descritos consubstanciariam uma violação continua e reiterada não só do direito de propriedade, mas também do direito ao domicílio consagrado no art. 8.º da Convenção.

O caso em apreço não se circunscreve a um problema de violação de direitos consagrados na CEDH, pois ele está intimamente associado ao conflito político que culminou com a invasão do Norte do Chipre pela Turquia em 1974 e com a criação da denominada República Turca de Chipre do Norte, até hoje não reconhecida pela ONU. Circunstância que explica o julgamento prévio de algumas excepções no sentido de saber se o TEDH poderia ou não conhecer do pedido, uma vez que, oficialmente, o território do Norte do Chipre não está sob administração Turca, tendo sido suscitada perante o tribunal uma questão prévia: saber se este não era um problema de direito internacional, em virtude de a RTNC constituir o resultado do direito à autodeterminação dos cipriotas turcos. Todavia, aquele tribunal considerou que mesmo nesse quadro jurídico os factos em questão poderiam ser "imputados" à Turquia e acabou por considerar, em decisão que não foi unânime, a existência de uma violação ao art. 1.º do Protocolo n.º 1 adicional, ou seja, considerou que os actos "imputados" à Turquia consubstanciavam uma violação do direito de propriedade por se reconduzirem a um tipo de expropriação sem indemnização, embora tenha rejeitado o argumento respeitante à violação do art. 8.º da CEDH (direito ao domicílio).

Trata-se de uma decisão amplamente criticada pela doutrina (Lock, 2010, 25ss.), que apoiada nas opiniões expressas nos diversos votos de vencido que constam da decisão, exprime a necessidade de uma *autocontenção do poder judicial* em formular juízos *obiter dictum* sobre questões respeitantes a problemas de direito internacional por via de uma jurisprudência que pretensamente se destina a garantir direitos fundamentais.

Acórdão do ITLOS no caso *Southern Bluefin Tuna* (Caso 3/4, de 27/08/1999)

A questão prende-se com a preservação da espécie *southern bluefin tuna* (atum) que estaria a ser ameaçada pelo programa de pesca experimental promovido pelo Japão em 1998, de forma unilateral, e em desrespeito pelas regras da *Convention for the Conservation of Southern Bluefin Tuna (SBT Treaty)*, assinada em 1994 por aquele país, conjuntamente com a Austrália e a Nova Zelândia para impor quotas de pesca relativamente a esta espécie. Um acordo através do qual foi também instituída a *Commission for the Conservation of Southern Bluefin Tuna (CCSBT)*, uma entidade independente, responsável pela gestão da espécie e por fixar, entre outras coisas, quotas nacionais de pesca para cada um daqueles países.

Nesta sequência, a Nova Zelândia em primeiro lugar, seguida pela Austrália, decidiram submeter a questão a arbitragem e, simultaneamente, apresentaram um pedido de medidas provisórias no *International Tribunal for the Law of the Sea* (ITLOS), alegando que o Japão violara as regras a que estava obrigado sob os arts. 64.º e 116.º a 119.º da UNCLOS (*United Nations Convention on the Law of the Sea*). Em resposta o Japão questionou a competência do ITLOS, mas, simultaneamente, admitindo que a mesma pudesse ser válida, contestou o pedido de medidas preventivas formulado por aqueles dois países e apresentou um "contra-pedido" no sentido de que viesse a ser estabelecido um acordo sobre o volume total de captura permitido.

Após o início do processo, a Nova Zelândia e a Austrália notificaram o ITLOS de que o Japão tinha acordado em suspender imediatamente o programa experimental de pesca em causa, que se comprometera perante a *Commission for the Conservation of Southern Bluefin Tuna* a reduzir substancialmente as suas quotas de pesca, que todas as partes acordaram em respeitar o *princípio da precaução* em matéria de captura da referida espécie, e ainda que todos haviam encetado esforços para cumprir escrupulosamente a Convenção e pôr termo ao conflito.

Todavia, o ITLOS, através do que denominou como "abordagem preventiva", optou por aprovar algumas medidas preventivas que vigorariam até à decisão do tribunal arbitral, designadamente: as partes abster-se-iam de praticar quaisquer actos que pudessem agravar o litígio ou comprometer a eficácia da decisão que viesse a ser adoptada; que os valores máximos de captura seriam os fixados anteriormente pela *CCSBT*; e que deveriam envidar esforço para alcançar um acordo sobre o diferendo.

Neste caso, acreditamos que o problema possa ser interpretado sob duas perspectivas: ou como solução de um diferendo em matéria de liberdades económicas, uma vez que está em causa a limitação do direito de pesca de alguns países; ou, e parece ter sido essa a abordagem escolhida pelo tribunal, a da salvaguarda do ambiente através do reconhecimento de um *status procuratoris* às entidades constituídas especificamente para as missões de protecção das espécies animais, o que justificaria o aparente *activismo* da decisão judicial.

Acórdão do TIJ no caso *LaGrand* (*Germany v. United States of America*, de 27 de Junho de 2001)

Em 7 de Janeiro de 1982, os irmãos *Karl e Walter Bernhard LaGrand*, dois cidadãos alemães, perpetraram um assalto a um banco no Estado do Arizona, nos EUA, no qual mataram um homem e produziram danos corporais em uma mulher. Foram capturados, julgados e condenados à pena de morte. Embora tivessem vivido desde muito jovens nos Estados Unidos, estes cidadãos alemães nunca solicitaram a cidadania americana, pelo que foram condenados na qualidade de estrangeiros. Nesta circunstância, ambos teriam direito, segundo as regras da Convenção de Viena, a beneficiar de assistência consular do Estado da nacionalidade, o que no caso não foi respeitado.

Após tomarem conhecimento desses elementos, os irmãos *LaGrand* recorreram para o tribunal federal alegando a invalidade da decisão condenatória por não terem sido respeitados os seus direitos de defesa previstos nas normas internacionais, não tendo o respectivo pedido sido atendido por razões formais. Mais tarde, a Alemanha accionaria o Tribunal Internacional de Justiça, pedindo que os EUA fossem condenados a suspender a execução da pena de morte, até que os direitos fundamentais de defesa dos cidadãos germânicos em causa fossem assegurados.

Assim, mesmo depois de o *US Supreme Court* ter negado razão à Alemanha, alegando que naquele caso não dispunha de jurisdição sobre o tribunal do Estado de Arizona que condenara os irmãos *LaGrand*, a Alemanha acabaria por ganhar a causa no *TIJ*, através de uma decisão na qual este tribunal firmou jurisprudência no sentido de que nenhum direito interno se pode sobrepor aos direitos plasmados na Convenção de Viena.

A doutrina aponta inúmeras virtudes a esta decisão, em especial o facto de consubstanciar a afirmação de um *standard internacional* de protecção jusfundamental que se sobrepõe à autonomia das circunscrições judiciais, neutralizando, em alguma medida, os fenómenos de *fórum shopping* em matéria de protecção de direitos fundamentais (Lock, 2010, 32).

Acórdão do TJUE no caso Mox Plant (Proc. C-459/03, de 30 de Maio de 2006)

A Irlanda transmitiu ao Reino Unido, em 15 de Junho de 2001, um pedido de constituição de um tribunal arbitral, em aplicação do artigo 32.º da Convenção para a Protecção do Meio Marinho do Atlântico Nordeste, assinada em Paris em 22 de Setembro de 1992, sustentando que o Reino Unido não cumprira as obrigações previstas no artigo 9.º da referida convenção, ao recusar fornecer-lhe uma cópia completa de um relatório respeitante a actividades desenvolvidas nas zonas abrangidas pela protecção daquele regime jurídico. A referida Convenção foi aprovada em nome da Comunidade pela Decisão 98/249/CE do Conselho, de 7 de Outubro de 1997 (JO 1998, L 104, p. 1). O tribunal foi constituído, e em 25 de Outubro de 2001, a Irlanda notificou o Reino Unido de que, nos termos do artigo 287.º da convenção, instaurara um processo no tribunal arbitral previsto no anexo VII da convenção, tendo em vista a resolução do «diferendo relativo à fábrica MOX, às transferências internacionais de substâncias radioactivas e à protecção do meio marinho do Mar da Irlanda». Entretanto, a Irlanda, aproveitando o facto de ambos países serem também partes na *United Nations Convention on the Law of the Sea*, decidiu igualmente accionar o *ITLOS* e solicitar medidas preventivas, que vieram a ser adoptadas pelo tribunal (Processo n.º 10 / *ITLOS*).

O Reino Unido sustentou, com base no artigo 282.º da Convenção para a Protecção do Meio Marinho do Atlântico Nordeste, que alguns aspectos das acusações formuladas pela Irlanda eram da competência do direito comunitário, de forma que o Tribunal de Justiça tinha competência exclusiva para conhecer do mérito do litígio. Por despacho de 24 de Junho de 2003, notificado à Comissão no dia 27, o tribunal arbitral decidiu suspender o processo até 1 de Dezembro de 2003 e solicitou que lhe fosse facultada informação mais ampla até essa data no que se refere às implicações do direito comunitário no conflito que lhe fora submetido. A Comissão, notificada do caso, considerou que a Irlanda, ao desencadear o processo de resolução de conflitos previsto pela convenção para dirimir o conflito relativo à fábrica MOX que a opunha ao Reino Unido, não respeitara a competência exclusiva do TJCE no que se refere aos diferendos relativos à interpretação e à aplicação do direito comunitário, infringindo o artigo 292.º CE. Assim, o TJCE acabou por dar razão à Comissão e condenar a Irlanda, considerando que a obrigação de cooperação estreita no quadro de um acordo misto implicava, por parte daquele Estado-membro, um dever de informação e de consulta prévias das instituições comunitárias competentes antes de desencadear um processo de resolução do diferendo relativo à fábrica MOX no quadro da convenção.

De acordo com a doutrina, este é um caso em que a solução para um conflito jurisdicional entre o ordenamento jurídico global e o ordenamento jurídico supranacional é alcançada exclusivamente com base em fundamentação jurídica, pois se por um lado no primeiro se estabelecia expressamente um critério de preferência por uma decisão judicial, o segundo juntou a esse critério um outro de base exclusivamente jurisdicional, segundo o qual o ordenamento global deve respeitar a autonomia do ordenamento jurídico supranacional quando o mesmo assenta, principalmente, sobre a matéria subjacente ao litígio (Cassese, 2009a, 79). A aceitar-se esta leitura da jurisprudência em causa, teríamos que concluir que a questão ambiental fica subordinada à questão de política económica, uma vez que seria esse o domínio material que ditaria a prevalência da jurisdição europeia. Pese embora o esforço que a UE vem fazendo nesta matéria para afirmar a sua política ambiental (política ambiental "a uma só voz"), ficam-nos algumas interrogações quanto à neutralização da protecção internacional dos bens ambientais em resultado da afirmação de *standards regionais* no quadro de projectos de integração económica. Interrogações que se estribam na crescente preponderância do reconhecimento de um *status procuratoris* na legitimidade para defesa de valores ambientais na arena global.

Acórdão do WTO dispute settlement no caso Chile v. UE em matéria de espadarte (WT/DS/193)

A questão resulta da aprovação pelo Chile, em 1999, de uma adenda à Lei geral das pescas, que proibia as embarcações da UE de descarregar e fazer transferência de espadartes nos portos daquele país. Em consequência, a UE decidiu solicitar à OMC, em 2000, a constituição de um painel de resolução de litígios para analisar a conformidade destas medidas com as disposições do GATT. No mesmo ano, a União Europeia e o Chile decidem também accionar o ITLOS para que este aprecie o problema da exploração e captura sustentável daquela espécie.

Em 2001, a UE informa o DSB da OMC de que teria conseguido alcançar um acordo com o Chile nos termos do qual teria sido promovida uma comissão técnico-científica para estudar a sustentabilidade da pesca daquela espécie no Pacífico Sudoriental e ambos iriam promover uma acção multilateral no sentido de sensibilizar os restantes Estados com interesses piscícolas naquela zona para o problema do povoamento. Este acordo permitiria igualmente suspender os litígios pendentes quer na OMC, quer no ITLOS. Depois de muitos avanços e recuos os processos foram finalmente encerrados em 2009, tendo o diferendo sido maioritariamente resolvido através de acordos e com cedências de ambas partes.

A análise das decisões precedentes permite-nos ilustrar a discussão actual, em que uma parte da doutrina defende que devemos questionar se o accionamento dos tribunais internacionais ou mecanismos equiparados constitui um verdadeiro problema de violação de direitos fundamentais (maioritariamente de liberdades económicas para sermos mais precisos) ou se estaremos antes perante casos em que a alegada violação dos direitos fundamentais consagrados em documentos internacionais constitui apenas um pretexto para procurar uma solução jurídica para um diferendo de direito internacional, que no fim culmina com uma decisão que carece de efectividade ou com uma resolução extra-institucional do litígio, cujo resultado redunda na "desacreditação" das instituições judiciais constituídas na ordem jurídica internacional.

Mas não só, este tipo de decisões acaba também por *pôr em crise a unidade do ordenamento jurídico internacional*, levando os interessados a colocar os problemas sob formas muito diversas, de modo a conseguir que o mesmo assunto venha a ficar sob a jurisdição que consideram mais favorável aos interesses que visam alcançar, fomentando desabridamente o *forúm shopping*.

Veja-se que nos casos antes relatados, sempre que a questão envolvia problemas relacionados com o comércio e com o mar, os Estados procuravam forma de accionar o ITLOS e a OMC, mas no essencial estes objectivos esvaiam-se em uma tentativa apenas de reforçar argumentos para a resolução diplomática do diferendo. Pese embora a aparente "falta de efectividade" destas jurisdições, é importante destacar que os Estados não prescindem delas e preocupam-se em carrear argumentos para as poderem accionar.

Trata-se, porém, segundo julgamos, de uma forma de tentar reconstruir os mecanismos de tutela dos direitos fundamentais de natureza económica no espaço global. Se antes as liberdades económicas eram contrapostas ao poder dos Estados que dirigiam as economias nacionais, hoje, com a globalização económica e a instituição de organizações internacionais promotoras da sustentabilidade dos recursos comuns da humanidade, a ameaça é externa, e os Estados (e as entidades competentes das organizações económicas regionais) apresentam-se nestes litígios "em amparo" dos operadores económicos nacionais e como forma de defender alguma autonomia para o seu espaço económico na esfera global. É, todavia, um modelo muito diferente das garantias jusfundamentais tradicionais, pois registamos que muitas vezes o objecto central da protecção, quando estão em causa valores como o ambiente, acaba por não resistir perante os argumentos de força dos consensos económicos.

Um caminho importante a explorar, também neste domínio, é o da incorporação destes *standards* firmados pelos tribunais internacionais nas decisões adoptadas no ordenamento internos e *vice-versa*. Como bem sublinha *Scalia*, na aplicação de um tratado internacional faz todo o sentido que os tribunais olhem às interpretações que os restantes tribunais já foram fazendo da respectiva norma no momento da sua aplicação, pois desta forma será mais fácil tornar efectivas as disposições do Tratado (Scalia, 2009).

2. A resolução de litígios de direitos fundamentais no triângulo europeu (reforço do olhar crítico):

Acórdão do TEDH no caso *M&Co. v.* Alemanha (Proc. 13258/87)

Em 14 de Dezembro de 1979, a Comissão Europeia impôs uma coima à empresa *M&Co.*, com sede em Bremen, que tinha como objecto a importação e exportação de mercadorias, em especial, a importação de equipamentos *hi-fi* fabricados no Japão pela *Pioneer*, com fundamento na violação do art. 85.º do TCE, uma vez que aquela empresa recusou vender alguns produtos encomendados por empresas do mercado francês.

Inconformada com a decisão, a empresa apresentou recurso no TJCE, que apenas reformulou a decisão e reduziu parcialmente a contra-ordenação. Seguidamente, a empresa accionou a justiça alemã com o intuito de tentar neutralizar a execução da sanção, alegando que a mesma seria inconstitucional, mas sem sucesso. Mais tarde, já em sede de pedido de indemnização contra a República Federal Alemã, o Tribunal Constitucional Alemão haveria de se pronunciar sobre o caso, afirmando que o TJCE garantia de forma satisfatória a protecção dos direitos fundamentais, e que, por essa razão, carecia de fundamento qualquer obrigação de análise, por parte das autoridades alemãs, quanto à conformidade constitucional das decisões daquele tribunal.

Esgotados os meios de garantia jurisdicionais no plano nacional, a empresa recorre ao TEDH, invocando violação dos arts. 1.º e 6.º (direito a um processo equitativo) da CEDH. Na apreciação deste caso o TEDH fixou alguns pontos importantes, como o reconhecimento de que o facto de os Estados membros da Convenção transferirem poderes para instâncias supranacionais não viola o disposto na Convenção, desde que nesses ordenamentos os direitos fundamentais tenham protecção equivalente – o que, no entendimento de alguma doutrina, resulta na manutenção da responsabilidade dos Estados (Duarte, 2003, 23) – e ainda o de que a protecção conferida pelo TJCE é em regra (segundo a jurisprudência consolidada) conforme com o conteúdo da CEDH.

Acórdão do TEDH no caso Procola v. Luxemburgo (Proc. 14570/89)

A Procola é uma associação agrícola luxemburguesa, que em Novembro de 1987 recorreu ao *Judicial Committee of the Conseil d'Etat* para solicitar *a judicial review* das normas referentes às quotas de produção leiteira, em especial o facto de algumas apresentarem eficácia retrospectiva, tendo a respectiva pretensão sido indeferida por aquele órgão. Inconformados com o conteúdo da decisão e sobretudo com o facto de a mesma ter sido proferida por uma formação do *Conseil d'Etat* da qual faziam parte quatro membros que já se haviam pronunciado antes sobre a questão a título consultivo, decidiram recorrer ao TEDH alegando violação do art. 6.º da CEDH, designadamente, por falta de imparcialidade de independência do órgão judicial que havia apreciado a questão no sistema interno. Refira-se que no procedimento perante a Comissão a Procola havia invocado também a violação do art. 1.º do Protocolo Adicional n.º 1 (direito de propriedade) e do art. 7.º da CEDH (princípio da legalidade), mas que a mesma apenas considerou procedentes os argumentos respeitantes à violação do art. 6.º da CEDH.

Neste caso o TEDH considerou que tinha existido uma violação do art. 6.º da CEDH, na medida em que quatro dos cinco membros do órgão que julgara a ilegalidade das normas tinham previamente sufragado a conformidade jurídica das mesmas na fase consultiva, o que, sem pôr em causa a forma de organização e funcionamento do órgão – sobretudo o facto de concentrar uma função consultiva e judicial – permitia ainda assim ao TEDH afirmar que ao permitir que a maioria da formação do órgão pudesse estar presente nos dois tipos de actividade respeitantes à mesma questão era suficiente para concluir que estava em causa a imparcialidade da decisão e, por essa razão, havia violação do art. 6.º da CEDH.

Veja-se que o TEDH sem se pronunciar sobre a questão substantiva que conduziu a *Procola* ao litígio com as autoridades do Luxemburgo – pois a associação de agricultores não retira da sentença qualquer resultado útil respeitante à aplicação das quotas de produção leiteira – consegue contudo pôr em evidência a importância que o direito a um processo justo e equitativo hoje assume para aqueles que pretendem reagir contra medidas de implementação de políticas supranacionais.

Por outras palavras, o que deve ser destacado nesta decisão não é apenas o facto de o TEDH ter adoptado uma decisão no sentido de promover a garantia de um processo equitativo, mas sobretudo que essa decisão no caso concreto é o que permite àquela entidade obrigar o Estado a fundamentar a opção adoptada em matéria de implementação da política agrícola europeia, ao que parece, sem acautelar os interesses dos respectivos produtores nacionais.

Acórdão do TEDH no caso *Cantoni* v. França (Proc. 17862/91)

Cantoni era um cidadão francês proprietário de um supermercado, condenado no tribunal criminal daquele Estado-membro por vender no respectivo estabelecimento alguns produtos farmacêuticos como álcool concentrado e vitamina C. O réu alegou em sua defesa que os referidos produtos não eram produtos farmacêuticos e que não estavam incluídos na lista dos produtos de venda exclusiva em farmácias aprovada pelo *Public Health Code*. No recurso para a *Paris Court of Appeal* a sentença foi mantida e o réu recorreu para a *Court of Cassation,* alegando violação do art. 7.º/1 (princípio da legalidade) da CEDH e dos artigos do *Public Health Code,* que no seu entender não eram suficientemente claros quanto à definição de produto farmacêutico, de modo a permitir que um cidadão normal pudesse inferir quando é que estava ou não a cometer um ilícito criminal. Também este órgão judicial rejeitou o recurso e na sua fundamentação fez referência à jurisprudência do TJCE sobre a matéria.

Em recurso para o TEDH, o autor alega violação do art. 7.º da CEDH por considerar que a definição de produto farmacêutico constante do art. L. 511 do *Public Health Code* era imprecisa e, por essa razão, capaz de provocar situações de arbitrariedade como a que verificara no caso concreto. Na fundamentação da decisão, o TEDH convoca o conceito de produto farmacêutico consagrado na Directiva n.º 65/65, por considerar que a definição do artigo francês em causa correspondia literalmente à que fora adoptada na Directiva europeia, e aponta também as razões que justificam o facto de uma técnica legislativa de tipicização por categorias (como a que fora adoptada no caso concreto) em matéria de normas sancionatórias não poder constituir, em si, uma violação do princípio da legalidade. Por último, o tribunal recorreu ainda ao argumento da formação profissional do réu para considerar que o mesmo dominava as *legis artis* da actividade, e que, nessa qualidade, deveria ter-se questionado quanto à legalidade do acto de comercialização daqueles produtos, não devendo o mesmo desconhecer que poderiam integrar a categoria de produtos farmacêuticos.

Acórdão do TEDH no caso *Matthews* v. Reino Unido (Proc. 24833/94)

Em 1994, *Denise Matthews* requereu ao *Electoral Registration Officer* de Gibraltar o registo como eleitor nas eleições para o parlamento europeu. No acórdão são sublinhados, por um lado, o estatuto de Gibraltar como território dependente do Reino Unido, subordinado maioritariamente às regras fixadas pelo respectivo Governador, e, por outro lado, a sua posição face à União Europeia, onde é considerado um "país terceiro", apenas sendo aplicáveis naquele território as normas europeias respeitantes à liberdade de circulação de pessoas, serviços e capital, bem como de protecção da saúde, do ambiente e dos consumidores.

Inconformada com o facto de o seu pedido não ter sido satisfeito, *Matthews* recorreu para o TEDH (por declaração do Reino Unido de 1953, a aplicação da CEDH foi estendida àquele território) alegando violação do art. 3.º do Protocolo n.º 1 (direito a eleições livres). Veja-se que no procedimento prévio parente a Comissão se havia concluído pela inexistência da alegada violação.

Na apreciação do caso o TEDH conclui pela violação do referido artigo da CEDH, fundamentando a sua decisão (que não foi unânime) no facto de o Reino Unido ter o dever de assegurar o cumprimento dos preceitos da Convenção em Gibraltar, na inexistência de violação do princípio da separação de poderes, porquanto o respeito pelo direito a eleições livres não consubstanciaria uma matéria exclusiva do parlamento, mas antes um problema de estrutura estadual constitucional, e ainda na circunstância de após o Tratado de Maastricht o Parlamento Europeu ter passado a constituir um órgão com poder legislativo, cujos actos eram também eficazes no território de Gibraltar.

O *caso Matthews* é apontado como um "mau exemplo" de decisões do TEDH, em que este acaba por se "exceder", desconsiderando as especificidades do modelo jurídico-político britânico e que conduz a um descrédito da sua jurisprudência. Recentemente uma questão próxima desta voltou a colocar-se, desta vez a propósito do direito de voto dos presos, tendo o TEDH voltado a condenar o Reino Unido – *caso Hirst v. Reino Unido* (P. 74025/01) – em mais uma decisão que tem motivado críticas acesas pela doutrina.

Acórdão do TEDH no caso Emesa Sugar (Proc. 62023/00) e Ac. do TJUE (T-43/98)

A Emesa Sugar N. V. era uma empresa com sede em Aruba (território autónomo holandês situado nas Caraíbas – e por isso integrado no âmbito dos denominados Países e Território Ultramarinos- PTU) que se dedicava à produção de açúcar e respectiva exportação para a UE. Todavia, como não existe produção de açúcar em Aruba, a empresa importava a cana-de-açúcar de refinarias situadas em Estados com os quais a UE tem tratados especiais, mais concretamente, em Trinidad e Tobago, um dos países que integra o regime dos países ACP, regime jurídico actualmente regido pela Convenção de Cotonou. Em Aruba, a Emesa procedia apenas às operações de limpeza, moagem e empacotamento.

A empresa exercia a sua actividade ao abrigo do regime jurídico aplicável aos países e territórios ultramarinos, previsto na Decisão 91/482/ CEE, revista pela Decisão 97/803/CE (hoje substituída pela Decisão 2001/882/CE – "Decisão de Associação Ultramar") e nos artigos da Parte IV do TCE (hoje arts. 198.º ss do TFUE). De acordo com este regime jurídico, as importações originárias dos PTU beneficiam de uma isenção aduaneira semelhante à que se aplica dentro do espaço europeu. Ao importar o açúcar de um país ACP, a Emesa pretendia beneficiar de um regime jurídico que cumularia as vantagens dos regimes PTU e ACP – regra chamada «de cúmulo de origem ACP/PTU», aplicável a «qualquer complemento de fabrico ou transformação efectuada nos PTU – prevista no art. 6.º do anexo II da Decisão 91/482/CE. Todavia, a Decisão 97/803/ CE veio estabelecer alguns limites relativamente ao açúcar, através do aditamento de um artigo no qual se estipulava que o cúmulo de origem ACP/PTU para o açúcar ficaria limitado a uma quantidade anual determinada, fixada em 3 000 toneladas.

A empresa alegou que possuía uma capacidade mínima de tratamento de 34 000 toneladas de açúcar por ano, o que significaria que a aplicação da limitação antes mencionada lhe acarretaria um elevado prejuízo, razão pela qual intentou no TJCE um pedido de impugnação da referida decisão. O presidente do tribunal de primeira instância indeferiu o processo, mas a Emesa interpôs recurso dessa decisão e aquela decisão foi anulada por despacho do presidente do Tribunal de Justiça, que devolveu o processo ao Tribunal de Primeira Instância.

Após um processo com diversos incidentes, o Tribunal de Primeira Instância, em Dezembro de 2001, no Proc. T-43/98, considerou que não existiam fundamentos para sustentar a ilegalidade da decisão do Conselho, nem que permitissem fundamentar a pretensão indemnizatória da Emesa. Nesses incidentes intercalares, conta-se o do pedido de reenvio prejudicial formulado pelo presidente do *Arrondissementsrechtbank* te 's-Gravenhage (Países Baixos) ao Tribunal de Justiça para que este se pronunciasse sobre a validade da referida Decisão de 1997, tendo aquele tribunal concluído, em Fevereiro de 2000, que o exame das questões submetidas não tinha revelado elementos susceptíveis de afectar a validade da Decisão (Proc. C-17/98). Uma decisão que motivara o Tribunal de Primeira Instância a pedir às partes que se pronunciassem sobre a prossecução do processo.

Em resposta a esta solicitação, a Emesa sustentara que o acórdão do TJCE se baseava em erros de facto. Além disso, esse acórdão fora proferido com violação do artigo 6.° da CEDH (direito a um processo equitativo), pois, durante o processo que correra os seus trâmites no Tribunal de Justiça, a recorrente não pôde formular observações sobre as conclusões do advogado-geral.

Após o acórdão do Tribunal de Primeira Instância, que não dera razão ao pedido formulado pela Emesa, a empresa apresentou um processo no TEDH, alegando violação do art. 6.° da CEDH nos processos que correram termos nos tribunais europeus, mas fundamentando o seu pedido contra a Holanda, afirmando que esta não poderia neutralizar as suas responsabilidades na garantia de um processo equitativo para a empresa pelo facto de alegar ter delegado os poderes para resolução daquele litígio nos órgãos judicias da UE. Na sua argumentação, a Emesa referiu-se ainda ao caso *M&Co. v. Alemanha* para sublinhar que o critério aí adoptado (protecção equivalente concedida pelo ordenamento jurídico europeu através da acção do TJCE) não podia ser interpretado como uma regra geral de "neutralização de accionamento" do TEDH sempre que estivessem em causa decisões da justiça europeia, mas antes que esse juízo de "equivalência da protecção" teria de ser realizado casuisticamente.

O pedido foi rejeitado pelo TEDH com dois fundamentos: em primeiro lugar por incompetência *ratione personae*, uma vez que o acto em causa tinha sido praticado pela União Europeia e não pela Holanda; e, em segundo legar, pela razão de o problema em si consubstanciar uma questão fiscal e não uma *"civil rights and obligations"*, ou seja, estávamos perante uma questão que envolvia o exercício de poderes públicos e por isso ficaria fora do alcance da CEDH.

Trata-se de mais um caso em que é possível observar o "esforço" que algumas empresas hoje desenvolvem no sentido de tentar encontrar "tutela jurisdicional adequada" para as liberdades económicas plasmadas em documentos supranacionais, e que mais uma vez demonstra as dificuldades na judicialização das garantias destas liberdades – os tribunais internacionais têm limites funcionais que os Estados vão aproveitando ao sabor das respectivas conveniências em termos de abertura dos mercados.

Acórdão do TEDH no caso *Bosphorus v.* Irlanda (Proc. 45036/98)

A *Bosphorus Hava Yolları Turizm* era uma companhia aérea Turca, de voos *charter*, constituída em Março de 1992, e que em Abril do mesmo ano alugou dois aviões Boeing 737-300 à empresa aérea *Yugoslav Airlines (JAT)*, pertencente à anterior Jugoslávia, sendo estas as únicas aeronaves com as quais a *Bosphorus* exercia a respectiva actividade. Esta empresa pagou 1 milhão de dólares por cada aeronave no momento da entrega e um aluguer mensal de 150.000 dólares à JAT. Em Maio a *Bosphorus* obteve a licença para poder exercer a actividade de aviação comercial.

Recorde-se que, em 1991, as Nações Unidas tinham aprovado um conjunto de sanções contra a Jugoslávia em razão das violações de direitos humanos verificadas naquele país. Entretanto, a TEAM, uma empresa Irlandesa de manutenção de aeronaves, que era propriedade de empresas aéreas irlandesas de titularidade Irlandesa, foi a empresa escolhida pela *Bosphorus* para fazer a manutenção das aeronaves. Por essa ocasião surge a dúvida sobre a conformidade da actividade desenvolvida pela *Bosphorus*, e em Abril de 1993, é aprovado pelo Conselho Europeu um Regulamento que adopta as medidas sancionatórias aplicáveis pela UE à Jugoslávia em cumprimento da Resolução da ONU, no qual se permite o confisco de aeronaves *"in which a majority or controlling interest is held by a person or undertaking in or operating from the Federal Republic of Yugoslavia"*. O Ministério dos Transportes Turco afirma que as aeronaves alugadas não violavam as sanções impostas à Jugoslávia.

Em Maio de 1993, quando uma das aeronaves aterra em Dublin e se submete a uma operação de manutenção pela TEAM, as autoridades discutem a possibilidade de a aeronave poder ou não continuar a operar depois das resoluções aprovadas pelo Comité de Sanções da ONU, acabando a mesma por ficar confiscada naquele aeroporto depois de realizadas as operações de manutenção.

Em recurso interposto no *High Court* pela *Bosphorus* no intuito de recuperar a aeronave, sublinhando que os pagamentos efectuados à JAT eram supervisionados pelo Banco Central da Turquia e que a "ordem de retenção" dada pelo Governo de Dublin era infundada, a companhia aérea conseguiu a revogação da decisão de confisco, mas o Ministério irlandês interpôs recurso para o *Supreme Court*, que, por seu turno, optou por um reenvio prejudicial para o TJCE no qual perguntava o seguinte: *"Is Article 8 of [Regulation (EEC) n.º 990/93] to be construed as applying to an aircraft which is owned by an undertaking the majority or controlling interest in which is held by [the FRY] where such aircraft has been leased by the owner for a term of four years from 22 April 1992 to an undertaking the majority or controlling interest in which is not held by a person or undertaking in or operating from the said [FRY]?"*. Questão à qual o TJCE respondeu afirmando que: *"Article 8 of Council Regulation (EEC) N.º 990/93 of 26 April 1993 concerning trade between the European Economic Community and the Federal Republic of Yugoslavia (Serbia and Montenegro) applies to an aircraft which is owned by an undertaking based in or operating from the Federal Republic of Yugoslavia (Serbia and Montenegro), even though the owner has leased it for four years to another undertaking, neither based in nor operating from that republic and in which no person or undertaking based in or operating from that republic has a majority or controlling interest"*. Assim, também os recursos interpostos para o *Supreme Court* não permitiram à *Bosphorus* recuperar o avião. O processo culminou com o fim do contrato de aluguer da aeronave e respectiva "devolução à JAT".

Nesta sequência, a *Bosphorus* recorreu para o TEDH alegando violação do art. 1.º do Protocolo n.º 1 (direito de propriedade), mas o tribunal acabou por considerar que essa violação não existia, acatando boa parte dos argumentos que haviam sido invocados pelo Governo Irlandês e pelo TJCE no que respeita à violação das sanções impostas à Jugoslávia.

Acórdão do TEDH no caso *Connolly* (Proc. 73274/01)

Bernard Connolly era um cidadão inglês, residente em Londres, que à data dos factos trabalhava na Comissão Europeia no desempenho de funções em matérias relacionadas com a política económica e monetária. Em Abril de 1995, solicitou uma licença por conveniência pessoal, para o período de Junho a Outubro de 1995, que lhe foi concedida com efeitos a partir de 2 de Junho de 1995. Durante este tempo escreveu um ensaio intitulado *"The Rotten Heart of Europe. The dirty war for Europe's money"*, o qual foi publicado sem autorização dos superiores hierárquicos e que deu origem a diversas menções em publicações de referência, como a revista *Finantial Times*.

Em 6 de Setembro de 1995, *Connolly* é notificado de que iria ser aberto um procedimento disciplinar por violação de diversas normas do estatuto dos funcionários das instituições europeias, fundamentado, essencialmente, na circunstância de a publicação apresentada corresponder a uma opinião pessoal do funcionário, dissonante daquela que fizera vencimento na Instituição Europeia e que estava a ser aplicada. No texto publicado, *Connolly* tecia duras críticas à política prosseguida pelo órgão para o qual trabalhava, tendo causado prejuízos à imagem da instituição. Após duas audições do visado, o órgão de instrução do procedimento disciplinar decide determinar a sua suspensão com efeito a partir do termo da licença.

Connolly interpõe um primeiro recurso desta medida para o Tribunal de primeira instância da União Europeia. Entretanto o procedimento disciplinar é concluído e é determinada a pena, da qual ele interpõe novo recurso para o mesmo tribunal. Em 1999, o tribunal indefere os dois pedidos de anulação. Inconformado *Connolly* interpõe recurso para o TJCE que acaba por rejeitá-lo, invocando a inexistência de qualquer vício nas decisões da primeira instância.

Connolly decide então interpor recurso para o TEDH com fundamento na violação do art. 6.º da CEDH (direito a processo equitativo), alegando violação do direito ao contraditório e do princípio da imparcialidade, pois, segundo o autor, o TJCE não seria um órgão isento, uma vez que também integra as Instituições Europeias. O TEDH conclui que não era competente *ratione personae* para apreciar o caso, uma vez que a União Europeia (Comunidade Europeia) não era parte na Convenção.

3. As vantagens do *judicial dialogue*

Depois da análise de algumas "deficiências" da protecção de direitos fundamentais perante tribunais internacionais e das dificuldades patentes no "triângulo europeu", vejamos exemplos onde o recurso ao *judicial dialogue* se revelou essencial para uma correcta aplicação do direito:

State v. Makwanyane and Mchunu - Case CCT/3/94 (Death Penalty) Constitutional Court of the Republic of South Africa

O Tribunal Constitucional da África do Sul, chamado a pronunciar-se sobre a conformidade constitucional da execução de penas de morte, afirmou o seguinte: *"The Constitution... provides a historic bridge between the past of a deeply divided society characterised by strife, conflict, untold suffering and injustice, and a future founded on the recognition of human rights, democracy and peaceful co-existence and development opportunities for all South Africans, irrespective of colour, race, class, belief or sex... It is a transitional constitution but one which itself establishes a new order in South Africa; an order in which human rights and democracy are entrenched and in which the Constitution:... shall be the supreme law of the Republic and any law or act inconsistent with its provisions shall, unless otherwise provided expressly or by necessary implication in this Constitution, be of no force and effect to the extent of the inconsistency"*

A questão concreta envolvia a interpretação da legislação anterior à entrada em vigor da Constituição e até do início das negociações que conduziram à respectiva aprovação. Nessa tarefa hermenêutica, deverá tomar-se em consideração, segundo o tribunal, o facto de a Constituição ser o resultado de um processo negocial. *"The final draft adopted by the forum of the Multi-Party Negotiating Process was, with few changes, adopted by Parliament. The Multi-Party Negotiating Process was advised by technical committees, and the reports of these committees on the drafts are the equivalent of the travaux préparatoires, relied upon by the international tribunals. Such background material can provide a context for the interpretation of the Constitution and, where it serves that purpose,*

I can see no reason why such evidence should be excluded. The precise nature of the evidence, and the purpose for which it may be tendered, will determine the weight to be given to it."

Assim, o Tribunal Constitucional da África do Sul concluiu que a interpretação das normas deveria tomar em consideração a jurisprudência dos Tribunais que haviam contribuído na preparação do texto da Constituição, entre os quais se destacavam os do Canadá e Estados Unidos da América, mas no texto da decisão são também convocados o TEDH, assim como a jurisprudência alemã em matéria de restrição de direitos, acabando o tribunal por concluir o seguinte:

"In terms of section 98(7) of the Constitution, and with effect from the date of this order:

a. the State is and all its organs are forbidden to execute any person already sentenced to death under any of the provisions thus declared to be invalid; and

b. all such persons will remain in custody under the sentences imposed on them, until such sentences have been set aside in accordance with law and substituted by lawful punishments"

A decisão do Tribunal Constitucional da África do Sul é paradigmática, na medida em que este é um dos ordenamentos jurídicos que não só consagra de forma expressa o recurso ao direito constitucional comprado, como ainda a judicialização dos direitos sociais, constituindo um parâmetro essencial para o estudo da *pós-modernidade* jusfundamental, pois é lá que encontramos decisões profundamente activistas e outras onde se denota um esforço de auto-contenção da activação jusfundamental a partir do poder judicial.

Supreme Court of the United States Graham v Florida - N.º 08–7412   **Argued November 9, 2009 — Decided May 17, 2010**

Graham tinha 16 anos quando cometeu dois crimes e foi sentenciado após *plea agreement* a um período de *probation*, tendo saído em liberdade decorrido um ano desde que havia sido detido. Mais tarde verificou-se que havia violado as obrigações do período de *probation* e praticado novas infrações, tendo vindo a ser sentenciado com pena de prisão perpétua, que não admitia sequer liberdade condicional.

O autor recorreu ao abrigo da *Eighth Amendment* que repousa essencialmente sobre um juízo de proporcionalidade quando se afirma que: *"Excessive bail shall not be required, nor excessive fines imposed, nor cruel and unusual punishments inflicted."* *"To determine whether a punishment is cruel and unusual, courts must look beyond historical conceptions to 'the evolving standards of decency that mark the progress of a maturing society' ".*

O *Supreme Court* acabou por decidir da seguinte forma: *"The Constitution prohibits the imposition of a life without parole sentence on a juvenile offender who did not commit homicide. A State need not guarantee the offender eventual release, but if it imposes a sentence of life it must provide him or her with some realistic opportunity to obtain release before the end of that term".*

Todavia, mais importante do que a decisão a que o Tribunal chegou, é analisar a argumentação expendida na fundamentação, onde se percebe que nem os diversos estudos sobre a criminalidade em jovens, nem os precedentes importantes sobre crimes cometidos por menores foram tão determinantes na formação da decisão como a convocação dos *standards internacionais* em matéria de punição de adolescentes por crimes que não envolvam homicídio. Com efeito, o Tribunal afirma na sua decisão que nenhuma convenção internacional vincula os Estados Unidos a não aplicar penas de prisão perpétua a jovens, mas a *living constituion*, que hoje é necessariamente uma *dialogue constituion,* impõe esse resultado.

Ac. n.º 421/2009 – Tribunal Constitucional Português (a venda forçada no regime jurídico da reabilitação urbana)

O Tribunal Constitucional português foi chamado a pronunciar-se (em fiscalização preventiva) sobre a conformidade constitucional de uma norma que habilitiva o Governo a aprovar um regime de venda forçada para os imóveis que não fossem objecto de reabilitação urbana pelos respectivos proprietários, tendo o tribunal concluído pela não violação do direito de propriedade. Mas o fundamental deste acórdão é a fundamentação utilizada, onde se pode ler o seguinte: "Assim, e apesar de a redacção literal do preceito constitucional não conter, como é frequente em direito comparado, uma referência expressa às funções que a lei ordinária desempenha enquanto *instrumento* de modelação do conteúdo e limites da "propriedade", em ordem a assegurar a conformação do seu exercício com outros bens e valores constitucionalmente protegidos, a verdade é que essa *remissão* para a lei se deve considerar implícita na "ordem de regulação" que é endereçada ao legislador na parte final do n.º 1 do artigo 62.º, e que o *vincula* a definir a *ordem da propriedade nos termos da Constituição*. Tal vinculação não será, portanto, substancialmente diversa da contida, por exemplo, no artigo 33.º da Constituição espanhola ("É reconhecido o direito à propriedade privada (...). A função social desse direito limita o seu conteúdo, em conformidade com as leis."); no artigo 42.º da Constituição italiana ("A propriedade privada é reconhecida e garantida pela lei, que determina o seu modo de aquisição, gozo e limites com o fim de assegurar a [sua] função social (...)"; no artigo 14.º da Lei Fundamental de Bona ("A propriedade e o direito à herança são garantidos. O seu conteúdo e limites são estabelecidos pela lei (...). O seu uso deve servir ao mesmo tempo os bens colectivos". Embora a Constituição lhe não faça uma referência textual, existirá portanto, e também entre nós, uma *cláusula legal da conformação social da propriedade*, a que aliás terá aludido desde sempre a jurisprudência constitucional".

Neste último caso registamos, com especial apreço, o facto de o recurso (a abertura) a elementos de direito comparado ter sido essencial para permitir uma correcta interpretação do preceito da lei fundamental que protege o direito de propriedade (no caso em ponderação com medidas de promoção de outros bens constitucionalmente protegidos como o direito à habitação) e "salvar" a norma de uma inconstitucionalidade quase certa caso o horizonte interpretativo do tribunal se tivesse cingido ao conteúdo essencial do preceito e à jurisprudência anteriormente fixada.

PARTE II
DIREITOS SOCIAIS E ECONOMIA SOCIAL DE MERCADO

A *arena global* não é apenas a arena da internormatividade, é também a arena da economia de mercado e da globalização económica, fenómenos que influenciaram de forma determinante uma *nova arrumação da "questão social"*. Os autores discutem hoje problemas novos como a *sustentabilidade financeira dos Estados,* a *justiça intergeracional* e a *intervenção económico-social.* A linguagem económica colonizou as tarefas estaduais do *bem-estar,* discutindo-se a *economia,* a *eficiência* e a *eficácia* dos instrumentos adoptados, em vez da igualdade e da universalidade dos direitos, mostrando confiança nas indicações de prosperidade e crescimento oriundas da "nova economia" e com isso na possibilidade de os privados produzirem *bens de mérito* e *bens acessíveis,* libertando o Estado da produção de *bens públicos e semipúblicos.*

Os defensores do modelo procuram demonstrar que um mercado regulado é mais eficiente que uma estrutura burocrática de fornecimento de bens e serviços, e discutem-se os problemas da *solidariedade intergeracional* decorrente de fenómenos demográficos e do aumento da esperança média de vida, ao mesmo tempo que se proíbe constitucionalmente o endividamento das gerações futuras, através da positivação em instrumentos normativos da *'regra de ouro'* originária do consenso de Washington (veja-se, no plano europeu, o *Tratado sobre a Estabilidade, Coordenação e Governação na União Económica e Monetária,* assinado em 2 de Março de 2012) e se incentivam os agentes económicos e os privados a procurar nos mercados e nas suas dinâmicas prósperas os bens e serviços de que necessitam para o exercício das respectivas actividades e para uma existência condigna.

O que se discute hoje não é apenas o problema do modelo económico subjacente à prestação dos serviços sociais influenciado por (ou inflamado contra) as correntes neoliberais – em especial pela ideia difundida por *Hayek* de que a "justiça social" caracterizadora da cultura ocidental constitui um prejuízo de natureza tribal (Atienza *apud* Carbonell / Jaramillo, 2010, 273) –, mas sim uma questão derradeira: a da incapacidade financeira do Estado Fiscal para sustentar o actual sistema legal que substantifica o modelo de Estado Social pretensamente consagrado na nossa Constituição. Não se trata, portanto, de uma questão ideológica, como a que se discutia no advento do *"Blairismo"*, quando foram adoptadas em diversos países reformas estruturais da *"Administração de Bem-Estar"* ditadas pelo *princípio da eficiência*, mas sim da verificação da impossibilidade efectiva de manter o actual estado da arte em matéria de socialidade. Assim, a proposta para esta segunda parte do curso baseia-se no seguinte roteiro: 1) diagnósticos para uma reforma necessária e urgente; 2) os postulados da realidade que finda e a insustentabilidade dos seus princípios informadores; 3) pista para a reconstrução dogmática da socialidade no "pós-direitos adquiridos"; 4) a aplicação da nova dogmática em um pressuposto de "reabilitação da socialidade".

1. Diagnósticos para uma reforma necessária e urgente

Embora a questão que vamos discutir não se atenha aos aspectos ideológicos e axiológicos que hoje são agitados com vigor por quem defende e por quem crítica o modelo legal vigente de Estado Social, não podemos deixar de fazer uma referência brevíssima ao contexto em que o Estado Social foi instituído nos regimes democráticos, no qual era impossível não "tropeçar" com estes pressupostos ideológicos de base.

Como a doutrina nos relata, a origem da expressão *welfare State* deve-se a um estudioso alemão das ciências financeiras, *Adolph Wagner*, que já em 1879 se referia a ela nas suas lições, e que certamente terá influenciado o modelo da *Constituição de Weimar*, tida como a resposta social dos Estados de direito democráticos à *Declaração de Direitos* da Revolução

Russa de 1918 (Ritter, 2007, 111 e Novais, 2010, 17ss). Todavia, o conceito foi depois utilizado pelo governo de *Papen*, em 1932, primeiro no sentido originário de promoção socialista de um Estado de bem-estar, e depois como sinónimo do marxista Estado assistencial (Ritter, 2007, 10). Mas foi na Grã-Bretanha que a expressão veio a ser utilizada pela primeira vez, em 1900, como sinónimo do que hoje entendemos por *políticas sociais*, quando *John Hobson* se referia aos conceitos de *welfare work* e *social work* para designar a intervenção estadual nas condições de trabalho dos operários (Ritter, 2007, 11). É aliás o contexto da revolução industrial o fenómeno inspirador do advento do Estado Social, que para alguns é identificado com as reformas legislativas britânicas da segurança social promovidas por *William Beveridge* em 1942, que culminaram com a publicação do seu *"pleno emprego numa sociedade livre"*, em 1945 (Ritter, 2007, 12; Beveridge, 2010).

No domínio da protecção social (integrando o domínio da saúde e da segurança social propriamente ditas) destacam-se, historicamente, dois modelos e duas fontes de inspiração de sistemas de protecção social actual: o *bismarckiano* de seguros-sociais (surge na Alemanha, em finais do séc. XIX), constituído sobre uma responsabilidade individual e das empresas; e o *beveridgiano* (surge em Inglaterra, na segunda metade do séc. XX) de serviços públicos de acesso universal financiados pelo Estado a partir de impostos (Loureiro, 2010 / Martins, 2010, 226ss.). Vejamos um pouco da sua evolução.

1.1. Breves notas sobre a origem e evolução do Estado Social

Em 1942, como já referimos, William Beveridge apresentou o seu plano de protecção e política social. De acordo com este documento, a *"protecção social"* significava a garantia de um rendimento seguro e a *"política social"* a construção de um serviço social (serviço público) baseado na articulação entre diversos ramos ou áreas da economia de bem-estar. Este plano assentava em alguns postulados fundamentais: *(i)* um subsídio à infância e à maternidade, pressupondo não só a ajuda financeira para as crianças dada aos pais, mas também um rendimento para a mãe e a preservação do respectivo posto de trabalho durante o período de assistência aos filhos; *(ii)* um serviço nacional de saúde baseado em duas áreas de intervenção principais, incluindo a prevenção e cura e a reabilitação para o trabalho, envolvendo não só o financiamento dos serviços médicos, que teriam um custo acessível a todos independentemente do respectivo rendimento e dos custos ocasionados, mas também dos rendimentos substitutivos do trabalho durante o período de reabilitação; *(iii)* conservação do emprego, pois já neste documento era possível perceber a íntima dependência existente entre o nível de emprego e o financiamento dos serviços sociais (Beveridge, 2010a, 33ss).

O objectivo fundamental deste plano era *combater a pobreza* e *"capacitar" os indivíduos*, dotando-os de um mínimo de rendimentos para fazer face às necessidades/responsabilidades essenciais. Aliás, o conceito de "capacitação" que aqui encontramos não se diferencia substancialmente do que viria a ser apresentado por Amartya Sen na sua "ideia de justiça", para explicar que condições materiais e condições humanas de vida não são a mesma coisa quando procuramos determinar parâmetros de justiça material (Sen: 2010, 344ss). No contexto histórico beveridgiano, o *combate à pobreza* era entendido também como um instrumento de *construção da paz* (basta recordar os efeitos desastrosos da inflação após a I.ª Guerra Mundial) nas sociedades democráticas a partir de instrumentos organizados de entreajuda e solidariedade.

A principal originalidade e valia do *plano Beveridge* foi a articulação sistemática dos diversos subsectores da socialidade, até aí regulados de forma avulsa, em diplomas do início do Séc. XX, que iam instituindo benefícios sociais à medida das necessidades e das disponibilidades financeiras existentes. Ora, o *Plano* constituía um instrumento poderoso de articulação e harmonização de políticas, partindo dos resultados já conhecidos ao abrigo das normas e subsistemas vigentes, com ganhos significativos de sinergias. Tratava-se, segundo o autor, de combater não só a pobreza, mas também a doença, a ignorância e o ócio. E no papel que o Estado agora se arrogava era importante garantir que a sua actuação não iria tolher, nem a iniciativa, nem a liberdade, nem a responsabilidade do indivíduo, devendo este assumir, também, um papel activo (de contribuinte) no sistema (Beveridge, 2010). Este Plano é considerado por muitos a génese do Estado Social, tal como o conhecemos hoje, ou seja, como um direito a reclamar do Estado perante as "falhas do mercado" (na concepção de Beveridge existia um princípio de complementaridade entre a actuação do individuo e do Estado, o que justificava que a actuação do segundo se subordinasse a um *princípio de subsidiariedade*) o mínimo de condições para uma existência condigna, mas sob a responsabilidade de fazer uma utilização desses recursos com vantagem pessoal e não meramente como direito de crédito.

Neste particular, o *Plano* não tem também proximidade com os sistemas de apoios em géneros existentes nos Estados Unidos da América, como é o caso do *Supplemental Nutrition Assistance Program (SNAP)*[74]. Não deixa de ser curioso notar a este propósito as diferenças entre os modelos em sede das discussões sobre a *socialidade*, a *dignidade*, a *escassez* e a *liberdade de escolha*.

Se na Europa a pobreza está em regra associada a prestações em dinheiro por parte do Estado, deixando a escolha dos bens a adquirir a cargo dos beneficiários, acreditando-se que assim haverá maior respeito pela dignidade da pessoa, já nos EUA as prestações são em espécie, aliando, por exemplo, a disponibilização de alimentos a um instrumento de promoção da saúde alimentar[75]. No que toca a serviços sociais, a tradição na Europa é a do serviço universal e público com prestações iguais para todos, seguindo a melhor *tradição beveridgiana* (embora hoje o debate sobre a "liberdade de escolha" se centre em temas menos preocupados

---

[74] O *Supplemental Nutrition Assistance Program (SNAP)* é a denominação actual do conhecido como *food stamps program*. Trata-se de um programa federal de apoio aos indivíduos sem rendimentos ou com rendimentos muito baixos, aos quais são facultadas "vinhetas alimentares" que podem ser trocadas por alimentos nutritivos. Este programa deixa de fora alimentos de baixo valor nutricional, como a *fast food*, o que, em certa medida, limita a escolha dos beneficiários, mas tem como objectivo assegurar uma melhor alimentação destas pessoas, associando ao combate à pobreza um programa de educação alimentar. Actualmente beneficiam deste programa cerca de 15% dos americanos.

[75] De resto, esta orientação moral nos EUA não existe apenas do lado das prestações de assistência, estendendo-se também ao lado da tributação quando se institui, por exemplo, uma tributação especial sobre a *"fast food"* (Pratt, 2012).

com questões morais e mais focalizados no alargamento dos mercados em experiências como o "cheque-ensino" e o "cheque-saúde"[76]), ao passo que nos EUA, o *programa "Obamacare"* (*Patient Protection and Affordable Care Act - PPACA*) assenta na universalização de um seguro de saúde com coberturas mínimas, onde há liberdade de escolha, ainda que limitada pelo nível de coberturas abrangidas.

Diferenças à parte, o salto civilizacional que está subjacente ao *modelo beveridgiano* é a transformação que opera na *compreensão tradicional da pobreza*, deixando a mesma de ser entendida como uma "fragilidade moral do individuo" que se "coloca" naquela situação (Kuhnle / Sander, 2010, 63), pela qual o mesmo deve responder perante a comunidade – em Inglaterra as *poor houses* foram transformadas em *work houses* para "minorar" a perigosidade dos indivíduos pobres, sobretudo dos homens adultos (Saraceno, 2013) –, passando a interpretá-la como uma falha da organização social no contexto da garantia da igualdade de oportunidades (Benassi, 2010), devendo por isso ser combatida nas suas causas e não nas suas manifestações[77].

Antes já Otto von Bismark tinha apresentado o seu sistema de seguros públicos sociais, baseado na experiência prussiana do século XIX (Kuhnle

---

[76] Os sistemas de "cheque" ou "voucher" constituem uma modalidade de políticas sociais que durante muito tempo não foi estudada como tal, apesar da sua enorme divulgação e implementação em sistemas como o americano, que convive com esta realidade desde 1944 (Eugene Steuerle *et alii,* 2000).

[77] Isto não significa, contudo, que não existam dificuldades na *regulação das prestações de apoio à pobreza*, e que ainda hoje na Europa seja muito discutida a forma como esse apoio deve ser prestado (Loureiro, 2012, 210). Em 2013, e sob o impulso da União Europeia – através da Recomendação do Conselho 92/441/CE, de 24 de Junho de 1992, relativa a critérios comuns respeitantes a recursos e prestações suficientes nos sistemas de protecção social e da Resolução do Parlamento Europeu, de 6 de Maio de 2009, sobre a inclusão activa das pessoas excluídas do mercado de trabalho – quase todos os países europeus (à excepção da Itália e da Grécia) dispõem de prestações equivalentes ao rendimento social de inserção, que se estendeu também aos países da América Latina e à África do Sul, mas continua a discutir-se se esta é uma via correcta e sustentável de combater a pobreza, mesmo que essas prestações sejam especialmente direccionadas aos mais vulneráveis, em especial as crianças e as mães solteiras (sobre este debate entre nós *v.* Vieira de Andrade, 2004, 21). Assiste-se hoje (por exemplo com a reforma alemã do Hartz IV) a uma modificação das condições de atribuição destas prestações que têm inerente uma cláusula de activação dos beneficiários, ou seja, uma obrigação de disponibilidade para trabalhar (incluindo nos programas de 1€/hora), para efectuar estágios, formação, trabalho socialmente útil, aproximando-se, assim, de soluções americanas como o *"voucher servizi"* (Saraceno, 2013).

/ Sander, 2010, 64). Um "pacote legislativo" que oferecia aos trabalhadores alemães protecção social e cujo objectivo era combater a ideologia comunista crescente, através da neutralização de esquemas de protecção social organizados por sindicatos e também pelas Igrejas. Desse pacote faziam parte: *(i)* a lei de protecção de saúde de 1883; *(ii)* a lei de protecção contra acidentes de 1884; e *(iii)* os diplomas de protecção na velhice e na invalidez de 1889. A grande diferença para o modelo de Beveridge estava na forma de financiamento, pois aquele baseava-se em impostos, cumprindo uma função redistributiva, e este assentava sobretudo em contribuições pagas pelos trabalhadores em função dos seus rendimentos e parcialmente pelos empregadores.

Estes dois modelos foram evoluindo e deram origem aos actuais sistemas públicos de pensões, de saúde e de previdência (Loureiro, 2010), que constituem o esteio do denominado "modelo social europeu"[78], ou seja, um nível de prestações sociais robustas, fundamentalmente assentes nos rendimentos do trabalho e que se financiam com uma carga fiscal relativamente elevada (Saraceno, 2013). Todavia, a gestão destes sistemas precisa urgentemente de ajustamentos para impedir a respectiva falência (Loureiro, 2010). Com efeito, o carácter dinâmico do Estado de bem-estar permitiu um aumento generoso das prestações nas décadas de maior crescimento económico, mas sem que tivessem sido criados e adoptados institutos jurídicos adequados a garantir a sustentabilidade destes sistemas (Tavares da Silva / Ribeiro, 2013).

Não se trata apenas de discutir, no plano constitucional, a existência ou não de um *princípio de proibição de retrocesso social* ou de colocar sob *condição de reserva do possível* a satisfação prospectiva dos direitos sociais (algo que se tornou especialmente claro com os regimes jurídicos dos sistemas de pensões e os denominados "factores de sustentabilidade" dos quais passaram a depender a idade da reforma e o montante das prestações dos futuros pensionistas), trata-se de um esquema de equilíbrio e justiça na repartição de recursos, (re)desenhado sob a égide do

---

[78] Para uma visão global das prestações existentes v. *The European System of integrated Social Protection Statistics.*

princípio da justiça distributiva perante as oscilações entre ciclos de crescimento e ciclos de recessão económica.

É bem certo, como a experiência norte-americana dá conta, que o Estado Previdência não é a única forma de satisfazer as necessidades sociais dos indivíduos, mas a socialidade garantida por sistemas públicos é, como a crise de 2007-2008 veio demonstrar na Europa, a melhor almofada contra a pobreza e o melhor instrumento de garantia da igualdade. Todavia, e como hoje também se tornou evidente, em ciclos recessivos mais prolongados, um modelo de socialidade exclusivamente apoiado nos instrumentos do Estado Social Moderno, torna-se insustentável por falta de recursos económicos que permitam satisfazer as condições materiais de existência (Santos, 2013). O "consenso keynesiano" sobre o qual estes sistemas foram concebidos e desenhados assentava, também ele, na premissa do crescimento contínuo e do pleno emprego, o que está longe de voltar a ser uma realidade no contexto de globalização e do liberalismo económico. Este foi um alerta importante para a Sociedade compreender que deve também ela cuidar da *socialidade* (e não deixar que tudo seja tarefa do Estado), recorrendo a instrumentos complementares aos esquemas públicos e aos esquemas de mercado.

Sublinhe-se que a *socialidade* a que nos referimos no contexto do "modelo social europeu" é baseada em esquemas contributivos e fiscais dos países ocidentais e assenta em prestações como o subsídio de desemprego e as reformas e os serviços públicos de saúde universais ou tendencialmente universais, esboçados e concebidos para a classe média; e não os *programas de socialidade,* que são típicos de países emergentes como a Índia, ou mesmo o Brasil (o caso do "bolsa família"), e cujo principal objectivo é combater as diversas formas de pobreza, procurando apenas, num primeiro momento, retirar as pessoas do ciclo de pobreza através da respectiva capacitação (Saraceno, 2013, 18).

A *"cidadania social"* a que se referia Thomas Humphrey Marshall na década de 50´ era já um conceito baseado na ideia de contrato social, em que o individuo que servia o Estado no exército e que pagava os seus impostos tinha direito a receber, como correspectivo, um conjunto de serviços públicos ligados ao seu bem-estar pessoal e familiar. A grande novidade da proposta apresentada por este sociólogo britânico consistia em retirar a socialidade do universo do trabalho (nesta perspectiva a socialidade não é entendida como o "pacto entre capital e trabalho" a que se referem usualmente os marxistas) e transpô-la para a esfera dos direitos públicos no quadro da Sociedade organizada em forma de Estado. O surgimento da "questão social", intensamente ligada à industrialização, ao crescimento das cidades, às migrações e, consequentemente, à perda de capacidade das tradicionais formas de protecção social (família, Igreja, associações de entreajuda), foi também uma oportunidade para o Estado mostrar que conseguia organizar, a nível nacional e/ou federal, respostas para as incertezas e os novos riscos que os indivíduos enfrentavam na sociedade industrializada (o desemprego, as doenças, a falta de habitação condigna).

Porém, esta concepção de *"cidadania social"* enfrenta actualmente enormes dificuldades práticas de realização material no quadro das múltiplas cidadanias (global, internacional, europeia, nacional, regional, local) entre as quais os indivíduos dos países ocidentais se movimentam (Giubboni, 2003; Giubboni, 2012). Um movimento que aparentemente permite cumular protecções ao mesmo tempo que amplia as possibilidades de redução da carga tributária e contributiva.

Mesmo no espaço europeu, onde o consenso sobre o modelo social é o mais elevado do planeta, é possível notar as diferenças entre os sistemas sociais (as prestações e até os modelos que variam entre os totalmente solidários, como os escandinavos, e os mais liberais, como os britânicos), as disfuncionalidades entre as regras para a atribuição de benefícios (ex. nacionalidade para a pensão mínima e o rendimento social de inserção) e as regras para a obtenção de recursos financeiros (a tributação em função da residência) e ainda a generalização, por força da hegemonia dos direitos humanos, de algumas prestações sociais sem garantia de contraprestação financeira, como é o caso de tratamentos médicos (pelo menos de urgência) e acesso a escolaridade básica dos imigrantes ilegais.

A brevíssima alusão ao contexto histórico do surgimento do conceito de Estado Social é essencial apenas para nos permitir concluir o seguinte: o Estado Social é um conceito intimamente associado à economia e às finanças públicas. A sua evolução ficou a dever-se ao robustecimento das preocupações político-sociais (contestação do "darwinismo económico" norte-americano de inspiração *hobbesiana*), mas a história recente mostra que apenas o desenvolvimento económico das Nações permite sustentar um sistema de prestações sociais financiado (total ou primacialmente) pelo Estado a partir de impostos. Não estranha por isso que *Habermas* se refira ao *"fim do compromisso social do Estado"* em razão da escassez de recursos financeiros estaduais e da mudança de paradigma da socialidade imposta pela OCDE. Em suma, um Estado que não governa soberanamente a economia é um Estado que não se pode comprometer com a realização da socialidade em termos concretos, designadamente através de prestações determinadas e irreversíveis (Habermas, 1998, 79).

E é este o diagnóstico inicial do problema: a mudança de paradigma económico é acompanhada de uma mudança de paradigma da socialidade. Os princípios da socialidade gizados no contexto de uma economia intervencionada caducam com a mudança de paradigma económico e torna-se necessário encontrar rapidamente os novos princípios jurídicos que hão-de reger esta matéria, sob pena de as entidades judiciárias começarem a actuar como elementos de perturbação. Guiadas pelos princípios do modelo económico anterior, elas não só impedem a consolidação do novo modelo, como ainda ocasionam novos problemas ("garantismo desigualitário", irracionalidade na alocação de recurso públicos, manutenção de sistemas de benefícios insustentáveis), contribuindo, a seu modo, para o problema do *endividamento das gerações futuras* e para o *agravamento da desigualdade na redistribuição do rendimento*. Comecemos, então, pela análise das mudanças do paradigma económico e da estadualidade.

1.2. A mudança de paradigma económico

O *Estado Social* não é apenas um produto financeiro do Estado fiscal, ele está também intimamente associado à forma de intervenção do poder público na economia. Independentemente dos pressupostos axiológicos subjacentes à sua construção, a verdade é que foi necessário o Estado chamar a si o "governo económico", primeiro por necessidades decorrentes da guerra (economia militarizada) e depois como instrumento de reconstrução das estruturas na fase pós-guerra (influência do *Keynesianismo*), para conseguir produzir níveis de bem-estar universal – incluindo não só prestações sociais, mas também serviços de interesse geral, fundamentais para o desenvolvimento económico e para a garantia de uma qualidade de vida condigna – que o Estado Liberal não se revelara capaz de criar. E é bom sublinhar que pese embora os méritos e deméritos que possam ser imputados a cada modelo, o que verificamos hoje é que as dificuldades que os países europeus enfrentam são fruto de um prolongado período de paz e prosperidade, no qual se tem revelado difícil articular de forma eficiente os *acquis* da modernidade: democracia política, economia privada e bem-estar social universal.

No ponto em que actualmente nos encontramos agitam-se diversos tipos de diagnósticos para o problema.

Para uns falhou o Estado Social, não em si, mas uma determinada concepção de Estado Social assente na ideia de que o Estado teria como missão ou tarefa constitucional a *eliminação das "desigualdades sociais"*, sabendo-se hoje que esta não pode ser uma tarefa estadual constitucional (Axer, 2009, 177ss; e Davy, 2009, 122ss). Segundos os autores, não devemos transpor para o discurso constitucional um conceito que é sociológico: cabe a um ordenamento jurídico produzir o igualitarismo? Hoje todos os autores modernos e pós-modernos defenderão que não, que a igualdade social não é uma tarefa estadual, ela é apenas um *objectivo da actuação* do poder público, designadamente das *políticas públicas* de fomento da coesão social, às quais apenas se impõe que garantam a *igualdade de oportunidades no acesso aos bens sociais assentes em serviços* (educação, saúde e segurança social).

Ora, sendo remetida para um contexto de políticas públicas, a socialidade enquanto garantia individual não pode integrar o nível constitucional, ela constitui uma tarefa constitucional fundamental, mas num contexto de realização escolhido pelos poderes públicos (Brenner, 2010, 876) e não como direito subjectivo consagrado na Constituição. Isto significa que o Estado não tem de garantir estes direitos a partir de serviços públicos (trata-se de uma opção política e não constitucional), podendo limitar-se a garantir que eles são efectivamente prestados a partir do mercado e nos termos em que este os possa assegurar segundo um funcionamento eficiente (Heinig, 2008). A intervenção directa do Estado perante posições jurídico-subjectivas individuais por imposição constitucional limita-se neste contexto às situações extremas (*pobreza*), no âmbito da *garantia do mínimo* para uma *existência condigna* (Vieira de Andrade, 2004 e Heinig, 2008).

O *'mínimo para uma existência condigna'*

A consagração de uma cobertura universal previdenciária, que assegure a partir do financiamento por impostos um rendimento pecuniário mínimo de último recurso às pessoas que não consigam obter esses meios económicos por si (os que mostrem incapacidade), tem sido muito debatido e analisado em diversos organismos da *governance económico-social internacional*. A questão inscreve-se no binómio *welfare – workfare*, que discute se estes rendimentos podem ser atribuídos a partir de políticas "desligadas" do emprego ou se devem estar associadas a estas. Os estudos mais recentes da OCDE, Banco Mundial e União Europeia revelam que a discussão que se colocou no início deste Século sobre a necessidade de garantir este tipo de prestações como uma forma de socialidade e combate à pobreza (quase como um imperativo moral em países com um crescimento económico significativo e um nível de bem-estar elevado, como era o caso da maior parte dos Estados Europeus), desligando-a por isso dos rendimentos substitutivos do trabalho se alterou profundamente nos últimos anos. Com efeito, os novos riscos sociais ligados ao desemprego de longa duração em razão da mudança de paradigma tecnológico, ao aumento persistente da taxa de desemprego em razão da globalização e das alterações nas políticas de emprego e de segurança social e também o aumento da "exclusão social" gerada pelos fluxos migratórios, justificou uma "nova abordagem" destas prestações: por um lado, a sua generalização no contexto Europeu da agenda de Lisboa e do método aberto de coordenação social, mas por outro a sua íntima ligação a políticas de capacitação (estágios remunerados, políticas de trabalho compulsivo, etc.) (para uma síntese *v.* Bahle / Pfeifer / Wendt, 2010).

Alheia a estes problemas de contexto, a jurisprudência não tem sido unânime na definição de um conceito de *"mínimo para uma existência condigna"* e na conformação do "dever de prestar" que pode ser imputado ao Estado nesta matéria, como veremos pela referência a dois acórdãos:

Case Study XVI – O *"mínimo de existência condigna"* – Tribunal Constitucional alemão (Proc. BvL 1/09, de 09 de Fevereiro de 2010)

Precedentes: Em Janeiro de 2004 entrou em vigor o Viertes Gesetz für moderne Dienstleistungen am Arbeitsmarkt (Hartz IV) *onde se encontravam previstas algumas medidas de apoio económico aos desempregados de longa duração (*Arbeitslosenhilfe*), os quais estavam também associados ao benefício assistencial estabelecidos no* Sozialgesetzbuch Zweites Buch – SGB II *a pessoas em situação de reinserção no mercado de trabalho e respectivos dependentes "não empregáveis" que com eles convivessem.*

De acordo com a lei, estes benefícios corresponderiam a uma prestação para assegurar a vida de cada um somada de uma prestação que se destinava a alimentação e habitação. O diploma que fixou os valores estabeleceu que cada residente na Alemanha de Leste (incluindo Berlim Oriental) receberia €345, sendo as restantes prestações calculadas a partir deste valor. As prestações correspondiam a benefícios lump sum (per capita) *não podendo ser ajustados a eventuais necessidades especiais que entretanto sobreviessem.*

O tribunal constitucional alemão considerou que estes benefícios violavam o disposto nos arts. 1.º e 20.º da GG – garantia do mínimo de subsistência – por não estarem ajustados a uma existência condigna. No essencial, o tribunal afirmou que a garantia do mínimo de existência deve assegurar a cada pessoa necessitada as condições materiais mínimas indispensáveis para a sua existência física e para a sua participação na vida social, cultural e política e que os métodos utilizados no cálculo das prestações não respeitavam este parâmetro, limitando-se a assegurar a existência física. O tribunal aduziu ainda o facto de o sistema não admitir sequer a possibilidade de outorga de uma prestação extraordinária para fazer face a problemas inesperados (ex. de saúde).

Case Study XVII – Tribunal Constitucional português (Ac. 509/02, de 19 de Dezembro de 2002)

Precedentes: O Presidente da República requereu a apreciação da constitucionalidade da norma que procedia à revogação do rendimento mínimo garantido, previsto na Lei n.° 19-A/96, substituindo-o pelo rendimento social de inserção, o qual apenas seria garantido às pessoas com idade igual ou superior a 25 anos.

O TC pronunciou-se pela inconstitucionalidade da norma, considerando que a mesma violava o direito a um mínimo de existência condigna inerente ao princípio do respeito da dignidade humana, decorrente dos arts. 1.°, 2.° e 63.°/1 e 3 da CRP. Sublinhe-se que esta decisão contou com diversos votos de vencido que não acompanharam o sentido da decisão, pondo sobretudo em causa o facto de os jovens entre os 18 e os 25 anos deverem ser abrangidos por aquela prestação.

Para outros falhou a excessiva adjectivação do Estado, que acabou por matar a sua essência. Ao procurar afirmar-se em diversas arenas o Estado foi ganhando qualificativos – na arena nacional prometeu subordinar-se ao direito e à vontade popular, na arena económica procurou ser social, na arena internacional procurou ser cosmopolita (aberto), para ser cosmopolita, prometeu na arena global ser liberal na economia, e de volta à arena nacional prometeu ser regulador para garantir o bem-estar conquistado, e prometeu ainda ser cooperativo na garantia da paz mundial e transparente e comunicativo e responsável pelos seus actos, etc. O resultado foi um excesso de promessas, e com o peso destes adjectivos o Estado perdeu força no dealbar no séc. XXI, aproximando-se perigosamente de uma mera construção jurídica, em erosão (Cassese, 2001) sem um referente material de comunidade para promover (Möllers, 2000). Ele é hoje apenas "mais um sujeito de poder entre iguais" no quadro de crescentes federalismos (municípios, instituições internacionais, partidos políticos, sindicatos), tendo como distintivo conseguir ainda constituir o ponto de encontro entre eles (Cassese, 2008, 46).

Para outros ainda falhou o modelo financeiro centrado no Estado Fiscal na medida em que conduziu à asfixia financeira do Estado. O Estado

Fiscal que *Schumpeter* aclamou em 1918 era um Estado que obtinha os recursos financeiros necessário para sustentar os custos da realização das suas tarefas a partir do seu poder (poder tributário), mas era também um Estado com finanças simples, onde tudo assentava na aprovação de um orçamento de Estado equilibrado e cumprido escrupulosamente (Gröpl, 2006). Ora, este sistema financeiro fundava-se numa economia nacional e por isso foi sujeito a profundas modificações quando na segunda metade do século passado se deu a transição para uma economia mundial e para um regime de *capitalismo regulatório*[79]. O *sistema fiscal* erigido sob a influência do modelo OCDE – impostos sobre o rendimento pessoal e empresarial, sobre as transacções, sobre o consumo de alguns produtos especiais e as contribuições para a segurança social – pressupõe um sistema económico fechado, no qual o rendimento mundial é idêntico à soma dos rendimentos nacionais, com a vantagem de que o alargamento dos mercados trará maior produtividade e riqueza.

Mas estes pressupostos acabam por não se verificar. A culpa é então imputada à heterogeneidade dos sistemas fiscais dos Estados potenciadora de fenómenos perversos – concorrência fiscal danosa entre Estados e elisão fiscal internacional (mercados financeiros *offshore*) – responsáveis pela perda dos níveis da receita pública. E o problema arrastou-se, pois só mais tarde foram instituídos mecanismos paliativos ao nível do *direito fiscal internacional*, que pretendiam inverter o ciclo e construir uma cooperação internacional no domínio fiscal. Problema ao qual se haveriam de somar as "constrições jusfundamentais" no combate à *elisão fiscal abusiva* (Saldanha Sanches, 2010). Mas nem mesmo as recomendações

---

[79] O *capitalismo regulatório* é um conceito complexo que acaba por federar três dimensões: *i)* o *Estado regulador*, que em certas áreas deixou de produzir bens e serviços (sobretudo no domínio económico, mas não ainda no domínio social) para passar a controlar o processo de produção desses bens e serviços; *ii)* o *capitalismo regulatório* propriamente dito, instituído a partir da *securitização*, que levou à criação de enormes grupos económicos, cujo capital se encontra disperso na sociedade global, e que origina cascatas de dependência económica em áreas chaves da económica mundial, como a banca e os seguros, os produtos químicos e farmacêuticos e as indústrias energéticas; *iii)* o *Estado regulado*, que perde soberania económica e financeira em razão da dependência relativamente às grandes multinacionais de auditoria, aos subsistemas políticos em que se encontra enredado (OMC, UE, OCDE, Banco Mundial, tec..) e à vulnerabilidade perante as sanções económicas internacionais (Braithwaite, 2008; Braithwaite, 2009).

e as convenções-modelo da OCDE permitiram recuperar os sistemas e neutralizar as *"térmitas fiscais"* (Tanzi, 2001), e a verdade é que o Estado fiscal se encontra hoje limitado a um corredor estreito (Genschel /Uhl, 2006, 117) e tenta reinventar-se e sustentar-se a partir do alargamento das categorias tributárias (Casalta Nabais / Tavares da Silva, 2010) ou de novas propostas mais radicais, como a substituição da tributação do rendimento por uma tributação do consumo (Goldberg, 2013) e das transacções financeiras no plano mundial, ou pela "complementação de receitas" a partir da tributação ambiental, cada vez mais ductil com o crescimento dos mercados ambientais internacionais.

Um dos principais problemas da *via fiscal* é o facto de a mesma não conseguir deixar de repousar sobre a *base económica* e quando esta é ela própria geradora de desigualdades, a tentativa de correcção por uma via fiscal tradicional apenas consegue agravá-las. É isso que em nosso entender hoje resulta da tributação do rendimento das pessoas singulares, que como as estatísticas mostram, se centra fundamentalmente na tributação do trabalho dependente e das pensões. Como os autores da área económica nos explicam, as políticas da década de 70' são as principais responsáveis pelo actual modelo da *"economia das desigualdades"*, ao terem contribuído para aumentar a 'elasticidade da substituição capital/ trabalho' quando escolheram assentar a tributação dos rendimentos empresariais exclusivamente no lucro, sem atender às unidades de trabalho utilizadas (Piketty, 2008, 31). Algo que permitiu, conjuntamente com a *securitização*, conceber um sistema económico assente no capital e em especial na alta rentabilidade das actividades de capital intensivo, que permitiram a acumulação de capital do séc. XXI (Stiglitz, 2012; Piketty, 2013). Todavia, já não acompanhamos estes autores quando propõem como solução a tributação mais progressiva dos rendimentos pessoais e empresariais (Stiglitz, 2012, 339; Piketty, 2013, 793ss), pois parece-nos que o problema está também na transformação do 'emprego', que deixa a forma de trabalho dependente para as remunerações mais baixas (à excepção dos directores de empresas multinacionais, da banca, dos seguros, das *utilities*, que pelo reduzido número não podem sustentar teoricamente um modelo fiscal baseado na progressividade do imposto sobre o rendimento das pessoas singulares), transmutando em rendimentos empresariais e de capitais os ganhos mais significativos. O caminho há-de ser, em nosso entender, pela tributação do consumo.

Para outros ainda, eventualmente a maioria dominante, nada falhou, falta é apenas ajustar as categorias jurídicas (o Estado Fiscal, os direitos sociais, a igualdade, as tarefas estaduais, etc.) às novas condicionantes. Para estes autores, o cenário de caos traçado por alguns mais não é do que ruído que impede a reconstrução e renovação do sistema jurídico no novo contexto, onde o *diálogo com as estruturas sociais* constitui o alicerce fundamental.

Independentemente dos rumos que o novo modelo possa tomar, o que é fundamental reter neste momento é a falta de legitimidade de um discurso centrado exclusivamente nas categorias e nos institutos tradicionais dos direitos económicos, sociais e culturais, mormente, na proibição do retrocesso social e na "reserva do possível".

Não se trata de discutir novamente se ao analisar os direitos sociais estamos perante normas programáticas ou dotadas de eficácia jurídica plena (Bandeira de Melo, 2009). Sabemos hoje que são normas jurídicas que vinculam o Estado, mas sabemos também que o Estado não é um milagreiro e que a petrificação dos direitos sociais (*princípio da proibição do retrocesso social*) ou outras teorias aparentemente mais garantísticas dos direitos subjectivos dos indivíduos (Novais, 2010) podem constituir um fenómeno de injustiça social ainda maior do que a revogação pura e simples de alguns direitos consagrados em lei, na medida em que alguém terá de suportar a despesa (Nabais, 2008). Atentemos, por exemplo, nos resultados preocupantes do desempenho económico e financeiro dos Estados, que não conseguem sustentar as suas necessidades financeiras e recorrem ao endividamento externo, instituindo facturas pesadas para as novas gerações (Möstl, *in* Kahl, 2008).

2. Os postulados do sistema que finda

A nossa análise do problema da (in)sustentabilidade do modelo vigente tem de partir dos postulados actuais da socialidade vertidos no texto da

C.R.P. São eles: construção de uma *democracia, económica, social e cultural* como tarefa estadual; a realização da socialidade através de tarefas cometidas a órgãos de entidades públicas (afasta-se o *princípio da subsidiariedade horizontal*); a aposição de limites ao poder de conformação legislativa (o *«se»* da socialidade não é opção) em matéria de realização da igualdade social; reconhecimento de um princípio da proibição do retrocesso social.

2.1. A construção de uma democracia económica, social e cultural pela via normativa

A doutrina nacional reconhece o *princípio da democracia económica* e *social* como um *"princípio obrigatório de interpretação conforme"* que guia toda a actividade pública em matéria de socialidade, orientando-a contra "uma ideia de capitalismo liberal", que ganha concretização na consagração concreta de direitos sociais garantidores de condições mínimas de existência, as quais serão de acesso universal (Canotilho, 2003, 341ss). Esta leitura dos direitos sociais no quadro de um *Estado de direito económico e social* (os direito sociais como garantias mínimas de uma igualdade social que deve ser assegurada pelo Estado, embora reservando ao legislador a primeira palavra na construção dessa igualdade) é mais tarde reforçada pela doutrina que propõe "uma dogmática unitária de direitos fundamentais" e que entende os direitos sociais também como "limite jurídico-constitucional à actuação dos poderes públicos", exteriorizando-se na "retirada da sua plena disponibilidade decisória do poder político democrático" e na respectiva "garantia a partir do poder judicial" (Reis Novais, 2010, 251ss).

É logo aqui que começam as nossas dúvidas. O que significa hoje a construção de uma *democracia económica e social?* Percebemos, com a falência do modelo de economia socialista, que perdeu sentido a legitimação de um sistema público exclusivo de redistribuição equitativa do rendimento e da riqueza, pois todas as experiências deste modelo mostraram que a "mão pública" não conseguia produzir desenvolvimento económico nem social, pelo que rapidamente se esgotava a sua capacidade redistributiva, que degeneraria em uma generalização da miséria – antes de redistribuir é necessário produzir (!).

É hoje um dado adquirido que os *sistemas económicos dinâmicos*, *i. e.*, os que geram progresso social, assentam no dinamismo das liberdades económicas, que actuam disciplinadas pela regulação pública sectorial e num quadro compromissório de económica global[80]. E neste contexto aprendemos muito com o aperfeiçoamento das teorias económicas, sobretudo com a "domesticação" da macroeconomia através de casos de estudo muito interessantes (Japão, Irlanda), e com o desenvolvimento das teorias sociológicas, que são essenciais para a interpretação do papel da Sociedade no novo contexto.

É com base nestes postulados, que acolhemos com interesse a proposta da recuperação e reinterpretação do conceito de *Estado Social* apresentado por *Lorenz von Stein* no séc. XIX: ao Estado cabe a *"administração do progresso social"* (Döhmann, *Vefassungstheorie*, 2010). Na verdade, este é, segundo os autores, o "grau adequado" do compromisso que a esfera pública pode garantir com a *socialidade* (uma realidade que aparece aqui diferenciada da *solidariedade*), e quando *Stein* defendia na segunda metade do séc. XIX que a melhoria das condições de vida das classes mais baixas era um *interesse geral*, na medida em que "prevenia" os processos não controlados através dos quais eles acabariam por tentar ascender socialmente, era a um *Estado Social Regulador* que se referia e não a um Estado Socialista. Naquele tempo, como hoje, foi apenas a *gestão da incerteza* que o Estado assumiu como tarefa perante o *risco* de que a Sociedade não dispusesse dos mecanismos adequados para o efeito – embora no séc. XIX fosse o operariado e no séc. XXI seja o capitalismo

---

[80] Ou então, para quem não entenda que as liberdades são uma prioridade, existe também a alternativa da *'Asian Values approach to governance* (cujo exemplo de sucesso é o *capitalismo chinês* e o modelo de Singapura) que coloca o desenvolvimento económico como uma prioridade face à democracia, gerando sistemas autoritários que só tendem a assumir as características do constitucionalismo após a generalização de um nível mínimo de bem-estar, como aconteceu na Coreia do Sul e em Taiwan, e como se espera que possa vir a acontecer na China onde o nível do autoritarismo na governação é ainda muito elevado (Thiruvengadem / Hessebon, 2012).

financeiro, a verdade é que a "intervenção estadual de direcção" em ambos casos tem pressuposto o mesmo princípio: *"to big to fall"*.

Não pretendemos com esta afirmação dizer que a *democracia económica* e *social* se deva reduzir nos nossos dias à conformação das políticas públicas económicas de acordo com o contributo das correntes do utilitarismo (*Stuart Mill, Bentham*), guiando a decisão pública segundo a optimização do bem-estar, tal como ele é apreendido pelo destinatário das medidas. Pelo contrário, é nossa convicção que o *Estado Social* se apresenta um *aliud* na relação entre a Sociedade e Estado (Döhmann, *Vefassungstheorie*, 2010), na medida em que *não reproduz* neste campo a relação que existe no domínio das relações tradicionais de soberania (o Estado Social não dispensa ao cidadão um tratamento idêntico àquele que lhe confere no âmbito das funções de segurança), e também *não substitui* as relações de solidariedade que existem e pré-existem entre os cidadãos e entre eles e outras organizações, designadamente o terceiro sector, ele apresenta-se antes como *"um outro"* que regula as condições de existência dos cidadãos, sem se substituir às estruturas sociais e sem obedecer a um caderno de tarefas pré-estabelecidas em lei fundamental (a Constituição é social, mas não é dirigente nem programática).

No essencial, não procuramos actualmente recriar as discussões sobre o "Estado mínimo" e o "Estado máximo", mas antes recortar dogmaticamente as tarefas estaduais nesta colocação do Estado entre os restantes actores sociais. Por outras palavras, não se trata de discutir se o Estado deve intervir (*step in*) nas relações económico-sociais ou se se deve limitar a uma intervenção mínima ou mesmo, *in extremis,* abster-se nesse território (*step out*), procuramos antes traçar os pressupostos da sua intervenção reguladora e garantidora do bem-estar social, do acesso a bens e serviços essenciais, do acesso a condições materiais para um existência condigna e da igualdade de oportunidades em matéria de progresso social.

A tensão, a nosso ver, localiza-se entre a *regulação* e a *democracia*. Não pelo facto de a primeira neutralizar a segunda (também não pretendemos recriar aqui a discussão sobre a "(i)legitimidade do governo de sábios"), mas porque o *tónus* central se desloca da legitimação das medidas interventivas (esse é um dado adquirido do Estado Social) para o controlo e a fundamentação dessas medidas. A *juridicidade dos "três E's" triunfa sobre a juridicidade democrática* quando a obriga a fundamentar as suas escolhas no *princípio da sustentabilidade.*

Os princípios da sustentabilidade e da justiça intergeracional

A *sustentabilidade* é um *princípio-garantia* das gerações futuras e, portanto, uma *dimensão concretizadora* do *princípio da justiça intergeracional.* A *sustentabilidade*, sendo um conceito especialmente associado e divulgado no domínio ambiental (Bosselmann, 2008; Dresner, 2002), corresponde, na verdade, a uma corrente da filosofia moral, originária do Iluminismo, tal como o liberalismo e o socialismo, mas que se baseia num conceito de *equidade* diverso das outras duas correntes. Identifica-se com um *tipo especial de socialismo*, que se preocupa com a igualdade de oportunidades e com o nível de igualdade dos resultados no plano *intergeracional* e não apenas com uma concepção substancial e temporal da igualdade de oportunidades (Thompson, 2013).

A modernidade baseou-se numa confiança no progresso, assente em boa parte na pré-compreensão racional da Sociedade, à qual se somaria, mais tarde, mas ainda como produto dessa racionalidade, uma matriz económica marxista. Quando cai o muro de Berlim, e com ele o mito de que a economia podia ser planificada pelo poder público estadual, a "esquerda", até então "ocupada" no combate aos modelos de economia liberal que se desenvolviam nos países anglo-saxónicos, teria, naturalmente, trilhado o caminho da *ecologia,* na busca de uma *justiça no acesso* a recursos escassos, como são os recursos naturais, não fora entretanto a "interferência" marcante de Giddens neste processo, ao apresentar a sua proposta de "terceira via". A qual haveria de "empurrar" a "esquerda democrática" e a "social-democracia" para o que podemos designar como *fase do pós-socialismo.*

Na verdade, assistimos nesse momento a uma mudança ideológica para um modelo económico-social novo, no qual, contudo, nunca se estabeleceram ideias claras sobre o papel do Estado na vida económica. Embora tenha perdurado durante esta fase o "mito keynesiano" de que o Estado devia ser o "motor" da economia, a que se somaria a *ética pública* de garantir, em regime de monopólio ou quase monopólio, a economia social de bem-estar. A este confuso 'estado da arte' haveria de somar-se ainda a dinâmica imparável da comunicação instantânea (sendo este um fenómeno mais marcante da globalização do que propriamente o comércio internacional) e, bem assim, os fenómenos do *risco*, da *modernidade reflexiva* e da *governance*.

Esta (des)orientação económica e ideológica do *modelo pós-socialista* foi responsável pelo avolumar de enormes dívidas públicas e privadas, resultantes do incentivo ao consumo privado, que se avaliava como *indicador de desenvolvimento* (responsável por uma enorme redução da poupança privada), e do *investimento público* em infra-estruturas e serviços públicos, apresentada por sucessivos Governos como *indicador de aumento de bem-estar.* Fenómenos que eram acompanhados de mudanças vertiginosas nos sistemas fiscais, aos quais se pedia, simultaneamente, dois objectivos de todo inconciliáveis: o aumento das receitas para fazer face à despesa pública crescente e o aumento da competitividade para assegurar a captação de investimento estrangeiro.

Paralelamente aos resultados deste contexto nacional, foi-se intensificando na esfera internacional o aprofundamento dos contributos da *nova ordem económica global,* inspirados e modelados pelas orientações do denominado *Consenso de Washington,* e que se traduziram, na prática, na liberalização das trocas comercias em ambiente de *paz política,* especialmente sob a égide dos acordos firmados no âmbito do sistema da OMC, no surgimento de diversos mercados regionais, como o europeu, e na *fragmentariedade* e *transmutação* do direito internacional, chamado, num primeiro momento, a dar resposta aos desafios impostos pela protecção das liberdades económicas globais, e, só mais tarde, à regulação de áreas consideradas essenciais ao *"nosso futuro comum",* entre elas o ambiente.

É neste momento que a *sustentabilidade* é "resgatada" e "reinventada", para muitos até erigida em *princípio fundamental,* embora nem todos pareçam dispostos a assumir inteiramente o que esta corrente filosófica pressupõe. Recorde-se que nesta reconstrução teorética e dogmática da sustentabilidade ela se trasmuta num conceito deferador,

desdobrado em três dimensões essenciais – a ambiental, a económico-
-financeira e a social (Kahl, 2008) – dimensões às quais hoje podemos
juntar também a política, neste conturbado contexto de ajuste da democracia ao novo modelo de socialidade.

É que a *sustentabilidade* aponta para soluções difíceis de aceitar
pelo homem médio, inspirado por um século de conquistas baseadas
no *'presentismo'* (corrente filosófica segundo a qual os indivíduos não
conseguem assumir opções altruísticas para mais do que uma a duas
gerações, ou seja, filhos e netos – Howarth, 2013) e pela fé no progresso económico contínuo, medido exclusivamente pelo indicador do PIB,
não obstante os vários alertas da economia política ao longo da história
sobre os riscos do "Estado Estacionário" (Meneses do Vale, 2013)

Ora, o *desenvolvimento sustentável* apresentado pelo Relatório
Brundtland é coisa diferente do *desenvolvimento económico* interpretado
como crescimento, e em alguns casos tende mesmo a assentar em pressupostos de *decrescimento controlado,* como a diminuição da poluição,
a redução do consumo, a poupança energética, o uso racional da água,
a redução da despesa pública e o limite do endividamento público.

Aliás, este *reequilíbrio* imposto pelas mudanças dos pressupostos
macroeconómicos tem efeitos sistémicos no plano social, pois boa parte
dos regimes foram concebidos com base em variáveis económicas que
agora a realidade mostra que não se concretizaram pelo que a política
terá de fazer os ajustamentos necessários para assegurar a equidade
entre gerações, sobretudo na área da segurança social, o que não se
tem revelado tarefa fácil em alguns países, quer pelas resistências do
normativismo às medidas político-legislativas (Loureiro, 2014), quer pelo
egoísmo feroz revelado pela geração 'baby boomer' (McKerlie, 2013).

A *sustentabilidade* dos sistemas sociais é hoje um dos problemas
mais severos que a Europa vem enfrentando, assim como outros países
mais envelhecidos, como o Japão, pois são necessárias reformas, mas
também um reequilíbrio das condicionantes de justiça sobre as quais
estes sistemas foram concebidos, o que suscita diversas dificuldades:
i) primeiro por *razões políticas*, pois nos países do Sul Europa, onde
os sistemas de socialidade apresentam maiores fragilidades económicas

(Esping-Andersen, 1990), são também aqueles que mais têm expandido as suas prestações nas últimas décadas (OCDE 2009) motivados pelo populismo eleitoralista; *ii)* em segundo lugar por *razões económicas*, pois é necessário procurar fontes alternativas de financiamento ou medidas de sustentabilidade (veja-se a instituição de co-pagamentos nas saúde, a redução dos montantes de pensões futuras e em pagamento, o aumento da idade da reforma, a criação de sistemas de auto-financiamento da sociedade na saúde e na segurança social); *iii)* por várias *condicionantes sistémicas* que se prendem com a demografia (menos a contribuir), com o comércio internacional (agravamento da desigualdade na distribuição da riqueza e agravamento do fosso entre ricos e pobres), as migrações (menos a contribuir), as alterações climáticas (escassez de alimentos e desalojados) e as crises financeiras (com consequentes crises económicas e aumento do desemprego), deixando pouca margem para a *resiliência financeira* destes sistemas sociais (Glennerster, 2013).

Facto que se torna particularmente notório na relação entre direito financeiro (em especial no segmento do direito fiscal) e Estado Social, onde o controlo do princípio da legalidade fiscal perdeu terreno para o *princípio da eficiência do sistema financeiro*: a despesa fiscal deixa de se articular com a receita fiscal e passa a reger-se por normas internacionais que defendem a concorrência e os mercados, o Estado Social deixa de ser um motor da igualdade social a partir da produção de serviços públicos universais e de acesso gratuito ou tendencialmente gratuito e passa a gerir a desigualdade social dentro das regras formais e informais que disciplinam o quadro do desenvolvimento económico-social actual (a gestão das assimetrias informativas nos mercados e a construção de fundos de estabilização tarifária constituem bons exemplo do que acabamos de dizer).

Para recortar racionalmente o conteúdo material e funcional deste *Estado Social Regulador* (núcleo essencial do *Estado Garantidor*) é importante começar por tentar estabelecer uma distinção entre Estado Social, Estado de Bem-Estar e Estado de serviços públicos.

Na segunda metade do séc. XX falar em *Estado Social e Estado de bem-estar* era praticamente estar a utilizar sinónimos, na medida em que o Estado se relacionava com a Sociedade através da prestação de serviços públicos que procuravam garantir o bem-estar social de forma universal independentemente da condição económica dos destinatários.

A reconstrução económica do pós-guerra impôs um "vácuo de autoridade do Estado" que a doutrina assinala com clarividência: *se depois da primeira grande guerra a sociedade aparece, em razão do conflito, esfacelada e incapaz de se organizar, e forças destruidoras vão abrir as portas a uma afirmação da autoridade do Estado (...) depois da segunda grande guerra o ser social não é mais primariamente uma extracção do Estado, mas é posto de pé pela capacidade estabilizadora da sociedade"* (Rogério Soares, 2008, 107).

É certo que para alguns a promoção do bem-estar seria sinónimo de serviços públicos e prestações públicas, mas a dinâmica social mostrou que não era assim, que a eficiência dispensava o Estado de prestar, mas não o dispensava de regular, e sobretudo não o dispensava de gerir riscos. Hoje o *Estado de bem-estar* apresenta-se como uma realidade intrincada e cooperativa, mas dominante, que garante através de procedimentos complexos a produção de soluções cruciais para o mínimo de segurança na sociedade de risco, como acontece com o controlo da segurança dos alimentos, dos produtos químicos, etc. Só o Estado dispõe das estruturas e dos meios para desempenhar esta função em articulação com as entidades da *governance* internacional, apesar de cada vez carrear menos elementos para estas decisões, reservando-se um papel infra-estruturante de construção de procedimentos geradores de decisões, e actuando muitas vezes como um Estado paternalista, que informalmente dá conselhos informações, avisos, recomendações, etc.

Também a *relação entre Estado Social e Estado de serviços* se alterou profundamente. O Estado deixou de prestar serviços económicos e remeteu-os para mercados regulados, onde ainda mantém a sua influência como activador e incentivador dos agentes económicos, embora o faça no respeito pelo modelo económico do mercado concorrencial (Krajewski, 2011). E neste "território" ele continua a assegurar os fins que justificam o interesse público destes bens e serviços e a necessidade de regulação dos mercados para promover a eficiência, ao mesmo tempo que complementa esta tarefa com a garantia da socialidade através da imposição de obrigações de serviço público – o serviço não é público, mas o interesse público atinente ao serviço ou à garantia do fornecimento do bem justificam e legitimam a intervenção pública que assegura o fornecimento do mesmo.

Em alguns casos optou mesmo por manter-se como agente económico ao abrigo do princípio europeu da neutralidade em matéria de titularidade dos meios de produção. Uma opção que não deixa de apresentar traços de esquizofrenia quando o agente económico luta na arena do mercado para produzir riqueza para o accionista em vez de aproveitar "o seu camuflado" para dirigir os restantes agentes económicos para a prossecução do interesse geral. Circunstância que para alguns explica a razoabilidade de uma regulação pública para empresas de capital público que exploram infra-estruturas públicas, mas para nós constitui uma solução de duvidosa utilidade e eficiência quando não estamos perante mercados concorrenciais – cabe não esquecer que o *homo oeconomicus* pode orientar o seu comportamento para a obtenção de outros objectivos determinados que não o lucro, como é típico dos *mercados públicos* em que a finalidade da sua actuação é o bem-estar geral, e neste caso os postulados da regulação são necessariamente diferentes.

Quer isto dizer, em resumo, que os conceitos de Estado Social, Estado de bem-estar e Estado e serviços são hoje distintos, mas complementares, continuando todos eles a revelar que o conceito de Estado Social é um lugar-comum onde confluem realidades distintas legitimadoras da intervenção pública nas áreas económica e social. O Estado Social existe para cuidar dos interesses dos cidadãos, embora a forma dessa intervenção se tenha alterado substancialmente com a mudança do paradigma económico. Mas existe também uma mudança de paradigma da Política, na medida em que o Estado Social deixa de ser um território de afirmação de ideologias políticas e passa a constituir, na sua reconstrução pragmática fortemente arreigada a um neoconstitucionalismo sustentável, um núcleo de tarefas públicas consentâneas com o desenvolvimento económico-social vigente.

E se pensarmos na agonia do Estado Fiscal faz algum sentido afirmar que "a cada um caberá a quota de socialidade que a sua comunidade conseguir efectivar, também com o seu contributo". Esta verificação tem a sua expressão igualmente no regime jurídico dos direitos: os direitos sociais passam a acompanhar o regime jurídico das novas gerações de direitos económicos e sociais, como é o caso do direito ao ambiente, cujo financiamento é hoje em grande medida alcançado através de expedientes novos não fiscais, uma vez que a fiscalidade ambiental se apresenta maioritariamente colonizada por falsos tributos ambientais, muitos de duvidosa conformidade com os mais elementares princípios da constituição fiscal (a tributação a pretexto do ambiente) e que apenas se podem compreender no contexto de uma arriscada *engenharia económico-social*.

Nesta conformidade, o Estado Social, como o Estado Ambiental, não pode ser entendido como um "conceito constitucional". Tal como o Estado Ambiental assenta em um pressuposto dinâmico, mutável e evolutivo (o conhecimento científico) perante o qual uma comunidade apenas pode assumir um compromisso de fim, mas não de resultado, também o Estado Social se apoia em uma realidade dinâmica e inconstante, como é a economia, inviabilizando quaisquer construções aquisitivas (o que não significa, como veremos, que o Estado Social perca o seu carácter de apoio institucionalizado em situações de incerteza, *garantido* pelo poder público).

Se é impensável juridicamente normativizar técnicas ou até procedimentos de prevenção e valorização ambiental pelo receio de que a sua cristalização em lei fundamental se torne obsoleta e desajustada, criando o risco de que a sua defesa por elementos externos ao processo de decisão, apenas mandatados para defender a efectividade normativa dos preceitos fundamentais, se transmutem em agentes agressores do ambiente, também o Estado Social tem de ser analisado sob esta perspectiva, pois a "defesa de privilégios e conquistas sociais" por agentes que não dominem a variável económica quando a comunidade em um determinado momento histórico os não consiga suportar financeiramente, porque o patamar de desenvolvimento económico não produz rendimento suficiente para o efeito, corre o risco de se transmutar num sistema social que compromete justiça, igualdade, soberanias e gerações futuras.

Por isso, muitos autores mostram que ao "princípio da democracia económica, social e cultural como princípio organizatório", que regeu o sistema económico português durante o período da economia nacional, sucedeu o princípio do Estado Social regulador como princípio funcional, integrado no contexto de uma interpretação do Estado Social em conformidade com o modelo económico-social europeu e da globalização económica (Lepsius, 2010, 161ss).

2.2. A realização da socialidade por entidades públicas

O segundo postulado clássico da modernidade que é posto em crise na reconstrução pragmática do Estado Social radica na socialidade associada ao *serviço público*.

E neste ponto devemos começar por fazer uma distinção importante a partir da origem dos conceitos: 1) de um lado, o *serviço público* como categoria administrativa, aplicada à qualificação de um regime especial de funcionamento de certas actividades consideradas essenciais para o "normal funcionamento da vida em comunidade" (motivo do regime jurídico assente nos princípios da acessibilidade, universalidade, continuidade e qualidade), que apenas vieram a ser associadas à titularidade pública das mesmas por influência da matriz francesa do *service public* de Duguit; e, 2) em segundo lugar, o *serviço público* como categoria constitucional, que está na origem do conceito de Estado Social alemão, cuja matriz se recorta a partir de *Forsthoff* como uma especial ligação entre o direito constitucional e o direito administrativo, pelo qual este último era interpretado como uma execução dos preceitos constitucionais a partir da actividade legislativa e administrativa em conformidade com os princípios fundamentais.

No essencial, o que é importante reter destas duas propostas é o facto de nenhuma delas, na sua origem, consubstanciar um conteúdo material inerente a tarefas estaduais. Pelo contrário, *Forsthoff* negava qualquer conteúdo normativo fundamental ao conceito de Estado Social (*apud* Heinig, 2008, 22ss).

A partir destes dados, compreendemos que a "carga ideológica justaposta à expressão" e que deu origem entre nós aos monopólios públicos dos serviços de saúde, ensino e segurança social é fruto das lutas ideológicas dos anos 60 e 70, assim como a sua contestação é o resultado das correntes economicistas originárias dos anos 80 e 90. Pela nossa parte, alinhamos apenas com aqueles que tentam apreender os resultados positivos e negativos de todas estas propostas e modelos (o progresso social proporcionado pelo aumento do nível de bem-estar social, a insustentabilidade financeira da expansão do modelo) e procuram uma "reconstrução pragmática do Estado Social" (Heinig, 2008) que permita que o mesmo continue a cumprir a sua função reguladora da economia-social de mercado.

Pede-se ao Estado neste novo enquadramento que *garanta* a socialidade a partir do direito e da regulação das actividades económicas e económico-sociais, deixando cair o dogma da igualdade social a partir de serviços de titularidade pública sustentados financeiramente com verbas do Orçamento do Estado. No essencial, pretende-se pôr à prova a manutenção da socialidade na *"terceira via"* que resulta da transição de um Estado prestador universal para formas enérgicas de "Estado activador", estribado em formas de "ajuda para a autoajuda" (Loureiro, 2010, 96). Neste contexto, será interessante analisar no ponto seguinte os novos institutos do Estado Social e as suas formas de financiamento.

3. Os limites ao poder de conformação legislativa em matéria de realização da igualdade social

A análise anterior não implica (bem pelo contrário) a expulsão do Estado em matéria de conformação de direitos sociais – a "mão visível" da regulação constitui, de resto, a exteriorização mais impressiva do Estado Social pragmático.

Mas também os novos instrumentos têm limites, não se trata, como antes, de impor ao legislador a promoção da igualdade real entre os portugueses, mas sim de lhe impor novas restrições em matéria de regulação e direcção social, como veremos mais adiante nas políticas públicas de estímulo e incentivo económico, que se subordinam ao *princípio da sustentabilidade* em decorrência dos dados factuais: a fiscalidade é hoje um "mecanismo insolvente" na redistribuição social.

O poder político-legislativo encontra-se por isso muito coarctado e a aprovação de políticas públicas de promoção da socialidade sem um estudo prévio de sustentabilidade financeira podem revelar-se mais perniciosas que benéficas. O que acontece se aceitarmos a pura judicialização destas questões.

De resto, é igualmente importante sublinhar a este propósito – limites do poder de conformação legislativa – o facto de uma parte destes serviços se encontrar hoje "europeizada" por força das assunção pela União Europeia, no Tratado de Lisboa, dos princípios de serviço público como um *valor comum da União* ao mesmo tempo que chama ao nível europeu de normação (definição legislativa) a definição dos *princípios e condições* de prestação, execução e financiamento dos serviços de interesse económico geral (art. 14.º TFUE), reforçando essa nota através da consagração do *direito de acesso aos mesmos* no art. 36.º da CDFUE, artigo no qual remete também para o reconhecimento das "práticas nacionais". Veremos, mais à frente, que neste particular o *direito europeu* parece distanciar-se na tradicional separação entre *serviços de interesse económico geral* e *serviços de interesse geral*, na medida em que, como a doutrina vem sublinhando (Gallo, 2010, 735), tende a estender a "protecção jusfundamental europeia" a domínios como a segurança social (art. 34.º CDFUE) e a saúde (art. 35.º CDFUE).

4. O princípio da proibição do retrocesso social

Por último, uma nota para registar a profunda desactualização do princípio da *proibição do retrocesso social* e os perigos que encerra a sua garantia no quadro jurisdicional. Segundo a doutrina tradicional, "uma vez obtido um determinado grau de realização, os direitos sociais passam a constituir uma garantia institucional e um direito subjectivo", determinando uma protecção do adquirido em nome da protecção da confiança (Canotilho, 2003). Já os defensores da dogmática unitária dos direitos fundamentais propõem que o retrocesso social seja tratado no quadro do regime jurídico geral da restrição de direitos fundamentais, assentando a avaliação da legitimidade do retrocesso na proporção ou desproporção da restrição imposta pelo retrocesso (Reis Novais, 2010).

Ora, qualquer destas interpretações irá colidir com os mais recentes contributos do *princípio da sustentabilidade*, onde a socialidade adquire uma *feição dinâmica* aliada ao cariz securitário tradicional (Krajewski *et alii*, 2009). Não se discute já um projecto de direcção económica, mas sim de dinamização da economia, da mesma forma que não se discute a promoção da igualdade social, mas sim esquemas para a igualdade no acesso às condições de bem-estar social e prestações sociais adequadas à *reabilitação social* dos destinatários que são obrigados a contribuir activamente para esse resultado sob pena de perda dos benefícios sociais.

5. Pistas para a reconstrução da socialidade no "pós-direitos adquiridos"

O contexto que acabamos de descrever revela bem que o grande desafio actual radica na reconstrução da socialidade, para a qual é necessário, antes de mais, definir um novo quadro jurídico principiológico, cuja pedra angular há-de ser o *princípio da sustentabilidade* no contexto de um *Estado garantidor*. Vejamos algumas directrizes dessa reformulação.

Em primeiro lugar, encontramos a proposta de uma *trilogia da nova socialidade: reduzir, reformular e refinanciar* (Nabais/Tavares da Silva, 2011). De acordo com os autores, a actual «via realista da socialidade» radica em três pilares fundamentais: a *redução da despesa* (princípio da eficiência e princípio da sustentabilidade); a *reformulação das áreas de intervenção* (a separação entre os serviços económicos, mesmo os essenciais, e os serviços sócio-assistenciais) e o *refinanciamento* (a criação de novos tributos e a instituição de benefícios fiscais destinados a garantir e/ou incentivar o financiamento da intervenção pública de cariz social).

Em matéria de *redução da despesa*, importa promover a *racionalização* das prestações, ou seja, fazer um exame completo do catálogo das prestações sociais e eliminar gradualmente aquelas que não tenham razão de subsistir num quadro económico de escassez de recursos financeiros e de concorrência económica à escala global. Tarefa que deve ser complementada com *racionamento* daquelas prestações, o que significa ajustar a medida de cada prestação às condições existentes, tendo em conta *standards médios* de adequação (Heinig, 2010, 417ss) e a garantia da sustentabilidade financeira do Estado. A *redução* da despesa social deve ainda ser alcançada através de um *melhor desempenho* (*new public management*) dos serviços públicos (Móran Peres, 2007), controlado de uma forma particularmente exigente, de modo a evitar que os bons resultados se fiquem a dever a esquemas, mais ou menos sofisticados, de desorçamentação da despesa. O que nos revela uma realidade para a qual o controlo, que pode vir a ser proporcionado por um princípio como o *princípio da eficiência*, por certo, muito poderá fazer (Tavares da Silva, 2010).

Já a *reformulação da socialidade* começou com a "transformação" de muitos serviços públicos tradicionais em *serviços de interesse económico geral*, em decorrência da transposição para o direito interno das exigências europeias. O conceito de *serviços de interesse económico geral* significa a passagem destes serviços para o mercado, embora sob um esquema que confere ao Estado poder de ingerência para assegurar a *missão social* que alguns deles (a possibilidade imposição de *obrigações de serviço público*), de forma a garantir a respectiva universalidade (Knauff, 2004).

Para além do poder de ingerência, em boa parte destes sectores o Estado optou por manter também, já antes o dissemos, a sua presença como empresário, o que deve não apenas corresponder a uma necessidade de garantir o cumprimento da missão social, pois essa pode e deve ser assegurada através da regulação económica, mas sim como forma de, por um lado, actuar como *player* e assim incentivar o mercado, e, por outro, garantir que a sede destas empresas permanece em território nacional, o que permite também arrecadar importantes receitas públicas (Storr, 2001). Neste contexto, não é ainda clara a solução que pode ser adoptada no âmbito da *reformulação* dos *serviços públicos sociais* ou, como preferimos designá-los, *os serviços sócio-assistenciais,* nos quais concorrem uma vocação mitigada para o mercado com as preocupações de natureza social e assistencial, como é o caso da segurança social (incluindo as reformas e as prestações de saúde), do ensino e da investigação, embora a nova estratégia europeia aponte para uma separação de destinos entre os primeiros e os segundo e terceiros.

Com efeito, é sobretudo nos domínios da saúde e do ensino que encontramos as maiores divergências de modelos entre os Estados-membros da União Europeia, pois a sua escolha depende não apenas da maior ou menor preponderância de determinadas correntes ideológicas, mas sobretudo do dinamismo das estruturas sociais e do desenvolvimento de esquemas de responsabilidade social.

Por último, a reconstrução da socialidade há-de assentar também no *refinanciamento* de alguns "bens sociais", seja em resultado do recuo do Estado no seu papel de prestador nos serviços sócio-assistenciais, acompanhado da sua transmutação em «agente regulador e orientador» das actividades de prestação daqueles – como acontece na *habitação*, onde o legislador tenta garantir o acesso à habitação através de modificações no regime jurídico do arrendamento urbano e da reabilitação urbana das cidades (ex. cessação de regimes de crédito bonificado e financiamento da reabilitação urbana), na *cultura*, em que têm vindo a ser testados esquemas de financiamento orientados para a rendibilização em substituição dos tradicionais subsídios públicos (por exemplo, no caso dos museus), ou mesmo na *saúde* onde se procuram novos sistemas de financiamento para o SNS (veja-se o contributo importante dos *Krankenhausplanung* alemães na sustentabilidade do sistema de saúde alemão) –, seja através da instituição de novos tributos (ex. contribuição para o serviço essencial), seja ainda através da reformulação do regime jurídico de outros (ex. propinas progressivas ou taxas de saúde progressivas ou co-pagamentos).

Apontamentos sobre a sustentabilidade nos serviços de saúde

O debate sobre a *economia da saúde* é hoje muito técnico e tem sido promovido em diversos países da UE com o propósito de incrementar a eficiência em sistemas que se revelam cada vez mais onerosos em consequência do envelhecimento da população. Uma preocupação que é comum aos três tipos de sistemas: *beveridgianos* (sustentados por impostos e típicos dos países nórdicos e do Reino Unido); *bismarkianos* (sustentados por sistemas de seguros obrigatórios ou voluntários) e *mistos* (sustentados por impostos e outras prestações – onde se incluem os dos países do sul da Europa).

Vejamos, em primeiro lugar, o *exemplo italiano*, onde a sustentabilidade financeira da saúde aparece intimamente associada aos princípios do federalismo financeiro, como de resto é típico de um país regionalizado (seguimos de perto o trabalho de investigação de Nuti / Vainieri, 2011). O novo modelo para o financiamento do sistema nacional de saúde italiano, aprovado pelo d.lgs. 56/2000, assenta na afectação de uma parte das receitas do IVA (em substituição das transferências estaduais) às Regiões, na instituição de um *fundo nacional de perequação* promotor da solidariedade inter-regional e na possibilidade de concorrência da saúde com outros sectores. Já a *regulação económica* da saúde baseia-se na determinação dos *custos standards* por componente (custo de referência dos serviços em condições de eficiência produtiva) que servem de parâmetro de controlo para determinar se o "sobrecusto" pode ou não ser suportado pelo mecanismo de perequação. Nesta conformidade, a eficiência dos serviços assenta na relação estratégica complexa entre *adequação clínica* (o serviço tem de oferecer a todos os cuidados de saúde que a evidência científica revela como necessários para a obtenção dos melhores resultados) e *organizativa* (o serviços deve prestar os cuidados fazendo o melhor uso possível dos recursos disponíveis), o que exige, por cada medida de adaptação a instituição de um correspectivo mecanismo de controlo da qualidade. Só assim, como revelam os autores do estudo, é possível estabelecer *orçamentos sustentáveis* e impor parâmetros de responsabilidade financeira no sector da saúde, sem comprometer, quer o financiamento das entidades públicas responsáveis pela prestação do serviço, quer a qualidade do serviço. No modelo adoptado em Itália, percebe-se que o financiamento é desenhado segundo um esquema quadripartido – assistência hospitalar, assistência farmacêutica, assistência especializada e assistência preventiva – e que os acertos de eficiência em um dos vectores envolvem sempre reajustes nos restantes, tudo com base nos métodos dos *custos standard*.

Para além da melhoria da *performance financeira* dos serviços de saúde, é também necessário hoje instituir mecanismos de justiça social através das contribuições financeiras suportadas pelos utentes. Referimo-nos ao *sistema de co-pagamentos* (entre nós designado em regra como *sistema de taxas moderadoras*) que perpassa todo o sistema de saúde – seja nas percentagens no preço dos medicamentos, seja nas taxas de serviços de saúde, seja ainda nos preços a suportar por serviços assistenciais. A justiça social é garantida não de forma directa, através de uma redistribuição de receitas, mas sim de forma indirecta, pois será o facto de alguns suportarem parte dos custos do sistema que permitirá isentar outros.

Estas contribuições não conseguem (nem é esse o seu objectivo) sustentar totalmente os custos totais dos serviços (os impostos ainda são uma componente importante), mas constituem hoje uma pedra angular da justiça social no quadro da diminuição da receita fiscal. Quer isto dizer, portanto, que os *co-pagamentos* são instrumentos que complementam o sistema fiscal na sustentação dos serviços por nós designados como *sócio-assistenciais* (o mesmo acontece com as contribuições para a segurança social). Os *co-pagamentos* somam também a vantagem de incutir maior responsabilidade social aos utentes, que assim compreendem os custos que estes serviços acarretam para a comunidade. Tal como nos impostos, podemos encontrar no regime de *co-pagamentos* da saúde contribuições de quota fixa (ex. taxas moderadoras por consultas hospitalares e preços de medicamentos) que, à semelhança dos impostos do mesmo tipo, devem ser utilizadas cada vez mais com moderação para evitar o efeito económico regressivo (quem tem maior capacidade contributiva realiza um esforço menor); contribuições proporcionais e progressivas, ou seja, calculadas em função do rendimento do sujeito passivo (ex. nas mensalidades a suportar por internamento em instituições de cuidados continuados ou por serviços de assistência médica e de enfermagem ao domicílio a doentes crónicos). Em caso algum o montante do co-pagemento pode exceder o custo do serviço ou do bem.

O sistema de co-pagamentos apresenta como desvantagem o facto de, em certa medida, poder vir a ser interpretado como um *mecanismo de dupla tributação*, o que significa que mais do que alterar o texto constitucional para passar a admitir este tipo de tributos, é fundamental garantir a transparência das "contas da saúde" para que não só a entidade responsável pelo controlo verifique que não há dupla tribu-tação, como ainda que os próprios utentes do sistema dissipem esse sentimento. Embora a vantagem (hoje mais do que vantagem é uma ine-vitabilidade) deste modelo radique na sua sustentabilidade e, com isso, na garantia de que não haverá retrocesso social no acesso aos cuidados de saúde, a verdade é que o mesmo só pode ser instituído de forma legítima se previamente estiver em funcionamento um sistema de con-trolo de custos da saúde semelhante ao que referimos a propósito do sistema italiano, o que mais uma vez nos remete para a importância da transparência. Na verdade, dificilmente seria impossível sustentar entre nós um sistema puramente *beveridgiano*.

Por último, alguns modelos optam por conjugar as duas variáveis antes referidas – *controlo financeiro* e *co-pagamento* – com um terceiro elemento que permite a associação dos agentes económicos privados nesta área e que é característico do modelo bismarkiano: referimo-nos à complementação do modelo anterior com um regime de seguros sociais que possibilitam a articulação entre instrumentos de mercado, presta-ções pecuniárias privadas e regulação pública. Trata-se, porém, de um ajustamento que apenas pode ser alcançado com uma forte componente regulatória pública. É neste contexto que se compreende a importân-cia de instrumentos de planeamento como os *Krankenhausplannung* alemães, através dos quais as entidades públicas estabelecem uma planificação territorializada dos cuidados de saúde, facilitando a tare-fa à harmonização entre público e privado na promoção conjunta das finalidades do interesse geral. No essencial teríamos aqui um sistema de seguros de saúde obrigatórios (podendo aproveitar-se alguns dos subsistemas públicos de saúde existentes e reformulá-los – ex. ADSE poderia ser transformada em um Fundo Privado Independente sujeito a regulação pública) que também não iriam constituir, em si, mecanismos de financiamento autónomo do sistema, mas antes elementos adicionais de co-financiamento (o que articulado com os co-pagamentos poderia imprimir maior justiça, colmatando as deficiências da informação econó-mica dos beneficiários colhida através do sistema fiscal), contribuindo para a sua sustentabilidade.

A arena global não é indiferente aos direitos sociais, mas respeita a geometria variável dos diferentes sistemas nacionais, impedindo que as *liberdades* ponham em causa a sustentabilidade dos mesmos, embora venha tentando encurtar as diferenças, como se percebe pela recente Directiva sobre cuidados de saúde transfronteiriços que acolhe importantes *"spillover effects"* da integração entre as liberdades económicas e os direitos sociais (Directiva 2011/24/UE, de 9 de Março; *v.* também COM 2008/414).

Os direitos sociais na perspectiva do direito constitucional comparado

A questão do reconhecimento dos *direitos sociais* como verdadeiros direitos é hoje uma questão ultrapassada, sendo possível encontrar quase unanimidade na doutrina sobre esta matéria. O problema que ainda subsiste é o de saber se estes direitos podem ser judicializados em medida idêntica aos direitos, liberdades e garantias, sendo aí que hoje se localiza o grande debate doutrinal e jurisprudencial, no âmbito do qual encontramos países onde essa judicialização se encontra constitucionalmente prevista, sem que tal signifique uma realidade menos desigualitária (como na África do Sul), onde ela é tradicionalmente rejeitada, sem que a realidade revele índices anormais de desigualdade social (como o Reino Unido) e outros, a maioria, onde o debate doutrinal é intenso e a jurisprudência muito incerta (Portugal integra este grupo).

Nos sistemas anglo-americanos, a protecção dos direitos sociais também é uma realidade, embora maioritariamente seja judicializada a partir do *reasonable test*. Veja-se o *leading case Lochner v. New York*, de 1905, em que o *US Supreme Court* admitiu que nos contratos de trabalho poderiam ser impostas limitações por razões de saúde e segurança sem que tal consubstanciasse uma violação à liberdade contratual, isto a propósito da limitação do horário de trabalho dos padeiros. Mais recentemente, o caso *Chaoulli v. Quebece*, de 2005, em que o *Supreme Court of Canada* considerou que a colocação de um doente em listas de espera num hospital para diversos tratamentos deve fundamentar-se num *princípio de razoabilidade*, que garanta o direito individual à saúde. Mas o exemplo mais impressivo da dificuldade de judicialização destes direitos é o caso *Mazibuko and Others v. City of Johannesburg na Others*, de 2010, julgado pelo Tribunal Constitucional da África do Sul, onde se discutia se um novo sistema de abastecimento de água a uma região da cidade respeitava ou não o direito fundamental consagrado no artigo 27 da Constituição, segundo o qual todos têm o direito a um abastecimento suficiente de água. No regime legal em apreciação, dispunha-se que a população teria direito a 6 Klt (25l) de água por dia, sendo depois instalados contadores em regime de pré-pagamento para quem quisesse consumir mais água. A questão foi inicialmente suscitada perante o *High Court,* que considerou que a medida mínima para cumprir o disposto na Constituição seria o direito a 50l de água por dia. Em sede de recurso, o *Supreme Court of Appeal* fixou aquele valor em 42l de água dia. Na apreciação do caso, o Tribunal Constitucional afirmou que *"(...) the obligation placed on government by section 27 is an obligation to take reasonable legislative and other measures to seek the progressive realisation of the right. In relation to the Free Basic Water policy, therefore, the question is whether it is a reasonable policy. The Court notes that it is implicit in the concept of progressive realisation that it will take time before everyone has access to sufficient water. The Court concluded, in contrast to the High Court and the Supreme Court of Appeal, that it is not appropriate for a court to give a quantified content to what constitutes "sufficient water" because this is a matter best addressed in the first place by the government. The national government has adopted regulations which stipulate that a basic water supply constitutes 25 litres per person daily; or 6 kilolitres per household monthly (upon which the City's Free Basic Water policy is based). The Court concluded that it cannot be said that it is unreasonable for the City not to have supplied more".* Em face dos exemplos, concordamos com os autores que defendem que neste domínio podem ser feitas algumas ponderações casuísticas, ancoradas no princípio da razoabilidade, mas que essa ponderação não pode ter pretensões de modificação dos parâmetros institucionais de interpretação e realização da Constituição (Sunstein / Vermeule, 2002).

Nestes sistemas, onde o confronto entre a política e o direito é tradicionalmente discutico nos domínios da *administrative law,* uma das preocupações dos autores é encontrar fundamento jurídico para a *judicial review* quando as medidas se reportam a políticas públicas (King, 2012).

Entre nós as questões têm sido também analisadas com alguma ponderação pelo Tribunal Constitucional, embora seja visível a sua menor maleabilidade para as ponderações que envolvem um juízo de proporcionalidade conjugado com a protecção de expectativas legítimas, ou seja, para as situações em que as medidas legislativas em apreço podem consubstanciar um "retrocesso social". As dificuldades já haviam ficado patentes na fundamentação da medida que admitia a corança de taxas moderadoras quando o preceito constitucional estalecia ainda a gratuitidade do sistema de saúde (Ac. n.º 92/85) e voltou a colocar-se no caso do aumento das propinas, apesar de neste caso o texto constitucional se referir apenas a uma tendencial gratuitidade (Ac n.º 148/94). Mas se naqueles casos as decisões ainda foram de acomodação das soluções democráticas na Constituição, na recente "jurisprudência da crise" o mesmo já não aconteceu, denotando-se um claro retrocesso na qualidade das próprias decisões.

O Tribunal Constitucional português e a jurisprudência da crise
No conjunto das decisões a que os autores chamam a "jurisprudência da crise" (expressão utilizada para cunhar as decisões do Tribunal Constitucional na apreciação das medidas adoptadas pelo Governo português durante o período de vigência do Programa de Assistência Técnica e Financeira a Portugal – Almeida Ribeiro / Pereira Coutinho, 2014) foram essencialmente dois os problemas de constitucionalidade suscitados: o corte dos vencimentos dos trabalhadores em funções públicas e o corte das pensões em pagamento.

Na discussão do primeiro problema, o Tribunal entendeu que deveria mobilizar o *princípio da igual proporcionalidade* para comparar o grau de sacrifício imposto por aquelas medidas aos trabalhadores por elas abrangidos com o grau de sacrifício que o "ajustamento económico--financeiro global" provocava aos restantes trabalhadores dependentes (aos do sector privado), tendo concluído em três ocasiões pela desproporção daquele sacrifício: i) quando o Governo cortou o subsídio de férias e de Natal, mantendo apenas os 12 meses de salários; ii) quando o Governo aumentou a percentagem do corte após a restituição de um dos subsídios que havia sido cortado; iii) e nos cortes que se previa que se prolongassem até 2018 para garantir a consolidação orçamental, tendo considerado que só haveria garantia de igual proporcionalidade até ao fim de 2016.

Na discussão do segundo problema a questão revelou-se ainda mais complicada. Num primeiro momento o Tribunal aceitou a "contribuição extraordinária de solidariedade", apesar de esta se revelar bastante penalizadora de pensões mais elevadas, considerando que a transitoriedade e a situação de urgência económico-financeira do sistema de segurança social admitia a sua conformidade constitucional. No seguimento desta medida, o Governo procurou uma reforma no sentido de assegurar a convergência do sistema de pensões da Caixa Geral de Aposentações com a Segurança Social, medida que foi considerada inconstitucional por não se reconduzir a uma verdadeira reforma do sistema e não respeitar a igualdade perante a diversidade das carreiras contributivas. No seguimento dessa decisão, o Governo decide então optar pela criação de uma contribuição de sustentabilidade (de valor significativamente inferior à CES), conjugada com outras duas medidas tributárias (aumento do IVA e aumento das contribuições dos trabalhadores para a Segurança Social), para assegurar o futuro financeiro do sistema e ao mesmo tempo introduzir alguma solidariedade intergeracional, tendo o Tribunal novamente rejeitado a medida, com fundamento em inconstitucionalidade, desta feita por considerar que a afectação dos direitos dos pensionistas só poderia ter por base uma reforma (ancorando essa protecção das legítimas expectativas na confiança que fora gerada pelas anteriores decisões do próprio tribunal constitucional), e que estas medidas não constituíam, no entender do tribunal, uma verdadeira reforma da segurança social.

Decisões que têm merecido o comentário crítico de diferentes sectores da doutrina (por todos Almeida Ribeiro / Pereira Coutinho, 2014).

Isso não significa que não encontremos exemplos de *activismo judicial* em matéria de direitos sociais, sobretudo em países menos desenvolvidos e com estruturas sociais muito frágeis, o que suscita diversos problemas estruturais. Os estudos revelam que no Brasil, a judicialização da saúde, em especial a distribuição de medicamentos por efeito de decisão judicial, que representa cerca de 4% do orçamento anual do ministério da saúde, tem contribuido para agravar as desigualdades sociais, pois alocam recursos a tratamentos mais caros que são em regra "consumidos" por pessoas com alguns recursos (King, 2012, 84). E os mesmos desvios existem em outros países menos desenvolvidos, como a África do Sul (veja-se o exemplo do caso *Government of the Republic of South Africa v Grootboom*, decidido pelo Tribunal Constitucional, em 2000, no qual se considerou que no "despejo" de diversas famílias que viviam em habitações precárias localizadas em terrenos privados, o Estado estava obrigado a assegurar um alojamento condigno para estas pessoas, o que suscitou diversas questões, entre elas a de saber se esta poderia vir a ser considerada uma forma legítima de ocupar propriedade privada; ou o caso *Treatment Action Campaign v. Minister of Health*, de 2002, que julgou inconstitucionais as medidas do governo em matéria de prevenção e tratamento da transmissão do HIV entre mães e filhos, por não haver um investimento em certos medicamentos) e a Índia.

Mas as questões também são discutidas na Europa e nos regimes anglo-saxónicos quando se analisam problemas como o *dever de responder/justificar* que as autoridades médicas devem prestar em casos que recusam tratamentos com fundamento em insuficiências orçamentais – uma questão que foi bastante discutida no caso *R v Cambridge Health Authority*, de 1995, no qual se analisou, no *Court of Appeal,* se o hospital que tinha negado um tratamento à filha do requerente, invocando que era um tramamento não comportável pelo orçamento, estaria ou não obrigado a justificar em Tribunal o seu orçamento e as razões da sua recusa, tendo os juízes concluído que uma tal obrigação excedia os limites da *judicial review* – quando os tribunais não aceitam razões orçamentais para a recusa de certas prestações – como aconteceu no caso *Eldridge v. British Columbia*, de 1997, em que o *Supreme Court* do Canadá considerou inconstitucional a não prestação de serviços de intérprete a um doente surdo-mudo, considerando que o fundamento de falta de recursos financeiros não era atendível – ou ainda quando os tribunais decidem interferir com as situações de turismo de saúde em busca de soluções diferentes daquelas que os serviços nacionais proporcionam, como se discutiu nos casos Smits e Peersbooms.

Case Study XVIII – Ac. TJCE *Smits e Peersbooms* C-157/99

Smits Geraets era um cidadão holandês que sofria da doença de Parkinson. Por carta de 5 de Setembro de 1996, solicitou aos serviços de saúde do seu país (nos Países Baixos, o regime do seguro de doença assenta fundamentalmente em caixas de seguro de doença) o reembolso das despesas decorrentes dos tratamentos recebidos na *Elena-Klinik de Cassel* (Alemanha) no quadro de um tratamento categorial e multi-disciplinar da doença. Este método implica, designadamente, exames e cuidados com vista a determinar o tratamento medicamentoso ideal, um tratamento fisioterapêutico e ergoterapêutico, bem como um acompa-nhamento sociopsicológico. Os serviços holandeses informaram-no de que não receberia qualquer reembolso pelo facto de existir nos Países Baixos um tratamento satisfatório e adequado da doença de Parkinson, e pela razão de que o tratamento clínico categorial utilizado na *Elena--Klinik* não trazia quaisquer vantagens suplementares e, portanto, não havia qualquer necessidade médica que o justificasse.

Peerbooms, também holandês, entrou em coma na sequência de um acidente de viação. Após ter sido hospitalizado nos Países Baixos, foi transferido em estado vegetativo para a clínica universitária de *Innsbruck* (Áustria), onde se submeteu a uma terapia intensiva especial por neu-roestimulação. Nos Países Baixos esta técnica só era utilizada a título experimental em dois centros médicos, não podendo ser aceites pacien-tes com mais de 25 anos. Assim, é certo que, se tivesse permanecido nos Países Baixos, *Peerbooms*, nascido em 1961, não poderia aceder à mencionada terapia. O neurologista de *Peerbooms* solicitou aos servi-ços holandeses que tomassem a seu cargo as despesas de tratamento suportadas na clínica universitária de *Innsbruck*. O pedido foi rejeitado por decisão tomada após parecer do médico assessor, com fundamento no facto de nos Países Baixos existirem prestadores de cuidados e/ou estabelecimentos com quem os serviços requeridos poderiam ter celebrado um convénio e que seriam capazes de aplicar os cuidados adequados.

Após um litígio judicial nos tribunais holandeses, teve lugar um reenvio prejudicial para o TJCE para saber se as disposições do direito holandês que estabeleciam que um segurado numa caixa de seguro de doença necessitava da autorização prévia desta para se dirigir a uma pessoa ou instituição fora dos Países Baixos e poder invocar o seu direito a prestações contrariava ou não o disposto nos artigos 59.º e 60.º do Tratado CE. O tribunal concluiu que os artigos 59.º do Tratado CE (hoje art. 56.º TFUE) e 60.º do Tratado CE (hoje art. 57.º TFUE) não se opunham à legislação de um Estado-Membro que subordinava a tomada a cargo de cuidados de saúde dispensados num estabelecimento hospitalar situado noutro Estado-Membro à obtenção de uma autorização prévia da caixa de seguro de doença em que o segurado se encontrava inscrito, bem como a concessão dessa autorização à dupla condição de, por um lado, o tratamento poder ser considerado «habitual no âmbito profissional», critério igualmente aplicado quando se tratava de determinar se cuidados hospitalares dispensados em território nacional beneficiavam de uma cobertura, e de, por outro, o tratamento médico do segurado assim o exigir.

Todavia, tal só se verificava desde que a exigência relativa ao carácter «habitual» do tratamento fosse interpretada de modo a que a autorização não pudesse ser recusada com esse fundamento quando se revelasse que o tratamento em causa estava suficientemente testado e validado pela ciência médica internacional, e a autorização só pudesse ser recusada com fundamento na inexistência de necessidade médica quando o paciente pudesse obter tratamento idêntico ou com o mesmo grau de eficácia, em tempo oportuno, num estabelecimento que tivesse celebrado um convénio com a caixa de seguro de doença em que o segurado se encontrava inscrito.

O avolumar deste tipo de situações deu lugar à recente publicação de uma Directiva relativa ao exercício dos direitos dos doentes em matéria de cuidados de saúde transfronteiriços (a Directiva 2011/24/UE), a qual procura assegurar, de acordo com o art. 168.º e 114.º do TFUE, um nível elevado de protecção da saúde humana no quadro dos sistemas de saúde existentes na União, reconhecendo que estes são essenciais para a coesão e a justiça sociais. Trata-se de um regime jurídico inovador na matéria, que prevê um *princípio geral de reembolso dos custos* dos cuidados de saúde transfronteiriços, embora sob diversas condições e não excluindo a possibilidade de o Estado de afiliação poder prever, em certos casos, um sistema de autorização prévia para esse reembolso.

6. A aplicação da nova dogmática em um pressuposto de "reabilitação da socialidade"

O contexto económico globalizado, onde a "produção de riqueza" obedece a regras muito distintas daquelas que governavam as economias fechadas e estadualizadas, traz consigo desafios (mais do que problemas) à reconstrução da socialidade. Em nosso entender, mais do que discutir se o Estado Garantidor é ainda um Estado Social em sentido moderno, impõe-se discutir em que termos o Estado Garantidor pode e deve assegurar a prestação de serviços sócio-assistenciais, assim como prestações sociais aos que delas necessitam. Tendo nós concluído que os pressupostos da actuação social deste novo modelo de Estado têm de estar ajustados ao modelo de economia de mercado e de produção normativa em rede, veremos que mais do que falar de uma crise de *"direitos adquiridos"* (Loureiro, 2010), que é inevitável, se impõe falar hoje na reabilitação da *"função redistributiva"* e no aperfeiçoamento do controlo da economia de mercado ("regulação") a partir dos novos instrumentos ao dispor do poder público: os sistemas de *"regulação em rede"* e a *"cooperação internacional"*. É este, em nosso entender, o novo paradigma constitucional dos direitos sociais, que se distancia substancialmente do *garantismo judicial* e repousa em equilíbrios de base técnico-financeira, que são mais fáceis de manter e de justificar na fase da concretização das disposições normativas, permitindo ultrapassar os problemas hermenêuticos do constitucionalismo apontados por *Zagrebelsky.*

Com efeito, a primeira *fronteira quebrada* quando se fala em *sustentabilidade* é a fronteira da soberania do poder democrático (Glaser, 2006).

E não queremos com isto substituir o "governo do povo" pelo "governo económico e ambiental", queremos apenas alertar para a necessidade de impedir que o "governo do povo" se transforme em um instrumento expropriativo dos direitos das gerações futuras, o que exige a assimilação de novos princípios (jurídicos) pelo ordenamento jurídico. Desde logo a assimilação do *princípio da sustentabilidade* intimamente associado ao conceito de desenvolvimento sustentável. E compreende-se que este problema seja uma característica da pós-modernidade e que a relevância destes princípios decorra das potencialidades geradas pela "economia aberta" onde os Estados podem encontrar mecanismos artificiais de criação riqueza, que permitem aos governantes mostrar resultados (*responsividade*) e obter a aprovação dos eleitores ao mesmo tempo que comprometem o desenvolvimento futuro.

A proposta da dogmática alemã para a realização do bem comum no contexto actual radica, em primeiro lugar, na reorientação do papel do Estado no âmbito da intervenção na economia: de hetero-regulador a construtor de *clusters* entre agentes económicos e Sociedade (Franzius, 2009). A ideia central é o Estado "saber posicionar-se na rede regulatória" e conseguir a partir dela assegurar a produção dos "bens sociais" segundo esquemas de *"smart regulation"*.

Em que é que esta tarefa se distingue de posicionamentos anteriores?

Afasta-se, em primeiro lugar, das correntes *doutrinárias liberais, defensoras do Estado mínimo* como forma de neutralizar custos de transacção (*ineficiências*) perturbadores do bom funcionamento dos mercados. Referimo-nos, por exemplo, à proposta de *Posner* na aplicação do critério *Kaldor-Hicks* (análise custo-benefício-compensação) às decisões em matéria de bem-comum, segundo a qual a eficiência resultaria da alocação dos bens em função do critério da respectiva valorização pelos utilizadores que seria possível obter a partir do mercado, onde os interessados estariam disposto a pagar pela obtenção do bem, ou seja, pelo desvio do mesmo para seu benefício (custo-substituição) e aos *utilitaristas* (ex. Mill) para quem os bens escassos devem ser alocados àqueles que mais os valorizam.

Afasta-se, também, das correntes *doutrinárias dirigistas* que interpretam a "Constituição social" como uma missão das entidades públicas, efectivada a partir da redistribuição da riqueza gerada na economia (sistema fiscal pesado) – *Estado máximo* – e maximizada pela intervenção directa do Estado, seja no controlo das principais *utilities* e *commodities* (controlo das infra-estruturas económicas como o sistema financeiro e energético), seja na criação de grandes serviços públicos de "mão estadual" que propiciam transferências em espécie.

E afasta-se ainda de algumas propostas moderadas e intermédias construídas, quer sobre a perspectiva da maior eficiência da alocação através do mercado – "o Estado como leiloeiro" ou como financiador ("cheque-ensino" e o "cheque-saúde") e a internalização das externalidades segundo o *teorema de Coase* (Martini, 2008) –, quer da maior justiça da intervenção correctiva da "mão pública" sobre as ineficiências do mercado – "o Estado como agente independente e hetero-regulador" (Moreira, 1997, 45-46).

A diferença fundamental da "nova resposta" coloca-se no plano do "nível" a que a mesma é formulada, deixando de corresponder a um sistema estadual para passar a desenhar-se no âmbito de um sistema multinível e em rede – a *socialidade na arena global*. Não se trata de um sistema que prescinde do poder público estadual, mas sim de um sistema que trata o Estado como *um agente* entre outros na construção da solução e não como *o poder* de ordenação soberana e inarredável.

No essencial, as preocupações da justiça não são substituídas por dinâmicas de mercado, mas sim ajustadas a um esquema dialógico, dinâmico e reflexivo – a *governance* substitui o *governement*. Acompanhamos *Canotilho* quando o autor afirma que *"devemos ter serenidade bastante para reconhecer que a optimização dos direitos sociais não deriva só, ou primordialmente, da proclamação exaustiva do texto constitucional, mas da good governance dos recursos públicos e privados afectados ao sistema de saúde"* (Canotilho, 2008, 249). É nesta arena – a da *smart regulation* – que uma boa parte da socialidade pode ser reinventada, através de um processo que começa com a mitigação das vias de captura dos agentes económicos pelos governantes.

Não podemos esquecer que uma boa parte do problema se centra hoje no financiamento dos serviços sócio-assistenciais, ou *serviços de interesse geral* (SIG) se quisermos adoptar a terminologia europeia correspondente, ou seja, naqueles que não têm vocação de mercado, uma vez que os seus custos não podem, em princípio, ser integralmente suportados pelo utente, e, por essa razão, ficam a salvo da aplicação das regras europeias em matéria de concorrência. Aliás, a Europa reconheceu a importância destes serviços como elemento de garantia da coesão económica e social e promoveu um estudo dos modelos estaduais de prestação (COM-2006/177), traçando algumas pistas para a *melhoria da sua eficiência no contexto transnacional.*

Neste contexto, a doutrina (Gallo, 2010, 757) destaca o facto de o regime jurídico europeu sobre *serviços de interesse económico geral* ter sido concebido não apenas como instrumento de promoção da coesão social no espaço de integração económica, mas ainda como um regime com pretensões constitutivas de uma "cidadania social", o que justifica as excepções admitidas em matéria de regime da concorrência e de ajudas de Estado (art. 106.°/2 TFUE).

Todavia, se o modelo inspirador vem do conceito europeu de serviços económicos de interesse geral, é na doutrina económica norte-americana que hoje encontramos as bases teóricas da *nova regulação,* as quais podem ajudar à construção da proposta alternativa. Uma regulação preocupada com a harmonização das tensões emergentes do oportunismo governativo perante as fragilidades dos operadores económicos a braços com pesados custos fixos e irrecuperáveis em regime de plena concorrência, e com a obtenção de soluções de *third best* (já não se pretende alcançar o óptimo, nem o "óptimo de Pareto" ou o *second best de Lancaster,* mas apenas uma acomodação das comunidades num nível mínimo adequado à existência geral) no "contrato implícito" entre governantes, reguladores, regulados e consumidores, alcançadas a partir de diálogo e cooperação entre os interessados (Spiller / Tommasi, 2009).

De resto, uma das principais qualidades da regulação é precisamente a sua *heterogeneidade a capacidade de ajuste às diversidades dos bens e sistemas a regular* – monopólios fiscais, bens de procura intensa e oferta limitada, unidades produtivas – e dos objectivos pretendidos, que podem ir desde o controlo de uma posição dominante, ao estímulo de maior eficiência ou à optimização do uso de um recurso escasso. Regular não é apenas sinónimo de uma *gestão eficiente* e é por isso que a regulação é "juridicamente domesticável", ao contrário da gestão, que se esgota num instrumento formal de *better performance*.

No entanto, é importante tentar perceber se a aplicação da dogmática da *regulação* à *socialidade* permite alcançar resultados não só *sustentáveis*, mas simultaneamente *justos*. Quer isto dizer que devemos questionar se a *regulação* – entendida neste caso como o conjunto de medidas de autoridade que disciplinam a garantia do bem-estar da população através de uma intervenção autoritária sobre agentes públicos e privados – para além de internalizar o conteúdo da sustentabilidade e com isso garantir que os custos são suportados sem asfixia financeira das gerações futuras, é também capaz, ou é simultaneamente capaz, de garantir que as gerações actuais conseguem manter algumas das "conquistas sociais" da modernidade, impedindo que estre nós comecem a ser adoptadas decisões judiciais semelhantes àquelas que podemos ver em tribunais como o *Constitutional Court* da África do Sul.

Case Study XIX – Constitutional Court of South Africa (*T. Soobramoney v. Minister of Health KwaZulu-Natal* – 27/11/1997)

O caso reporta-se a um desempregado de 41 anos que entre outras doenças padecia de doença renal crónica e que solicitou tratamento de hemodiálise no hospital da sua área de residência. O hospital negou o acesso ao tratamento, alegando que não dispunha de recursos para garantir aquele tratamento a todos os doentes e que por isso havia elaborado regras internas que davam preferência aos doentes que podiam ser transplantados, o que não era o caso, uma vez que ele padecia de outras patologias. O doente iniciou os tratamentos num hospital privado, mas não dispunha de recursos económicos para os suportar por muito tempo e pediu ao TC que reconhecesse o seu tratamento no hospital público, invocando o direito à saúde e à vida. O TC negou a pretensão, com base nos seguintes fundamentos: 1) o reconhecimento dos direitos sociais básicos na Constituição sul-africana não neutraliza o facto de os mesmos apenas deverem ser satisfeitos no âmbito das disponibilidades económicas do Estado, que são poucas precisamente pelo facto de se ter de repor o desequilíbrio herdado do regime anterior; 2) o direito à saúde como direito positivo apenas inclui a prestação de assistência médica de urgência, o que não era o caso; 3) o direito à vida, na medida em que reclama prestações positivas do Estado, é ponderado como se de um direito social se tratasse (não acolhendo a jurisprudência do Tribunal Supremo da Índia no caso *Paschim Banga Khet Mazdoor Samity y outros v. State of West Bengal*, que considerou que a denegação de tratamento médico constitui violação do direito à vida – *"It is no doubt true that financial resources are needed for providing these facilities. But at the same time it cannot be ignored that it is the constitutional obligation of the State to provide adequate medical services to the people. Whatever is necessary for this purpose has to be done"*); 4) a autocontenção do juiz perante questões políticas fica bem patente nestes casos, nos quais cabe às entidades de saúde definir as regras mais ajustadas à repartição de bens escassos.

Ao propormos o modelo de *regulação* para a *socialidade* em substituição do modelo de prestação pública ou de "mão pública" dizemos, por um lado, que são irrazoáveis os monopólios de serviços públicos (exige-se a produção de resultado de interesse público e não a prestação de um serviço público exclusivo), mas, por outro, que a ele não tem de suceder necessariamente um mercado, mas apenas um *sistema de serviços* orientado para a produção de resultados. Também não queremos com isto dizer que os privados que operam nestas actividades ficam "capturados" por contratos de concessão ou de associação, mas antes que ficam "subordinados" a uma autoridade (a que emana do poder regulador em que eles podem participar e não necessariamente do poder estadual unilateral) que limita a sua livre iniciativa em função dos objectivos pré-estabelecidos. A *"renaissance da Daseinvorsorge"* sob o signo europeu radica precisamente neste modelo de regulação segundo o qual as prestações estaduais não são em forma de serviços, mas antes de "normas, medidas regulatórias ou actos de supervisão" fundados em programas de acção sustentáveis (Möstl, 2004, 973).

A nova bagagem dogmática não é difícil de compreender, o que é difícil de implementar é o sistema de regulação económica financeira dos serviços sócio-assistenciais onde a integração entre mercado e socialidade é mais difícil, uma vez que algumas das suas características – dizem respeito a necessidades humanas vitais, lidam maioritariamente com utentes vulneráveis, desempenham um papel de coesão social, actuam preventivamente, as prestações são muito heterogéneas – tornam não só impossível a sua concepção sem o financiamento do Estado, como muito difícil a concepção de esquemas justos de co-financiamento. E não nos referimos apenas ao financiamento intra-estadual, mas também ao seu financiamento transnacional, capaz de acompanhar a desejada mobilidade das pessoas no espaço único europeu, um problema que, de resto, deve ser analisado em conjunto com a *resiliência* revelada no mesmo nível pelos *direitos fundamentais de participação política* (ver final da parte III).

O *Protocolo relativo aos Serviços de Interesse Geral*, anexo ao Tratado de Lisboa, reitera a soberania nacional sobre a matéria (isentando estes serviços das regras da concorrência no mercado interno, excepto quando adquiram/revelem natureza económica, e impondo, em qualquer caso, a adopção de "critérios objectivos, não discriminatórios e conhecidos de antemão") (cf. COM-2007/725), mas a verdade é que têm vindo a ser desenvolvidas algumas orientações – o denominado *"MAC social" método aberto de coordenação na área da protecção social* (cf. COM-2008/418) – no sentido de permitir, pelo menos, uma solução dos problemas transnacionais e uma *divulgação das melhores práticas* (*bechmarking*) para que os Estados possam orientar as suas políticas nesta matéria de forma mais eficiente, ao mesmo tempo que adoptam soluções que tornam os cidadãos co-responsáveis pelo sucesso dos resultados (ex. o apoio no desemprego é concebido segundo um esquema de incentivo no regresso ao mercado de trabalho).

Veja-se que a proposta europeia em matéria de *socialidade* diverge substancialmente da proposta europeia em matéria de integração económica, pois se para a segunda existem regras específicas e densas nos tratados e nos regulamentos e directivas europeias, para a a primeira, ao invés, desenvolvem-se sobretudo *esquemas soft* de aproximação e aprendizagem mútuo, na esperança de que a harmonização surja no momento apropriado, sem ser imposta pelos instrumentos típicos de harmonização normativa do direito europeu (Falkner, 2010, 295).

O *"MAC social"* tem sido utilizado como fonte de inspiração para as diversas reformas da segurança social, do trabalho (regimes de flexisegurança previstos no Livro Verde da Comissão, de 22 de Novembro de 2006, intitulado «Modernizar o direito do trabalho para enfrentar os desafios do século XXI» – COM 2006/708), para a instituição de novas ferramentas de combate à pobreza (e às novas formas de pobreza, o que envolve uma coordenação entre os objectivos da estratégia de Lisboa e o MAC social – COM 2008/418 e Decisão 1098/2008/CE relativa ao ano Europeu de combate à pobreza e à exclusão social) e de melhoria da eficiência na prestação de cuidados de saúde.

É importante lembrar que não são apenas os *serviços sócio-assistenciais* que enfrentam dificuldades em matéria de financiamento a partir do utente. Nos *serviços económicos de interesse geral* (SIEG) esse problema também se coloca, quer em termos gerais quando está em causa a acessibilidade por parte de clientes vulneráveis, quer em termos sectoriais como acontece nos transportes, impondo a criação de regimes de compensações financeiras, mesmo onde existe concorrência (Knauff, 2010, 580). O que importa saber é se estas compensações resultam do orçamento de Estado ou se podem ser também suportadas por *tributos especiais* (ex. contribuições financeiras especiais que hoje são liquidadas a favor de sistemas de compensação – contribuição para o serviços universal § 83.º da TKG – ou de fundos de solidariedade – ex. o anunciado fundo de equilíbrio tarifário da água).

Muitas destas dificuldades são resumidas de forma clara pela doutrina, que ao estabelecer a ligação entre a *justiça fiscal* e a *justiça social* reconhece que a Europa vive um impasse nesta matéria (Gallo, 2007, 147ss). Aparentemente alheia ao facto de a justiça (re)distributiva constituir o suporte indispensável da justiça social, assistimos a uma política europeia que promove a concorrência fiscal entre os Estados, ao mesmo tempo que eleva a valores comuns da União a solidariedade social. Uma Europa que apresenta instrumentos de *hard law* na garantia das liberdades económicas e uma interpretação restritiva dos apoios estaduais financeiros permitidos ao mesmo tempo que tenta minorar os efeitos perniciosos do *dumping fiscal* com instrumentos de *soft law* (referimo-nos ao código de conduta no domínio da fiscalidade das empresas, aprovado pela Resolução do Conselho e dos representantes dos governos dos Estados-membros, Reunidos no Conselho de 1 de Dezembro de 1997) para a promoção da ética social. No plano europeu, a *"questão da socialidade"* terá, neste contexto, de ser analisada sob o estudo sério de uma perspectiva federalista que ajude a neutralizar as clivagens das assimetrias financeiras entre os Estados-membros.

A doutrina coloca por isso o assento tónico no *princípio da solidariedade* reconstruído no contexto da "cidadania social europeia", onde a integração dos esquemas de financiamento acompanham os níveis de prestação, as formas de gestão, e a garantia do mínimo para uma existência condigna. Como é sublinhado pelos autores, o Estado garantidor e as suas diversas facetas reconstroem-se nesta envolvência, com a elaboração de novos procedimentos que tendem a constituir esquemas de revelação do interesse público (a decisão administrativa de alocação eficiente de recursos como medida regulatória), com a criação de novos esquemas de financiamento promotores de uma redistribuição dos rendimentos assente em tributos contributivos complementares da fiscalidade tradicional, com a delimitação de novas formas de legitimidade e novos instrumentos processuais para uma garantia efectiva dos direitos ajustada ao novo modo de produção dos mesmos e ainda com novos esquemas de *governance* entre os Estados-membros e entre as respectivas administrações, reconhecendo-se o respectivo papel essencial na dinamização do modelo – são estes os pilares essenciais do *"Estado garantidor (da socialidade) na rede"* (Krajewski, 2011).

Em traços gerais, podemos afirmar que a *revisão da socialidade* assenta em grande medida na reconstrução pragmática do Estado Social no quadro de um sistema normativo em rede (a abertura constitucional também pode consubstanciar uma nova forma de solidariedade – Kirchhof, *Verfassungstheorie,* 90), através da *racionalização* das prestações sociais em vigor e da sua adequação às novas regras demográficas (aumento da esperança média de vida), geográficas (internacionalização das empresas e do trabalho) e sociológicas (novas famílias), da *reformulação* dos sistemas de prestação que contam com esquemas regulados de colaboração público-privada envolvendo concorrência e mecanismos de garantia efectiva da prestação e do seu *refinanciamento* a partir da repartição justa e equitativa da conta entre os beneficiários das prestações, os utentes dos sistemas e os contribuintes, obrigando a uma reformulação dos sistemas tributários dos Estados-membros.

Neste domínio de verificação-esperimentação as conclusões são inequívocas: a *Constituição*, em si, é hoje incapaz, mas a rede jusnormativa é um apoio essencial à reconstrução sustentável de uma "nova socialidade" devidamente ajustada ao paradigma económico vigente.

PARTE III
DIREITOS, LIBERDADES E GARANTIAS NA GLOBALIZAÇÃO

O estudo dos direitos fundamentais na *arena global* não fica completo sem a análise dos *direitos, liberdades* e *garantias* neste contexto. Centraremos a nossa abordagem, essencialmente, no conjunto de *direitos de primeira geração* (*liberdade, segurança* e *propriedade*), tido como núcleo dos *direitos de defesa* dos indivíduos perante o Estado (Vieira de Andrade, 2009, 53), e no conjunto dos *direitos de participação política* (associação, reunião, manifestação e expressão), que expressam a efectividade do Estado democrático de direito (Canotilho / Moreira, 2007, 294). O mesmo é dizer que iremos concentrar a nossa análise nas oportunidades que o desenvolvimento da "pessoa" e do "cidadão" encontram no espaço global e na ordem jurídica europeia, investigando também os entraves que as "novas regras de segurança mundial" trouxeram para o livre desenvolvimento destas dimensões.

Recuperando o conceito de *liberdade* de *Montesquieu* – *"a tranquilidade de espírito que provém da opinião que cada um tem da sua própria segurança"* –, do qual ressalta a sua matriz social, *Pérez Royo* traça a distinção entre *liberdade* e *independência* para concluir que a "ordem constitucional" (o *Estado constitucional*) não foi a primeira, nem terá por essa razão de ser a última ou a única forma de compatibilizar segurança e liberdade (Pérez Royo, 2010, 8). O que iremos analisar agora é se a crise do constitucionalismo corre o risco de contaminar uma parte fundamental das Constituições – precisamente, a dos direitos, liberdades e garantias – quando o problema radica na ponderação entre segurança e liberdade perante ameaças globais.

O ataque de 11 de Setembro em Nova Iorque catapultou para a análise jurídica o fenómeno do *terrorismo*. Um conceito que tem as suas raízes na *Revolução Francesa*, mais precisamente na designação dada aos revolucionários no "período do terror", e que durante muito tempo foi remetido para o campo do direito penal como qualificativo de certo tipo de actos criminosos, sobretudo relacionados com objectivos de secessão ou de conflitos regionais. Aliás, em mera nota é importante lembrar que muitas vezes estes "terroristas" são depois "reabilitados" pela instituição de uma nova ordem constitucional, um fenómeno que hoje é também discutido nos problemas "mal resolvidos" da "memória constitucional dos Estados". Mas o "terrorismo" que aqui nos importa analisar "nasce em 2001", momento a partir do qual a preocupação por uma definição objectiva do termo se mostra bem patente em diversos instrumentos de direito internacional, cuja finalidade radica na adopção legítima de *medidas preventivas* contra "actos de terrorismo" (Conte, 2010, 6-36).

Com efeito, no início do séc. XXI irrompe na arena global um problema novo: o *terrorismo global*. E a novidade não resulta, pensamos nós, do facto de estarmos perante um caso de *criminalidade organizada*, mas sim do facto de essa criminalidade ter um objectivo político e novo: *destruir a organização político-social estadual tal como a mesma se foi consolidando nos sistemas democráticos ocidentais*, em especial, *o nível de bem-estar da sociedade* que a tornou *vulnerável* e dependente de infra-estruturas muito sensíveis (sistemas informáticos, centrais nucleares, indústrias químicas, sistemas de transporte, etc.).

Ao combater esta forma de terrorismo, os Estados Ocidentais lutam pela sua sobrevivência e os cidadãos pela respectiva liberdade e bem-estar nos moldes em que aquela forma de organização as tem proporcionado. Embora essa luta, ao reclamar maior segurança, acabe tolhendo em níveis inimagináveis a própria liberdade individual dentro destes sistemas. Mas não é só, esta forma de *terrorismo* visa um objecto comum a diversos Estados – trata-se de um *"perigo difuso"* (Hoffmann-Riem, 2003/2004, 475) – e por essa razão o combate ao fenómeno exigiu novas formas de organização política, militar e também jurídicas, mesmo em países que já dispunham de expedientes normativos para fazer face às formas tradicionais de terrorismo, como era o caso do Reino Unido relativamente ao terrorismo do IRA e da Espanha relativamente à ETA.

Em parte assistimos a uma *estratégia concertada* que adopta a designação de *contra-terrorismo* no âmbito da ONU, mas que em grande medida é também resolvida de forma individual por cada Estado, obrigando a doutrina e a jurisprudência a regressar à discussão de temas relacionados com a ponderação do poder público e das liberdades, que se pensava estarem definitivamente "arrumados" no final do séc. XX. Ou mesmo superados pela universalização da matriz das liberdades firmado em grandes documentos internacionais como a CEDH. E este exercício acaba por obrigar cada Estado a recuperar o seu paradigma jusfundamental como *Ackerman* bem sintetiza: *"[a]s the bad old days of the twentieth century, when Hitler and Stalin really did threaten us with physical occupation and political takeover. We managed to maintain our liberties during those perilous times, and with some institutional imagination, we can do it again. Our great constitutional tradition of checks and balances provides the material we need to withstand the tragic attacks and predictable panics of the twenty-first century. The challenge is to think, and act, in a way that will sustain this tradition into a third century"* (Ackerman, 2006, 9).

Na mesma linha argumentativa, Hoffmann-Riem recupera a origem do monopólio estadual da violência e da origem do Estado de Direito e da respectiva aproximação ao princípio democrático para explicar a importância que no regime constitucional assume a reserva de lei restritiva de direitos, liberdades e garantias: *"é através do Parlamento que se garante a autodeterminação da sociedade sobre o* quantum *de liberdade que deve opor-se ao Estado"* e *"é o Estado que através do seu ordenamento jurídico garante a liberdade de todos em igual medida"* (Hoffmann-Riem, 2003/2004, 472).

Assim, um dos objectivos desta parte é precisamente o de questionar se neste domínio a *global governance* permite o reforço do papel dos direitos fundamentais constitucionais ou se, ao invés, constitui mais um argumento em favor da perda de relevância das Constituições e do reforço no plano transnacional das "cartas de direitos".

1. Medidas legislativas especiais em matéria de terrorismo

Para além das iniciativas políticas no plano internacional, que iremos referir mais adiante, muitos Estados optaram, após o ataque aos EUA, por uma reacção quase imediata ao fenómeno no plano normativo: através da consagração do terrorismo na lei fundamental (é o caso de Portugal na Revisão Constitucional de 2001 – arts. 34.°/3 e 207.°/1); através de um combate por via legislativa, mediante a adopção de *leis especiais anti-terrorismo*; e ainda através da declaração de "estados de excepção ou necessidade constitucional".

Com efeito, um ponto especialmente sensível nesta matéria foi a adopção por alguns Estados de *leis anti-terrorismo* de vigência limitada, fundamentadas na situação excepcional decorrente dos ataques, ou seja, em um *"estado de emergência"* (Ackerman, 2006, 58ss), ou um *"estado de necessidade"* para adoptar a designação comum dos textos constitucionais e do art. 15.° da CEDH. Leis que se apresentaram como instrumentos jurídicos essenciais à garantia da segurança no contexto de grande incerteza que sucedeu aos principais ataques, mas que depois acabaram por perdurar nos ordenamentos jurídicos, com diversos fundamentos legitimadores das medidas extraordinárias aí consagradas, entre os quais cumpre destacar a emergência de uma terceira categoria entre o "estado de normalidade" e o "estado de necessidade", designado como *"estado de tensão"* (Durán *apud* Pérez Royo, 2010, 22).

Aliás, o 'novo terrorismo' constitui um pretexto para a revisitação do tema do *"estado de excepção"*, que conhece na obra de Giorgio Agamben um novo marco teórico na discussão da normatividade possível nestes períodos de anomia, em regra reconduzidos apenas ao plano dos factos políticos (Agamben, 2003). Trata-se do regresso desassombrado ao tema maldito de Schmitt, desde que o "Decreto para a protecção do povo e do Estado" suspendeu a Constituição de Weimar, e volta a colocar o problema da admissibilidade ou não de situações que não são reguladas pelo direito positivo, fundamentando-se em valores que se sobrepõem a este (o mesmo acontece, a seu modo, no caso do direito de resistência) e encontrando a sua legitimidade na 'autoridade' do poder executivo (veja-se a decisão do US Supreme Court no caso *Hamdi v. Rumsfeld*, de 2004, em especial os argumentos do juiz Thomas a favor da medida do Governo e os do juiz Scalia no seu voto de vencido).

Vejamos alguns casos concretos de 'leis especiais' anti-terrorismo

País	Lei	Aprovação / Vigência	Apreciação constitucional
EUA	*USA Patriot Act – Uniting and Strengthening America by Providing Appropriate Tools to Intercept and Obstruct Terrorism*	26.01.2001 / revalidação em 2005, 2006, 2010 e 2011, embora alguns preceitos tenham sido modificados e outros tenham entretanto caducado	
Reino Unido	*Anti-Terrorism, Crime and Security Act*	19.11.2001 / modificada em 2002, 2003, 2005 e 2006	A Parte IV foi considerada incompatível com a CEDH em Março de 2004 – *House of Lords*
	Prevention of Terrorism Act	11.03.2005	
	Terrorism Act	30.03/2006	
França	*Loi 2006-64*	23.01.2006 / modificada em 2008 e em 2011	
Alemanha	Gesetz zur Bekämpfung des internationalen Terrorismus (Terrorismus-bekämpfungsgesetz)	09.01.2002 / prorrogada a sua vigência em 10.01.2007	
Itália	Legge n.º 155/2005	31.07.2005	

Todas estas leis visavam não apenas um reforço das medidas penais de combate ao terrorismo (agravamento das penas como medida dissuasora), mas também a implementação de medidas preventivas (medidas de polícia mais gravosas) para os "suspeitos de terrorismo". Na prática significa que os Estados reagiram à ameaça terrorista através da aprovação de regimes legais mais restritivos em matéria de exercício de direitos fundamentais, como a liberdade (prolongamento dos prazos máximos de detenção e de prisão preventiva – a *USA Patriot Act* chegou mesmo a estabelecer uma "*detenção administrativa* por tempo indeterminado") e a reserva da intimidade, justificando esse "reforço da restrição" na (re)valorização da segurança (veja-se que o *Supreme Court* norteamericano nunca chegou a conhecer da conformidade constitucional das medidas que impõem o '*airport full-body scanners*', ao passo que na UE a matéria foi disciplinada pelo Regulamento n.º 1141/2011, da Comissão, de 10 de Novembro de 2011, no qual se afirma que *"ao estabelecer condições operacionais específicas para a utilização dos scâneres de segurança e ao oferecer aos passageiros a possibilidade de serem submetidos a métodos de rastreio alternativos, o regulamento, juntamente com as medidas de execução específicas adoptadas nos termos do artigo 4.º, n.º 3, do Regulamento (CE) n.º 300/2008, respeita os direitos fundamentais e observa os princípios reconhecidos, nomeadamente pela Carta dos Direitos Fundamentais da União Europeia, incluindo o respeito pela dignidade humana e pela vida privada e familiar, o direito à protecção dos dados pessoais, os direitos da criança, o direito à liberdade de religião e a não-discriminação. O presente regulamento deve ser aplicado de acordo com estes direitos e princípios"*).

Neste contexto, iremos verificar que numa primeira fase de reacção à aprovação destes diplomas, o *poder judicial* acabaria por assumir um papel relevante na "moderação" dos ímpetos do poder político-legislativo, sublinhando a *força das Constituições* e o papel dos direitos fundamentais, em decisões que se tornaram verdadeiros *leading cases*.

Case Study XX – O "caso do abate de aviões" *BundesVerfassungsGericht* 15 de Fevereiro de 2006 (1 BvR 357/05)

Precedentes: em 5 de Janeiro de 2003, uma avioneta sobrevoou *Frankfurt* sem que dispusesse de autorização para o efeito. A proximidade deste acontecimento com o 11.09.2001 levou a que mais uma vez a sociedade se visse confrontada com a vulnerabilidade perante um ataque aéreo. A polícia evacuou os edifícios da zona enquanto dois pilotos militares procederam à identificação do suspeito, que se veio a verificar não ser um terrorista, mas apenas uma pessoa com problemas psicológicos. Este episódio levou as autoridades a considerar que seria importante esclarecer as competências em matéria de defesa entre a Federação e os *Länder*, bem como a necessidade de adoptar mecanismos eficazes de combate e prevenção contra ataques terroristas.

Assim, em 11.01.2005 foi aprovada a lei de segurança aérea (*Luftsicherheitsgesetzes*), que dispunha no §14/3 o seguinte: "o uso directo da força armada só é admissível quando as circunstâncias do caso

238

concreto revelem que a aeronave será usada contra a vida das pessoas, e que essa é a única forma de evitar o perigo iminente" (tradução nossa). Em 15.02.2006, o *Bundesverfassungsgericht* declarou a referida norma inconstitucional com dois fundamentos: incompetência orgânica e violação do princípio da dignidade da pessoa humana. Quanto a este último ponto é importante analisar alguns dos argumentos que foram esgrimidos pelo poder público na defesa da lei, estribados no reconhecimento de que a situação corresponderia a uma actuação em regime de estado de emergência, e de entre os quais avultam os seguintes: 1) que as pessoas que viajam no avião (tripulantes e passageiros) ao entrarem nele conheciam e aceitavam o risco para a vida que poderia decorrer de um qualquer acidente, e por isso aceitavam também implicitamente que a morte pudesse resultar do incidente (abate do avisão); 2) que as pessoas dentro do avião sequestrado ao não conseguirem auto-determinar a sua vontade, designadamente, nada podendo fazer para impedir o resultado (ataque terrorista), perdiam a condição de pessoas, transformando-se em meras armas (objectos); 3) e ainda que os indivíduos são um dos elementos e um dos fins da actuação do Estado o que justifica a sua protecção (a das vidas dos que são salvos com o abate do avião) através de meios que podem pôr em causa direitos individuais se essa for a única forma de prosseguir aquela finalidade.

Case Study XXI – O "caso da lei de armazenamento de dados de telecomunicações" *BundesVerfassungsGericht* **02 de Março de 2010 (1 BvR 256/08, 1 BvR 263/08, 1 BvR 586/08)**

Precedentes: O novo regime jurídico de vigilância das telecomunicações de 21.12.2007 *(Gesetz zur Neuregelung der Telekommunikationsüberwachung),* integrado na política europeia de prevenção do terrorismo, contemplava normas que segundo a nota oficial de Imprensa do *BVG* diziam respeito ao seguinte: *"§ 113a TKG the providers of publicly accessible telecommunications services have a duty to store virtually all traffic data of telephone services (fixed network, mobile communications, fax, SMS, MMS), email services and Internet services without occasion, by way of precaution"; "§ 113b TKG governs the possible purposes for which these data may be used. This provision is a linking provision: it does not itself contain an authorisation of data retrieval, but merely broadly designates intended uses that are possible in general; these are to be put in concrete terms by provisions of specific branches of law passed by the Federal Government and the Länder (states)"; § 100g StPO putting § 113b sentence 1 half-sentence 1 no. 1 TKG into specific terms governs the direct use for criminal prosecution of the data stored by way of precaution".*

Estes preceitos correspondiam, no essencial, a uma transposição para o direito interno da Directiva 2006/24/CE, de 15 de Março, na qual se pode ler, no artigo 4.º, que "os Estados-Membros devem tomar medidas para assegurar que os dados conservados em conformidade com a presente directiva só sejam transmitidos às autoridades nacionais competentes em casos específicos e de acordo com a legislação nacional. Os procedimentos que devem ser seguidos e as condições que devem ser respeitadas para se ter acesso a dados conservados de acordo com os requisitos da necessidade e da proporcionalidade devem ser definidos por cada Estado-Membro no respectivo direito nacional, sob reserva das disposições pertinentes do Direito da União Europeia ou do Direito Internacional Público, nomeadamente a CEDH na interpretação que lhe é dada pelo Tribunal Europeu dos Direitos do Homem".

O *BVG* decidiu que estas normas violavam o direito fundamental ao sigilo das comunicações previsto no *art. 10.º da GG*. Especialmente interessante é o *§ I* do acórdão, onde o tribunal aborda a questão de as normas em crise corresponderem a uma transposição do direito europeu. Sobre a matéria o *BVG* conclui que não se tratava de um controlo de constitucionalidade das normas da Directiva e sim da transposição que o legislador alemão fez da mesma no âmbito da margem de livre conformação que o legislador europeu lhe deixava.

A dificuldade decorrente da transposição da mencionada directiva para os diversos ordenamentos dos Estados-mmebros, garantindo a sua compatibilidade com os textos das respectivas leis fundamentais não se tem revelado uma tarefa fácil, e talvez por essa razão, no relatório de avaliação apresentado pela Comissão Europeia em 18.04.2011 seja possível ler o seguinte: *"a conservação dos dados de telecomunicações desempenha um papel importante para proteger a população contra os danos causados por crimes*

graves, pois esses dados facilitam a obtenção de provas essenciais para a re-
solução de crimes e garantem que se faça justiça. No entanto, a transposição
da Directiva tem sido irregular e as diferenças que continuam a existir entre
as legislações dos vários Estados-Membros criam dificuldades aos fornecedo-
res de serviços de telecomunicações. Por outro lado, a Directiva também não
assegura por si só que os dados sejam armazenados, consultados e utilizados
no pleno respeito do direito à vida privada e à protecção dos dados pessoais,
levando a que os tribunais anulassem a legislação que transpõe a Directiva
nalguns Estados Membros. A Comissão irá rever as normas actuais em ma-
téria de conservação de dados, em consulta com as autoridades policiais e
judiciais, a indústria, as autoridades responsáveis pela protecção de dados
e a sociedade civil, tendo em vista propor um quadro jurídico melhorado".

O TIJUE, no acórdão de 8 de Abril de 2014 (Proc. C-293/12 e C-594/12) considerou inválida a referida Directiva 2006/24/CE, afirmando que o legislador da União excedeu os limites impostos pelo respeito do princípio da proporcionalidade à luz dos artigos 7.º, 8.º e 52.º/1 da CDFUE. Decisão que nos merece algumas reservas.

No Reino Unido, apesar de registarmos uma "harmonia" em termos de soluções finais adoptadas, são notórias as diferenças na retórica argumentativa que fundamenta as decisões. Uma fundamentação profundamente marcada pela sua matriz cultural britânica:

Case Study XXII – As "detenções para deportação" House of Lords 16 de Dezembro de 2004 (A. v. Secretary of State for the Home Department)

Precedentes: Nove pessoas foram indiciadas como "suspeitos de terrorismo" e detidos nos termos da *"section 21 – da Anti-Terrorism, Crime and Security Act (2001)"* que dispunha o seguinte: *"Suspected international terrorist: certification (1) The Secretary of State may issue a certificate under this section in respect of a person if the Secretary of State reasonably - (a) believes that the person's presence in the United Kingdom is a risk to national security, and (b) suspects that the person is a terrorist. (2) In subsection (1)(b) 'terrorist' means a person who - (a)*

241

is or has been concerned in the commission, preparation or instigation of acts of international terrorism, (b) is a member of or belongs to an international terrorist group, or (c) has links with an international terrorist group. (3) A group is an international terrorist group for the purposes of subjection (2)(b) and (c) if - (a) it is subject to the control or influence of persons outside the United Kingdom, and (b) the Secretary of State suspects that it is concerned in the commission, preparation or instigation of acts of international terrorism."

Os detidos questionaram a legalidade da medida, primeiro do *Special Immigration Appeals Tribunal (SIAC)*, o qual considerou que vigorava o "estado de emergência" mas que tal não era suficiente para neutralizar que as medidas previstas na lei violassem os arts. 5.º e 14.º da CEDH. *A Home Secretary* recorreu desta decisão para a *Court of Appeal* e ganhou, tendo então os detidos interposto recurso para a *House of Lords*.

Este tribunal supremo considerou que apesar da vigência do "estado de emergência resultante da ameaça terrorista", a liberdade não devia ser injustificadamente tolhida: *"The technical issue in this appeal is whether such a power can be justified on the ground that there exists a "war or other public emergency threatening the life of the nation" within the meaning of article 15 of the European Convention on Human Rights. But I would not like anyone to think that we are concerned with some special doctrine of European law. Freedom from arbitrary arrest and detention is a quintessentially British liberty, enjoyed by the inhabitants of this country when most of the population of Europe could be thrown into prison at the whim of their rulers. It was incorporated into the European Convention in order to entrench the same liberty in countries which had recently been under Nazi occupation. The United Kingdom subscribed to the Convention because it set out the rights which British subjects enjoyed under the common law"*

De acordo com o tribunal nem o facto de se tratar de uma "detenção entre três paredes", pois era admitido que os detidos pudessem sair do país, neutralizava a violação do direito fundamental à liberdade, na medida em que dificilmente conseguiriam ter uma vida normal ou sequer ser aceites em outro país tendo o "rótulo" de "suspeitos de terrorismo". Acrescia ainda que o facto de a medida da detenção por tempo indeterminado se limitar a estrangeiros, revelava que a mesma era discriminatória e desproporcionada – *"that the choice of an immigration measure to address a security problem had the inevitable result of failing adequately to address that problem (by allowing non--UK suspected terrorists to leave the country with impunity and leaving British suspected terrorists at large) while imposing the severe penalty of indefinite detention on persons who, even if reasonably suspected of having links with Al-Qaeda, may harbour no hostile intentions towards the United Kingdom. The conclusion that the Order and section 23 are, in Convention terms, disproportionate is in my opinion irresistible."*

É importante ainda destacar que esta decisão do *House of Lords* tinha já precedentes, como o *caso Halliday* (1917) da Primeira Guerra Mundial e o *caso Liversidge* (1942) da Segunda Guerra Muncial, nos quais este tipo de detenções haviam sido consideradas legítimas ao abrigo do "estado de excepção" decorrente da lei marcial (Dyzenhaus, 2012).

2. Resposta internacional e europeia: *as dificuldades da multi--level governance*

A resposta ao *terrorismo* conheceu também novos desenvolvimentos no direito internacional em complemento de medidas e orientações adoptadas desde a década de 60. Assim, a Resolução 1373 (2001) do Conselho de Segurança das Nações Unidas instituiu o *Counter-Terrorism Committee (CTC)*, um organismo que é responsável pela implementação das 16 Convenções em matéria de terrorismo e que tem poder para adoptar um conjunto de *recomendações, códigos de práticas* e *standards* cujo objectivo é garantir o cumprimento das finalidades estabelecidas na mencionada Resolução: *criminalize the financing of terrorismo; freeze without delay any funds related to persons involved in acts of terrorismo; deny all forms of financial support for terrorist groups; suppress the provision of safe haven, sustenance or support for terrorists; share information with other governments on any groups practicing or planning terrorist acts;*

243

cooperate with other governments in the investigation, detection, arrest, extradition and prosecution of those involved in such acts; criminalize active and passive assistance for terrorism in domestic law and bring violators to justice.

Por seu turno, no plano europeu também se observaram, em decorrência dos ataques terroristas, algumas mudanças políticas que apontaram o caminho do reforço de uma *Política Externa de Segurança Comum (PESC)*, cuja instituição remonta ao Tratado de Maastricht de 1992, e que hoje tem consagração no Título V do Tratado da União Europeia, complementada por uma *Política Comum de Segurança e Defesa (PESD)*, prevista nos arts. 42.°ss do TUE. Esta política conta actualmente com instrumentos concretos, quer no plano diplomático – criação do cargo de Alto Representante da União para os Negócios Estrangeiros e a Política de Segurança (art. 21.°/3 do TUE) –, quer no plano militar – criação da Agência Europeia de Defesa (Acção Comum 2004/551/PESC, do Conselho, de 12 de Julho).

Neste concreto, podemos concluir que a União Europeia, através da criação de novos órgãos com o Tratado de Lisboa – Serviço Europeu para a Acção Externa (Decisão do Conselho, de 26 de Julho de 2010); Academia Europeia de Segurança e Defesa (Acção Comum 2008/550/PESC do Conselho, de 23 de Junho); Comité Permanente para a Cooperação Operacional em matéria de Segurança Interna (Decisão do Conselho, de 25 de Fevereiro de 2010) –, revela um claro interesse em reforçar este pilar da construção europeia, pese embora as dificuldades manifestas que vêm sendo registadas na prática e que não se prendem propriamente com a questão do terrorismo.

Na verdade, a União Europeia não adoptou medidas normativas específicas em matéria de contra-terrorismo (sem prejuízo da adopção de importantes instrumentos de *soft law* sobre a matéria – ex. COM 2004/698, COM 2004/701 e COM 2004/702 e o programa 2007-2013 de prevenção, preparação e gestão das consequências do terrorismo e de outros riscos em matéria de segurança), o que se compreende na medida em que não existe um verdadeiro *direito penal europeu* (Miranda Rodrigues, 2008). Tal não invalidou, contudo, que tivesse optado por um *diálogo* com os referidos organismos especializados da ONU, empenhando-se na promoção de um combate global ao terrorismo no quadro do respeito pelos direitos fundamentais, o mesmo é dizer, vincando uma matriz jusfundamental europeia nesta matéria (*v.* caso Kadi); como ainda que tivesse incorporado em diversos diplomas legislativos normas de prevenção e combate ao terrorismo (sobretudo em matéria de restrições ao financiamento e combate ao branqueamento de capitais), tornando patente uma nova abordagem: a de que o *risco do terrorismo* constitui uma categoria que extrapola, em muito, o domínio estritamente penal ou mesmo policial, reclamando novos instrumentos jurídicos à generalidade do direito público.

Assim, no plano de trabalho da União Europeia em matéria de espaço de liberdade, segurança e justiça para o período de 2010-2014 (*Programa de Estocolmo* – 14.05.2010) fixaram-se diferentes objectivos complementares: implementar a Europa dos Direitos, baseada, essencialmente, na entrada em vigor da CDFUE; implementar a Europa da Justiça (reforço do papel do Eurojust) e a estratégia para a Europa no mundo globalizado, incluindo o tema da solidariedade e da imigração.

No documento pode ler-se que "[o] respeito pelo primado do direito, direitos e liberdades fundamentais é um dos aspectos fundamentais da acção antiterrorista global da União. As medidas de combate ao terrorismo têm de ser tomadas no pleno respeito pelos direitos e liberdades fundamentais, a fim de não darem azo a contestação. A par disso, todas as partes envolvidas deverão evitar estigmatizar qualquer comunidade em especial e deverão desenvolver um diálogo intercultural, a fim de favorecer o conhecimento e a compreensão mútua. A União deve assegurar a mobilização de todos os dispositivos na luta contra o terrorismo, mas no pleno respeito dos direitos e liberdades fundamentais. O Conselho Europeu reafirma que a sua estratégia antiterrorismo se desenvolve em quatro vectores — prevenir, perseguir, proteger e reagir — a apela ao reforço do vector prevenção".

E ainda que "[o] Conselho Europeu sublinha que é importante conhecer melhor os métodos de difusão da propaganda terrorista, inclusive na Internet. Isso exigirá melhores recursos técnicos e um saber-fazer específico. É necessário desenvolver a segurança aérea e marítima, a par com a análise da ameaça e em cooperação com os operadores de transporte, a fim de minorar o seu impacto nos passageiros. Haverá que prestar maior atenção a alvos potenciais como os transportes públicos urbanos e as redes ferroviárias de alta velocidade, assim como as infra-estruturas de energia e abastecimento de água. O Conselho Europeu considera que os instrumentos de luta contra o financiamento do terrorismo devem ser adaptados às novas vulnerabilidades potenciais do sistema financeiro, bem como ao contrabando de dinheiro e aos serviços monetários, e aos novos métodos de pagamento utilizados pelos terroristas (...) A redução da vulnerabilidade aos ataques é um dos principais objectivos da acção da União no âmbito da protecção das infra-estruturas críticas da União, promovendo a sua avaliação e a necessidade de melhorar a sua protecção em devido tempo, a fim de ponderar a eventual inclusão de outras políticas sectoriais (...) bem a melhoria dos sistemas de gestão de catástrofes".

O plano de acção do *Programa de Estocolmo* (COM 2010/171) revela os instrumentos a desenvolver no contexto da implementação desta estratégia, no âmbito dos quais destacamos a Directiva 2008/114/CE do Conselho, de 8 de Dezembro de 2008, atinente à identificação e designação das infra-estruturas críticas europeias e da protecção contra ataques químicos e nucleares. Esta Directiva foi transposta entre nós pelo Decreto-Lei n.º 68/2011, de 9 de Maio, no qual é possível verificar que a pópria identificação deste tipo de infra-estruturas assenta em procedimentos dialógicos e de cooperação (cf. art. 9.º do referido diploma).

Neste contexto, verificamos que a estratégia europeia em matéria de combate e prevenção do terrorismo se aproxima mais do instrumentário típico do *direito do risco,* limitando o "perímetro" do direito penal e de polícia esencialmente à fixação de um *standard* europeu de direitos, liberdades e garantias fundamentais, que hoje encontra consagração expressa nos arts. 47.º a 50.º da CDFUE.

Assim, olhando para o panorama geral da reacção supra-estadual ao terrorismo parece-nos possível sublinhar a dificuldade de *governance* entre as orientações da ONU, mais próximas de um combate repressivo ao terrorismo através da reponderação da segurança e da liberdade no quadro de um Estado de emergência ou de necessidade, o que significa uma preponderância da segurança, ao passo que o direito europeu se concentra mais no desenvolvimento de estratégias de prevenção diversificadas, mais centradas na *gestão da incerteza* (definição de infra-estruturas sensíveis e de planos de resposta a catástrofes), no *reforço das estruturas sociais de vigilância* (integração da interculturalidade e promoção do diálogo de culturas) e no *aprofundamento da cooperação entre os órgãos públicos* (cooperação judiciária, troca de informações, harmonização de práticas dentro do Europol e do Eurojust) e na fixação de uma *matriz europeia de jusfundamentalidade*, que em certos casos chega mesmo a colocar problemas de harmonização entre a protecção dos nacionais e as exigências europeias em matéria de extradição e direito de asilo.

Case Study XXIII – Caso Kadi – Tribunal de Justiça das Comunidades Europeias (Proc. C – 415/05)

Precedentes: Em 15 de Outubro de 1999, o Conselho de Segurança adoptou a Resolução 1267 (1999), através da qual, designadamente, condenou o facto de continuar a ser dado acolhimento e treino a terroristas e de serem preparados actos terroristas em território afegão, reafirmou a sua convicção de que a repressão do terrorismo internacional é essencial para a manutenção da paz e da segurança internacionais e deplorou que os talibãs continuassem a dar guarida a Osama Bin Laden e a permitir que ele e os seus associados dirigissem uma rede de campos de treino de terroristas em território por eles controlado e utilizassem o Afeganistão como base para patrocinar operações terroristas internacionais.

Desta resolução resultou, entre outras coisas, a criação de um Comité do Conselho de Segurança (a seguir «comité de sanções»), encarregado, designadamente, de velar pela execução, por os Estados, das medidas impostas nessa resolução, identificar os fundos ou outros recursos financeiros visados e examinar os pedidos de derrogação às medidas impostas.

Tendo sido considerada essencial a colaboração da União Europeia para a execução desta Resolução, o Conselho Europeu adoptou, em 6 de Março de 2001, com base nos artigos 60.° CE e 301.° CE, o Regulamento (CE) n.° 467/2001, que proíbe a exportação de certas mercadorias e de certos serviços para o Afeganistão, reforçando a proibição de voos, prorrogando o congelamento de fundos e de outros recursos financeiros aplicável aos [talibãs]. O Anexo I do Regulamento n.° 467/2001 contém a lista das pessoas, entidades e organismos visados pelo congelamento de fundos imposto pelo artigo 2.° desse mesmo regulamento. Nos termos do n.° 1 do seu artigo 10.°, a Comissão das Comunidades Europeias está habilitada a alterar ou a completar o referido Anexo I, com base nas decisões do Conselho de Segurança ou do comité de sanções.

Em 17 de Outubro e 9 de Novembro de 2001, o comité de sanções publicou duas novas adendas à lista recapitulativa, contendo, entre outros, o nome de «*Al-Qadi, Yasin (A. K. A. Kadi, Shaykh Yassin Abdullah; A. K. A. Kahdi, Yasin), Jeddah, Saudi Arabia*». Através do Regulamento (CE) n.° 2062/2001 da Comissão, de 19 de Outubro de 2001, que altera, pela terceira vez, o Regulamento (CE) n.° 467/2001 (JO L 277, p. 25), o nome de *Y. A. Kadi* foi acrescentado, ao Anexo I deste último regulamento. Por petição apresentada na Secretaria do Tribunal de Primeira Instância, *Y. A. Kadi* interpôs recurso de anulação do Regulamento n.° 467/2001, bem como do Regulamento n.° 2062/2001, pedindo a anulação dos regulamentos controvertidos na parte em que eles lhes diziam respeito. O requerente invocou três fundamentos, essencialmente relativos à violação dos seus direitos fundamentais: o primeiro fundamento era relativo à *violação do direito de audição*, o segundo, à *violação do direito ao respeito da propriedade* e do *princípio da proporcionalidade*, e o terceiro, à *violação do direito a uma fiscalização jurisdicional efectiva*. O Tribunal de Primeira Instância rejeitou todos os fundamentos relativos à violação dos direitos e negou integralmente provimento ao recurso.

Inconformado *Kadi* interpôs recurso daquela decisão para o TJUE, invocando dois fundamentos, sendo o primeiro relativo à falta de base jurídica do regulamento controvertido e o segundo, à violação de várias regras de direito internacional pelo Tribunal de Primeira Instância e às consequências dessa violação na apreciação dos fundamentos relativos à violação de alguns dos seus direitos fundamentais, que tinha invocado no Tribunal de Primeira Instância.

Em decisão que é considerada marco para o direito europeu, pode ler-se no § 327 que "o Tribunal de Primeira Instância cometeu um erro de direito ao declarar (...) que decorre dos princípios que regulam a articulação das relações entre o ordenamento jurídico internacional emanado das Nações Unidas e o ordenamento jurídico comunitário que o regulamento controvertido, uma vez que se destina a implementar uma resolução adoptada pelo Conselho de Segurança ao abrigo do capítulo VII da Carta das Nações Unidas, que não deixa margem alguma para o efeito, deve beneficiar de imunidade de jurisdição quanto à respectiva legalidade interna, salvo no que diz respeito à sua compatibilidade com as normas do *jus cogens*".

De acordo com o entendimento firmado pelo TJCE nesta decisão, *as normas de direito internacional prevalecem sobre o ordenamento jurídico europeu, mas têm de respeitar as condições impostas pelos princípios constitucionais da UE*, o que significou, no caso concreto, a necessidade de anular as normas do regulamento europeu por violação do direito de defesa, designadamente, do direito ao contraditório.

Case Study XXIV – Caso B – Tribunal de Justiça das Comunidades Europeias (Proc. C- 57/09)

Precedentes: Em finais de 2002, B, nascido em 1975, entrou na Alemanha, onde pediu asilo e protecção como refugiado e, a título subsidiário, o benefício da proibição de expulsão para a Turquia. Quando ainda era estudante na Turquia, B tinha simpatizado com o *Dev Sol (actual DHKP/C)* e tinha apoiado a luta armada da guerrilha nas montanhas entre finais de 1993 e o início de 1995. Após ter sido detido, em Fevereiro de 1995, foi condenado a prisão perpétua. Em 2001, quando se encontrava preso, foi de novo condenado a prisão perpétua depois de ter assumido a responsabilidade pelo homicídio de outro detido suspeito de ser um delator. Em Dezembro de 2002, aproveitou um período de liberdade condicional de seis meses que lhe foi concedido em razão do seu estado de saúde, para abandonar a Turquia e fugir para a Alemanha.

O *Bundesamt* indeferiu o pedido de asilo de B, por ter considerado que não estavam preenchidos os requisitos do § 51, n.º 1, da *Ausländergesetz*, pois ao ter cometido crimes graves de direito comum, era aplicável a B a segunda causa de exclusão prevista no §

51, n.° 3. Por sentença de 13 de Junho de 2006, o *Verwaltungsgericht Gelsenkirchen (Tribunal Administrativo de Gelsenkirchen)* anulou a decisão do *Bundesamt* e instou essa autoridade a conceder o direito de asilo a B e a declarar a proibição de o expulsar para a Turquia. Por acórdão de 27 de Março de 2007, o *Oberverwaltungsgericht für das Land Nordrhein-Westfalen (Tribunal Administrativo Regional Superior da Renânia do Norte-Vestefália)* negou provimento ao recurso interposto da referida sentença pelo *Bundesamt,* tendo considerado que devia ser reconhecido a B o direito de asilo, ao abrigo do *artigo 16a da Grundgesetz,* bem como o estatuto de refugiado. Esse órgão jurisdicional considerou, em particular, que a causa de exclusão invocada pelo *Bundesamt* deve ser entendida no sentido de que não visa apenas punir um crime grave de direito comum cometido no passado mas também prevenir o perigo que o requerente poderia representar para o Estado-Membro de refúgio, e de que a sua aplicação exige uma apreciação global do caso concreto à luz do princípio da proporcionalidade.

Inconformado o *Bundesamt* interpôs recurso de «*Revision*» para o *Bundesverwaltungsgericht (Tribunal Federal Administrativo),* invocando a aplicação da segunda e terceira causas de exclusão previstas no *§ 60, n.° 8, segunda frase, da Aufenthaltsgesetz (e em seguida no § 3, n.° 2, pontos 2 e 3, da AsylVfG)* e alegando que, contrariamente à tese adoptada pelo órgão jurisdicional de recurso, esses dois casos de exclusão não implicam a existência de um perigo para a segurança da República Federal da Alemanha nem um exame da proporcionalidade à luz do caso concreto. Alegou ainda que o art. 12.° da Directiva 2004/83/CE – normas mínimas relativas aos requisitos de concessão do estatuto de refugiado ou do estatuto conferido pela protecção subsidiária, constituía legislação obrigatória para os Estados. O *BVG* interpôs um reenvio prejudicial para o TJCE perguntando, entre outras coisas, se estaríamos perante um crime grave de direito comum ou um acto contrário aos objectivos e princípios das Nações Unidas, na acepção do artigo 12.°, n.° 2, alíneas b) e c), da [d]irectiva [...], quando o requerente pertenceu a uma organização indicada na lista [das] pessoas, grupos e entidades que figura em anexo à Posição Comum [2001/931] e que utiliza métodos terroristas, e o requerente apoiou activamente a luta armada desta organização? Tendo o TJUE estabelecido que o artigo 12.º, n.º 2, alíneas b) e c), da Directiva 2004/83/CE, deve ser interpretado no sentido de que, o facto de uma pessoa ter pertencido a uma organização inscrita na lista que constitui o anexo da Posição Comum 2001/931/PESC do Conselho, de 27 de Dezembro de 2001, relativa à aplicação de medidas específicas de combate ao terrorismo, em razão da sua implicação em actos de terrorismo e de ter apoiado activamente a luta armada dessa organização não pode suscitar automaticamente uma suspeita grave de que essa pessoa cometeu um «crime grave de direito comum» ou «actos contrários aos objectivos e princípios das Nações Unidas»; a constatação, em tal contexto, de que existem suspeitas graves de que uma pessoa cometeu um crime dessa natureza ou praticou tais actos está sujeita a uma apreciação casuística de factos precisos a fim de determinar se actos praticados pela organização em causa preenchem os requisitos estabelecidos pelas referidas disposições e se é possível imputar à pessoa em causa uma responsabilidade individual pela prática desses actos, tendo em conta o nível de prova exigido pelo artigo 12.º, n.º 2.

Case Study XXV – Caso Bashir – Tribunal de Justiça das Comunidades Europeias (Proc. C- 146/14 PPU)

Precedentes: Em 9 de agosto de 2013, no posto fronteiriço de Bregovo, na Bulgária, foi detido um individuo que não dispunha de documentos de identidade e que se apresentou como Bashir Mohamed Ali Mahdi, de nacionalidade sudanesa. Nesse mesmo dia, as autoridades búlgaras adoptaram uma medida administrativa coerciva de «condução de um estrangeiro à fronteira» e uma medida administrativa coerciva de «proibição de entrada de um estrangeiro na República da Bulgária». No dia seguinte, B. Mahdi foi colocado em detenção no centro de detenção de Busmantsi enquanto aguardava que fosse possível executar as medidas administrativas coercivas, ou seja, até à obtenção de documentos que lhe permitissem viajar para fora da Bulgária. Após contacto com a embaixada sudanesa, esta confirmou a identidade do individuo, mas informou as autoridades búlgaras que não podia emitir os documentos, uma vez que Mahdi tinha manifestado interesse em não regressar ao Sudão. Alcançado o prazo de 6 meses de detenção sem que tivesse sido ainda possível obter os documentos, o Direkto solicitou às entidades judiciais a prorrogação do prazo de detenção por mais seis meses, conforme o previsto na Lei búlgara sobre os estrangeiros. É neste momento que o órgão jurisidicional se questiona da compatibilidade desta lei com o direito da União, mais concretamente, com o disposto na Diretiva 2008/115/CE, do Parlamento Europeu e do Conselho, de 16 de dezembro de 2008, relativa a normas e procedimentos comuns nos Estados-Membros para o regresso de nacionais de países terceiros em situação irregular, e interpõe um reenvio prejudicial.

Depois de analisar a questão, o TJUE afirma que: "o artigo 15.°, n.°s 3 e 6, da Diretiva 2008/115/CE, lido em conjugação com os artigos 6.° e 47.° da Carta dos Direitos Fundamentais da União Europeia, deve ser interpretado no sentido de que qualquer decisão adoptada por uma autoridade competente, no termo do período máximo de detenção inicial de um nacional de um país terceiro, relativa ao seguimento a dar a essa detenção deve assumir a forma de um acto por escrito que contenha as razões de facto e de direito que justificam essa decisão; que o referido artigo da Directiva deve ser interpretado no sentido de que a fiscalização que a autoridade judicial à qual é submetido um pedido de prorrogação da detenção de um nacional de um país terceiro deve efectuar deve permitir a essa autoridade pronunciar-se sobre o mérito, caso a caso, da prorrogação da detenção do nacional em causa, da possibilidade de substituir a detenção por uma medida menos coerciva ou da libertação desse nacional, sendo assim a referida autoridade competente para se basear nos factos e provas apresentados pela autoridade administrativa que lhe submeteu o pedido e nos factos, provas e observações que eventualmente lhe sejam apresentados aquando desse processo". Acrescenta ainda que segundo a Directiva não deve ser a falta de documentos o fundamento para a prorrogação da medida, mas sim o risco de fuga, analisado pelo órgão de reenvio, bem como a "falta de cooperação" do sujeito, o que há-de ser também avaliado pelo órgão de reenvio para saber se é imputável ao sujeito a manutenção da situação de detenção. Por último, conclui que "a Diretiva 2008/115 deve ser interpretada no sentido de que um Estado-Membro não pode ser obrigado a emitir uma autorização de residência autónoma ou uma autorização de outro tipo, que confira um direito de permanência a um nacional de um país terceiro que não possua documentos de identidade e que não tenha obtido esses documentos junto do seu país de origem, depois de um órgão jurisdicional nacional ter libertado esse nacional por já não existir uma perspetiva razoável de afastamento na acepção do artigo 15.º/4, desta diretiva. No entanto, este Estado-Membro deve, nesse caso, emitir ao referido nacional de um país terceiro uma confirmação escrita da sua situação".

3. Uma proposta alternativa: o *risco do terrorismo* como nova categoria dogmática

As categorias jurídicas do *risco* e da *sociedade de risco* foram-nos apresentadas por Beck e Luhman como realidades distintas do *perigo,* na medida em que visavam construir forma de reacção perante o desconhecido e não a ameaça e probabilidade de verificação de um resultado lesivo conhecido. De resto, cumpre recordar que o perigo enquanto categoria típica do direito penal justifica e legitima uma especial ponderação entre liberdade e segurança típica dos crimes de perigo (Faria Costa, 1992), cuja eficácia na dissuasão dos comportamentos tendentes a gerar o perigo depende ainda, *a posteriori,* da maior ou menor eficácia do direito de polícia e do sistema judicial.

Mas o direito de polícia e o direito penal tradicionais, baseados na prevenção e na repressão de ameaças concretas ou abstractas, mas determináveis, não são aptos para lidar com a categoria do *risco terrorista global,* como a doutrina desde cedo denunciou e a prática mais recente pôs em evidência. A dogmática desenvolvida durante o séc. XX, tendente ao apuramento de um Estado de Direito no qual o balanceamento entre segurança e liberdade permitisse revelar meios legítimos de actuação policial no combate e na prevenção da criminalidade, perde sustentação quando o valor que é atacado radica na própria organização social tal como ela se encontra construída no seu todo, e não em aspectos parcelares dessa organização (ex. um simples ataque aos sistemas democráticos ou às liberdades políticas), ou em valores que a sustentam (ex. liberdade religiosa, autodeterminação, etc.) – um cartel de droga dispõe de uma organização concorrente com o Estado, mas tem como finalidade o lucro e não a destruição do Estado; uma seita religiosa pretende subjugar a organização do poder laico, mas não pretende desagregar a comunidade.

A *prevenção da criminalidade* desenvolve-se, primariamente, no meio político, cabendo a sua execução a um direito de polícia fortemente restringido pelos princípios e pelas exigências do Estado de Direito, assente, desde logo, no respeito pela dignidade da pessoa humana, pelas liberdades fundamentais do indivíduo, mas a *neutralização da ameaça terrorista*, ao reportar-se à prevenção perante o desconhecido, não consegue enquadrar-se nestes cânones. Trata-se de uma incerteza que, em nosso entender, não se diferencia significativamente dos riscos típicos da sociedade tecnológica, estando até umbilicalmente ligada a eles, uma vez que são estes os responsáveis por ter tornado a nossa sociedade mais vulnerável à *ameaça terrorista* (em sentido contrário Canotilho, 2008, 241). À questão formulada por Vieira de Andrade quanto à possibilidade de o terrorismo convocar um princípio de prevenção especial e com isso poder legitimar a restrição de direitos pessoais dispensando a exigência de um perigo concreto, bastando-se com o risco, respondemos convictamente de forma negativa (Vieira de Andrade, 2006, 133).

Na verdade, o *risco terrorista* não constitui, na nossa opinião, uma categoria criminal a que o direito de polícia deva constituir o único mecanismo para fazer frente, não subscrevemos, pois, as teses de Jakobs do "direito penal do inimigo" (Canotilho, 2008, 235), mas sim uma categoria mais ampla, integrada no direito público geral, para a qual este mesmo direito público deve ser chamado a construir as soluções. Talvez este – o terrorismo – possa vir a ser um novo elemento de ponte não só entre o direito constitucional e o direito administrativo, mas também entre estes e o direito penal, no contexto da actual reconstrução geral do direito público. O que mudou com o terrorismo global não foi a intensidade da ameaça, mas sim a vulnerabilidade da organização social (não é o agente lesivo que é mais poderoso, mas sim a organização da sociedade que permite que se "faça mais com menos").

Por essa razão, o problema não radica, ou não radica apenas, na prevenção policial, mas sim na prevenção segundo os *esquemas de gestão do risco*, em que o primeiro estágio é o da produção do conhecimento em matéria do alcance do risco (ex. nuclear) e das formas de resposta (ex. melhoria dos sistemas de reacção a casos de catástrofe).

Qualquer indivíduo pode provocar uma catástrofe independentemente daquilo que o motive a fazê-lo, mas nunca como hoje foi tão fácil alcançar esse resultado, porque nunca como hoje a organização da sociedade apresentou tantos pontos vulneráveis (fugas radioactivas, sistemas de abastecimento de água, sistemas informáticos de gestão de tráfego aéreo e ferroviário, barragens). A doutrina alemã denuncia precisamente os dois pontos essenciais do problema no actual plano jurídico: 1) o reequilíbrio reclama uma nova ponderação entre segurança, liberdade e igualdade, que exigirá também uma nova consciencização da população quanto ao *alcance dos direitos* ou das *normas de protecção* (ex. divulgação de escutas telefónicas, rastreabilidade de comunicações digitais ou *scaners corporais* em aeroportos); 2) o realismo económico obriga à informação sobre os *riscos inevitáveis* (ex. atentados em eventos culturais ou de massas) e o *risco residual* (ex. o risco da energia nuclear que por ora não pode ser eliminado por não existirem fontes alternativas de igual capacidade de geração).

O *trade-off* entre Privacidade e Segurança nos tempos actuais

A questão da "ameaça terrorista" acabou por acelerar no plano teórico o debate que há algum tempo já vinha tendo lugar em matéria de instrumentos legítimos no combate ao crime organizado. Questões como a organização dos serviços de informação civil e militar (uma matéria que voltou a estar na ordem do dia após a fuga de informações da *National Security Agency* protagonizada por Edward Snowden), o sigilo bancário (ganhou protagonismo nos últimos tempos a *FATCA Foreign Account Tax Compliance Act*, que impôs às entidades financeiras dos países que aceitaram cooperar com os Estados Unidos da América a obrigação de divulgar os dados sobre as contas bancárias de cidadãos norteamericanos existentes nesses países) ou a privacidade nas comunicações (veja-se no âmbito da recente polémica de espionagem Alemanha / EUA a proposta de criar um "email made in Germany" ou uma "German Internet", o que está a suscitar problemas com a *governance* da rede no contexto do que se apelida já de uma "Balcanização da Internet") são hoje temas muito debatidos na Europa e nos Estados Unidos da América (Determann / Guttenberg, 2014).

No plano europeu, a questão passa sobretudo pelo regime de protecção de dados pessoais, relativamente ao qual a Alemanha tenta impor a sua visão anti-Orwelliana no sentido de garantir a privacidade neste contexto de informatização da informação, muitas vezes com cedências, como acontece com os registos de chamadas telefónicas. O que acaba por ter um resultado no mínimo estranho numa época em que todas as pessoas fornecem de forma gratuita e irresponsável informação pessoal nas redes sociais e em diversas bases de dados comerciais.

Um dos *case studies* mais recentes nesta matéria é a *utilização de drones no domínio civil*. Estes aparelhos têm cumprido uma função relevante no domínio militar e de defesa e tornaram-se hoje indispensáveis nas operações de vigilância das entidades policiais. Todavia, o seu uso não é exclusivo destas entidades e a venda de *drones* (aparelhos de voo não tripulados) na Europa disparou nos últimos anos, tendo originado diversos casos de violação de segurança (recorde-se o aparecimento inusitado de um drone numa acção de campanha de Angela Merkel) e de violação de privacidade, quando estes aparelhos estão equipados com dispositivos de captação de imagens. Na Alemanha a questão levou já ao reconhecimento destes aparelhos como aeronaves e à sua submissão à *Luftverkehrsordnung,* o que significa que a sua "pilotagem" tem de ser devidamente autorizada e existem zonas de proibição de voo, como áreas de protecção de aeroportos, bases militares e infra-estruturas sensíveis, como as centrais nucleares, e zonas de voo sujeito a licenciamento prévio, como complexos industriais e jardins públicos. Já no que respeita à possibilida de captação de imagens, a mesma é livre se for para uso pessoal (ex. no caso das filmagens de casamentos ou outras festas privadas), aplicando-se no mais as regras de protecção de direitos de personalidade que valem para a utilização de sistemas GPS (Frau, 2014). Em Portugal não existe ainda legislação aplicável a estes dispositivos.

4. As "descontinuidades democráticas" do transconstitucionalismo e a resiliência dos direitos de participação política na arena global

As considerações anteriores e os casos analisados permitem-nos compreender as dificuldades que a *standardização* dos direitos fundamentais enfrenta no contexto da transição de um *Estado constitucional* para o *um novo constitucionalismo*. Se na parte dos direitos económicos e sociais a *standardização* surge como consequência da globalização económica – promovida pela mudança de paradigma económico, orientada pelas instâncias internacionais e imposta pela decorrente asfixia fiscal dos Estados – na parte das liberdades fundamentais, pudemos perceber que nem a luta contra um fenómeno tão especial como o terrorismo parece ser capaz de anular a força da matriz cultural constitucional de cada Estado.

Com efeito, à generalização do discurso da segurança veiculado pelas organizações internacionais sobrepôs-se a cultura nacional do respeito pelos direitos. E é importante destacar que as primeiras iniciativas de base política, traduzidas na construção de uma estratégia global do contra-terrorismo sob a égide da ONU, e na reacção mimética dos países na aprovação de regimes legais especiais de luta contra o terrorismo, envolvendo ainda entidades supranacionais como a União Europeia, acabaram *"corrigidas"* pela mão judicial que veio relembrar o *mosaico constitucional europeu dos direitos e liberdades fundamentais*. Um ponto que servirá, sobretudo, para nos guiar na conclusão final deste curso quando procedermos à análise das vias metodológicas da jurisprudência nesta nova era do *constitucionalismo*.

Antes, porém, importa frisar as *"descontinuidades democráticas"* que subjazem à fixação de *standards* na *teia jusfundamental*, mesmo no domínio das liberdades fundamentais. Sublinhávamos no início desta parte, apoiados na doutrina alemã, que a *reserva de lei* em matéria de *restrição de direitos, liberdades e garantias* constituía a expressão pela comunidade do *quatum de liberdade* que a mesma estava determinada a opôr aos Estados, sendo esta também uma forma de garantir a igualdade. Todavia, pudémos perceber pela análise subsequente que a dimensão legislativa, a qual neste plano consubstancia a expressão do poder democrático, foi a que menos se destacou e a que mais soçobrou. Com efeito, sobre as imperfeitas expressões legislativas, prevaleceram as decisões e as estratégias intergovernamentais, quer as adoptadas no plano internacional (ONU e respectivos Conselhos), quer as adoptadas no plano europeu (documentos e normas do Conselho Europeu), e as interpretações constitucionais da jurisprudência na construção deste *standard* ou, se preferirmos, na determinação do balanceamento entre segurança e liberdade.

Um resultado que mostra o enfraquecimento da lei e do poder democrático, em grande medida arredado pela complexidade e pelas interdependências, que acabam retirando espaço à cidadania. Atrevemo-nos por isso a dizer que o primeiro grande desafio do *novo constitucionalismo* é resolver as "descontinuidades democráticas". Mas a esta questão sobrepõe-se outra, será possível e avisado fazê-lo? Será possível constituir a cidadania europeia que a Europa pretende ou essa cidadania é também ela um conceito novo, um *status* que se sobrepõe ao nacional, mas sem alcançar toda a sua extensão? E mais, será avisado destruir a cidadania nacional e construir outras formas de cidadania que possam sobrepor-se e ensombrar a primeira? Regressamos ao problema do direito constitucional como cultura.

Talvez, por isso, o *constitucionalismo global ou europeu* não seja um método democrático nem tenha de sê-lo enquanto se apresentar como um *diálogo leal* entre estruturas democráticas. Todavia, este esquema é complexo não só para os seus actores, mas também para os destinatários que se vêm muitas vezes confrontados com uma opacidade no momento de reagir contra os centros de decisão, sendo essa reacção – acolhida no contexto dos direitos de participação política – uma válvula de segurança e de garantia da ordem pública. Pergunta-se então: como resistem os direitos de participação política na arena global?

O art. 12.º da CDFUE consagra a *liberdade de reunião e de associação* no nível europeu, que para alguns autores, analisado conjuntamente com o modelo de *governance* da União Europeia (Livro Branco da Governança Europeia – Com 2001/428), constitui uma expressão da relevância do princípio democrático neste nível, em especial das novas expressões deste princípio – *"reforço da participação através do envolvimento da sociedade civil"* – (Callies / Ruffert, 2007, 2585), capaz de continuar a garantir o "funcionamento da participação democrática e cívica". Diríamos até, como o referido modelo de *governance* da União Europeia pretende sublinhar, que estes direitos acabam, no plano transconstitucional, por se revelar tão ou mais eficazes do que no plano nacional.

Com efeito, o *caso Schmidberger* mostra-nos a importância do reconhecimento no plano europeu do direito de manifestação e a forma como este direito fundamental ganha densidade nesta arena, quando a participação política e partidária parece estar ainda longe destes objectivos. Nem os partidos nem os sindicatos provaram por agora ter conseguido acompanhar a mudança, embora a jurisprudência do TJCE nos permita perceber que a subsistência de algum "paroquialismo" destas instituições (mesmo depois da instituição de partidos europeus, famílias partidárias e de federações sindicais) não é suficiente para pôr em crise a eficácia dos direitos de participação política na arena europeia. Uma visão que sai muito reforçada no *caso Laval*, no qual se compreende que os sindicatos podem garantir a protecção aos trabalhadores migrantes.

Já o *caso Viking* revela as dificuldades de afirmação dos direitos de participação política perante a prevalência das liberdades do Tratado, enquanto o *caso Barcenilla Fernández* revela que a protecção dos direitos de segurança e saúde no trabalho conhecem na internormatividade um nível de protecção mais adequado por força do direito europeu.

Case Study XXVI – *Caso Schmidberger* – Tribunal de Justiça das Comunidades Europeias (Proc. C- 112/00)

Precedentes: Em 15 de Maio 1998, a associação *Transitforum Austria Tirol*, cujo objecto é a «protecção do espaço vital na região dos Alpes», informou a *Bezirkshauptmannschaft Innsbruck*, nos termos dos §§ *2 da VslgG e 86 do StVO*, que teria lugar uma manifestação na auto-estrada de Brenner (A 13) das 11 horas de 12.06.1998, Sexta-feira, às 15 horas de 13.06.1998, Sábado, e que durante este período haveria um corte desta auto-estrada no troço compreendido entre a área de descanso de *Europabrücke* e a portagem de *Schönberg (Áustria)*. Em 21.05.1998, a *Bezirkshauptmannschaft* pediu instruções à *Sicherheitsdirektion für Tirol* em relação à manifestação anunciada. Em 3.6.1998, a *Sicherheitsdirektion* deu ordem para não proibir a mesma. Em 10.05.1998, ocorreu uma reunião de diversas autoridades locais para garantir o desenrolar normal da referida manifestação.

A *Schmidberger* é uma empresa de transportes internacionais estabelecida em *Rot an der Rot (Alemanha)* que dispõe de seis veículos pesados «silenciosos e não poluidores» com atrelados. A sua actividade principal consiste em transportar madeira da Alemanha para a Itália e aço da Itália para a Alemanha. Para este efeito, os veículos pesados utilizam sobretudo a auto-estrada de Brenner. Esta empresa propôs uma acção no *Landesgericht Innsbruck (Áustria)* visando a condenação da República da Áustria no pagamento de uma indemnização de *140 000 ATS* a título de perdas e danos, com fundamento na impossibilidade de cinco dos seus camiões utilizarem a auto-estrada de Brenner durante quatro dias consecutivos.

A República da Áustria conclui pela improcedência desta acção, com fundamento de que a decisão de não proibir a manifestação anunciada tinha sido tomada depois de um exame minucioso da situação de facto, após as informações sobre a data do corte da auto-estrada de Brenner terem sido previamente difundidas na Áustria, na Alemanha, bem como na Itália, e pelo facto de a manifestação não causar grandes engarrafamentos nem outros incidentes. O entrave à livre circulação resultante de uma manifestação deve ser autorizado quando o obstáculo que esta manifestação cria não é permanente nem sério. A apreciação dos interesses em causa deve pender a favor das liberdades de expressão e de reunião, uma vez que numa sociedade democrática os direitos fundamentais são intangíveis.

A *Schmidberger* recorreu, então, desta sentença para o *Oberlandesgericht Innsbruck*, que considerou que deveriam ser tomadas em conta as exigências do direito comunitário quando estão em causa, como no caso em apreço, pelo menos em parte, direitos que nele se fundamentam, designadamente se o princípio da livre circulação de mercadorias, eventualmente conjugado com as disposições do Tratado, impõe a um Estado-Membro que garanta o livre acesso aos principais itinerários de circulação e se esta obrigação prevalece sobre os direitos fundamentais, como a liberdade de expressão e a liberdade de reunião, garantidas pelos artigos 10.° e 11.° da Convenção Europeia para a Protecção dos Direitos do Homem e das Liberdades Fundamentais (a seguir «CEDH»). Por essa razão, interpôs, reenvio prejudicial para o TJUE, o qual estabeleceu que o facto de as autoridades nacionais competentes de um Estado-Membro não terem proibido uma manifestação nas circunstâncias como as do caso em apreço no processo principal não é incompatível com os artigos 28.° e 29.° TFUE, conjugados com o artigo 13.° do TUE.

Case Study XXVII – *Laval* – Tribunal de Justiça das Comunidades Europeias (Proc. C-341/05)

Precedentes: A Laval, sociedade de direito letão, com sede em Riga destacou para a Suécia, entre Maio e Dezembro de 2004, cerca de 35 trabalhadores, para a realização de obras da L&P Baltic Bygg AB (a seguir «Baltic»), sociedade de direito sueco cujo capital era detido a 100% pela Laval até ao fim de 2003, designadamente, para a construção de um estabelecimento escolar em Vaxholm.

A Laval, que tinha assinado, na Letónia, em 14 de Setembro e 20 de Outubro de 2004, convenções colectivas com o sindicato letão dos trabalhadores de construção, não estava vinculada por nenhuma convenção colectiva celebrada com o Byggnads, a Byggettan ou o Elektrikerna (sindicatos seucos do sector), os quais não tinham nenhum membro que fizesse parte do pessoal da Laval. Cerca de 65% dos trabalhadores letões em causa eram membros do sindicato dos trabalhadores de construção no seu Estado de origem.

Durante o mês de Junho de 2004, foram estabelecidos contactos entre a Byggettan, por um lado, e a Baltic e a Laval, por outro, e foram entabuladas negociações com vista à adesão da Laval à convenção colectiva da construção civil. Na reunião de negociação de 15 de Setembro de 2004, a Byggettan tinha exigido que a Laval aderisse à convenção colectiva da construção civil para a obra de Vaxholm e ainda que garantisse que os trabalhadores destacados receberiam uma remuneração horária de 145 SEK (cerca de 16 euros). Essa remuneração horária baseava-se nas estatísticas salariais da região de Estocolmo (Suécia), para o primeiro trimestre de 2004, relativas aos trabalhadores dos sectores do betão e da madeira titulares de um certificado de formação profissional. A Laval opôs-se e declarou, no decurso do procedimento no *Arbetsdomstolen*, que pagava aos seus trabalhadores um salário mensal de 13 600 SEK (cerca de 1 500 euros), a que acresciam diversos benefícios em espécie para refeições, alojamento e viagens, no valor de 6 000 SEK (cerca de 660 euros) por mês. Malogradas as negociações, a Byggettan pediu ao Byggnads que adoptasse medidas destinadas a desencadear contra a Laval a acção colectiva anunciada na reunião de negociação de 15 de Setembro de 2004, para o efeito foi depositado um pré-aviso em Outubro de 2004 – e o bloqueio da obra de Vaxholm teve início em 2 de Novembro seguinte.

Esse bloqueio consistiu, designadamente, em impedir a entrega de mercadorias na obra, na organização de piquetes de greve e em impedir os trabalhadores letões e os veículos de entrarem na obra. A Laval pediu a assistência das forças policiais, as quais a informaram de que, sendo a acção colectiva lícita segundo o direito nacional, não podiam intervir nem remover os obstáculos físicos que impediam o acesso à obra. O litígio manteve-se e mesmo depois do regresso à Letónia dos trabalhadores destacados para aquela obra, outras organizações sindicais anunciaram acções de solidariedade que consistiam num boicote de todas as obras da Laval na Suécia, embora esta empresa já não estivesse em condições de exercer as suas actividades no território deste Estado-Membro. Em Fevereiro de 2005, a cidade de Vaxholm pediu a rescisão do contrato que a vinculava à Baltic e, em 24 de Março de 2005, esta última foi declarada em situação de falência.

Inconformada, a Laval intentou no *Arbetsdomstolen* uma acção contra o Byggnads, a Byggettan e o Elektrikerna, em que pedia que fosse declarada a ilegalidade tanto do bloqueio como da acção de solidariedade que afectava todas as suas obras e que fosse ordenada a sua cessação. Pediu igualmente que essas organizações sindicais fossem condenadas a indemnizá-la do prejuízo sofrido.

Interrogando-se sobre a questão de saber se os artigos 12.º CE e 49.º CE (actuais arts. 18.º e 56.º TFUE) e a Directiva 96/71 se opunham a que as organizações sindicais tentassem obrigar, através de uma acção colectiva, uma empresa estrangeira que destacava trabalhadores para a Suécia a aplicar uma convenção colectiva sueca, o *Arbetsdomstolen* decidiu, em 29 de Abril de 2005, suspender a instância e submeter um pedido de decisão prejudicial ao Tribunal de Justiça. Na decisão de reenvio, adoptada em 15 de Setembro de 2005, esse órgão jurisdicional colocou as seguintes questões prejudiciais:

«1) É compatível com as normas do Tratado sobre a livre circulação de serviços e a proibição de discriminação em razão da nacionalidade, assim como com a directiva [96/71] [...], que organizações sindicais de trabalhadores, através de uma acção colectiva sob a forma de um [bloqueio], procurem levar uma empresa prestadora de serviços estrangeira a subscrever no país de acolhimento uma convenção colectiva respeitante às condições de trabalho e de emprego, como a [convenção colectiva da construção civil], se a legislação no país de acolhimento que transpôs a [referida directiva] não contiver nenhuma disposição expressa sobre a aplicação das condições de trabalho e de emprego das convenções colectivas?

2) A [MBL] proíbe acções colectivas sindicais com o objectivo de afastar a aplicação de uma convenção colectiva celebrada entre outros parceiros sociais. Contudo, esta proibição só se aplica, nos termos de uma disposição especial que faz parte da denominada 'lex Britannia', quando uma organização desencadeia uma acção colectiva a propósito das condições de trabalho às quais seja directamente aplicável a [MBL], o que, na prática, implica que a proibição não se aplica às acções colectivas contra as empresas estrangeiras que operam temporariamente no país com a sua própria mão-de-obra. As normas do Tratado CE sobre a livre circulação de serviços e a proibição de discriminação em razão da nacionalidade, assim como a directiva relativa ao destacamento, obstam à aplicação desta disposição especial – que, conjuntamente com outras partes da lex Britannia, implica, na prática, que as convenções colectivas suecas são aplicáveis e prevalecem sobre convenções colectivas estrangeiras já em vigor – a uma acção colectiva sob a forma de um [bloqueio] exercido pelas organizações sindicais de trabalhadores suecas contra uma empresa prestadora de serviços estrangeira?»

Questões a que o TJCE respondeu da seguinte forma: "Os artigos 49.º CE e 3.º da Directiva 96/71/CE (...), devem ser interpretados no sentido de que se opõem a que, num Estado-Membro onde as condições de trabalho e de emprego relativas às matérias referidas no artigo 3.º, n.º 1, primeiro parágrafo, alíneas a) a g), desta directiva estão previstas por disposições legislativas, com excepção das remunerações salariais mínimas, uma organização sindical possa tentar obrigar, através de uma acção colectiva sob a forma de um bloqueio de obras, como a que está em causa no processo principal, um prestador de serviços estabelecido noutro Estado-Membro a encetar negociações com ela sobre as remunerações salariais que devem ser pagas aos trabalhadores destacados, bem como a aderir a uma convenção colectiva cujas cláusulas estipulam, para algumas das referidas matérias, condições mais favoráveis do que as resultantes das disposições legislativas pertinentes, ao passo que outras cláusulas têm por objecto matérias não mencionadas no artigo 3.º da referida directiva.

Os artigos 49.º CE e 50.º CE opõem-se a que, num Estado-Membro, a proibição imposta às organizações sindicais, de desencadear uma acção colectiva com o objectivo de revogar ou de modificar uma convenção colectiva celebrada por terceiros, seja subordinada à condição de que a acção diga respeito a condições de trabalho e de emprego às quais a lei nacional se aplica directamente".

Case Study XXVIII – *Viking* – Tribunal de Justiça das Comunidades Europeias (Proc. C- 438/05)

Precedentes: A *Viking*, uma sociedade de direito finlandês, é um importante operador de transportes por *ferryboats*. Explora sete navios, entre os quais o *Rosella*, que assegura, sob pavilhão finlandês, a ligação marítima entre Talin (Estónia) e Helsínquia (Finlândia). O FSU é um sindicato finlandês de trabalhadores marítimos que conta cerca de 10 000 membros. Os membros da tripulação do *Rosella* estão inscritos nesse sindicato. O FSU está filiado na ITF, que é uma federação internacional de sindicatos de trabalhadores do sector dos transportes, cuja sede está situada em Londres (Reino Unido). A ITF agrupa 600 sindicatos estabelecidos em 140 Estados diferentes.

Uma das principais políticas da ITF é a sua campanha de luta contra os *pavilhões de conveniência*. Esta política tem por objectivos essenciais, por um lado, estabelecer um elo genuíno entre o pavilhão de um navio e a nacionalidade do proprietário e, por outro, proteger e melhorar as condições de trabalho das tripulações dos navios que arvoram pavilhão de conveniência. A ITF considera que um navio está registado sob pavilhão de conveniência quando a propriedade efectiva e o controlo do navio se encontrem num Estado diferente do Estado do pavilhão sob o qual o navio está matriculado. Apenas os sindicatos do Estado onde se encontra o proprietário efectivo de um navio têm o direito, em conformidade com a política da ITF, de celebrar acordos colectivos relativos a esse navio. Esta campanha de luta contra os pavilhões de conveniência é levada a cabo através de boicotes e de outras acções de solidariedade entre os trabalhadores.

Enquanto o Rosella arvorar pavilhão finlandês, a *Viking* é obrigada, por força do direito finlandês e da convenção colectiva de trabalho aplicável, a pagar à tripulação salários de nível idêntico ao dos praticados na Finlândia. Ora, os salários pagos às tripulações estónias são inferiores aos que são pagos às tripulações finlandesas. A actividade de exploração do *Rosella* foi deficitária devido à concorrência directa dos navios estónios, que asseguram a mesma ligação a custos salariais inferiores. Em vez de ceder o referido navio, a Viking planeou, durante o mês de Outubro de 2003, mudar o pavilhão do mesmo, registando-o na Estónia ou na Noruega, a fim de poder celebrar uma nova convenção colectiva com um sindicato estabelecido num destes Estados. A *Viking*, em conformidade com o direito finlandês, informou do seu projecto o FSU e a tripulação do *Rosella*. Em reuniões decorridas entre as partes, o FSU manifestou claramente a sua oposição a esse projecto. Em 4 de Novembro de 2003, o FSU enviou uma mensagem electrónica à ITF, informando-a do projecto de mudança de pavilhão do *Rosella*. Esta mensagem continha além disso a indicação de que «a propriedade efectiva do *Rosella* se encontra na Finlândia, pelo que o FSU conserva o direito de negociação com a *Viking*». O FSU pediu à ITF que transmitisse esta informação a todos os sindicatos filiados, convidando-os a não negociarem com a Viking. Em 1 de Maio de 2004, a República da Estónia tornou-se membro da União Europeia.

Em 18 de Agosto de 2004, a *Viking* intentou na *High Court of Justice (England & Wales), Queen's Bench Division (Commercial Court) (Reino Unido)*, uma acção na qual pedia que a acção da ITF e do FSU fosse declarada contrária ao artigo 49.° TFUE, que fosse ordenada a revogação da circular ITF e que o FSU fosse intimado a não colocar entraves aos direitos de que a *Viking* goza ao abrigo do direito comunitário. Por decisão de 16 de Junho de 2005, o referido órgão jurisdicional acolheu o pedido da *Viking*, por considerar que tanto a acção colectiva como a ameaça de acção colectiva da ITF e do FSU impunham restrições à liberdade de estabelecimento contrárias ao artigo 49.° TFUE e, subsidiariamente, constituíam restrições ilegais à livre circulação dos trabalhadores e à livre prestação de serviços, na acepção dos artigos 45.° TFUE e 56.° TFUE. Em 30 de Junho de 2005, a ITF e o FSU interpuseram no órgão jurisdicional de reenvio recurso dessa decisão. Colocando-se, assim, a questão de saber se é intenção do Tratado proibir uma acção sindical se esta tiver por objectivo impedir uma entidade patronal de utilizar, por razões económicas, a liberdade de estabelecimento.

O TJUE decidiu o seguinte: O artigo 49.° CE deve ser interpretado no sentido de que, em princípio, não está subtraída ao seu âmbito de aplicação uma acção colectiva desencadeada por um sindicato ou um grupo de sindicatos contra uma empresa privada a fim de induzir esta última a celebrar uma convenção colectiva cujo conteúdo pode dissuadi-la de exercer a liberdade de estabelecimento. O artigo 49.° TFUE é susceptível de conferir a uma empresa privada direitos que podem ser oponíveis a um sindicato ou a uma associação de sindicatos. O artigo 49.° TFUE deve ser interpretado no sentido de que acções colectivas como as que estão em causa no processo principal, que visam induzir uma empresa cuja sede está situada num Estado-Membro determinado a celebrar uma convenção colectiva de trabalho com um sindicato estabelecido nesse Estado e a aplicar as cláusulas previstas nessa convenção aos trabalhadores de uma filial da referida empresa estabelecida noutro Estado-Membro, constituem restrições na acepção do referido artigo. Estas restrições podem, em princípio, ser justificadas pela protecção de uma razão imperiosa de interesse geral, como a protecção dos trabalhadores, na condição de se provar que são aptas a garantir a realização do objectivo legítimo prosseguido e não ultrapassam o necessário para o alcançar.

Case Study XXIX – Caso *Barcenilla Fernández* – Tribunal de Justiça das Comunidades Europeias (Proc. C-256/10 e C-261/10)

Precedentes: Os recorrentes nos processos principais, empregados da empresa Gerardo, dedicam-se ao fabrico de materiais de pedra a partir de pedras naturais e trabalham habitualmente numa máquina cortadora automática. O nível de ruído no local de trabalho supera a média diária de 85 dB(A). Para remediar esta situação, o empregador entregou-lhes um equipamento de protecção auricular individual. Graças à atenuação proporcionada por esse equipamento, a exposição diária dos recorrentes nos processos principais ao ruído reduziu-se para um nível inferior a 80 dB(A).

Os recorrentes reclamaram o pagamento de um complemento salarial, em conformidade com o artigo 27.° da convenção colectiva, devido às condições difíceis do seu posto de trabalho, resultantes da exposição a um nível de ruído no local de trabalho que supera a média diária de 85 dB(A). Os seus pedidos foram considerados improcedentes pelo *Juzgado de lo Social* que entendeu que o empregador respeitava o *Real Decreto 86/2006*, que transpõe a *Directiva 2003/10*. Segundo esse tribunal, o efeito de atenuação do ruído assegurado pelo equipamento de protecção auricular individual deve ser tomado em conta para se estabelecer se as condições do posto de trabalho devem ser consideradas difíceis. Na sua decisão, o *Juzgado de lo Social* seguiu a jurisprudência do Tribunal Supremo, segundo a qual a atenuação do ruído assegurada pelo equipamento de protecção auricular individual deve ser tomada em conta para determinar se o trabalhador está exposto a condições difíceis no seu posto de trabalho, interpretando o conceito de «dificuldade» à luz da Directiva 2003/10 e do direito nacional que a transpôs, deduzindo que estes têm o objectivo de proteger o trabalhador contra os riscos sanitários associados a uma exposição efectiva ao ruído. Por conseguinte, inexistiria dificuldade caso uma protecção auricular individual permitisse reduzir o ruído que atinge os ouvidos para um nível inferior a 80 dB(A). Todavia, o *Tribunal Superior de Justicia de Castilla y León* teve dúvidas quanto à compatibilidade da jusrisprudência do Supremo com o direito europeu, alegando que a obrigação de pagar um complemento salarial em função das dificuldades das condições de trabalho, prevista no artigo 27.º da convenção colectiva, depende do respeito da entidade patronal pelas obrigações decorrentes da Directiva 2003/10 e do Real Decreto 286/2006. O efeito útil desta directiva seria contrariado se uma entidade patronal se pudesse eximir da obrigação de pagar esse complemento salarial pelo simples facto de ter colocado à disposição dos seus empregados as protecções auriculares, mesmo que não tenha respeitado as exigências da referida directiva relativamente às obrigações preventivas aí instituídas.

Por essa razão faz um reenvio prejudicial, tendo o TJUE esclarecido que a Directiva em causa, deve ser interpretada no sentido de que uma entidade patronal de uma empresa em que o nível diário de exposição dos trabalhadores ao ruído se situa acima dos 85 dB(A), medido sem ter em conta os efeitos da utilização dos protectores auriculares individuais, não cumpre as obrigações resultantes desta directiva por simplesmente ter colocado à disposição dos trabalhadores tais protectores auriculares que permitem reduzir a exposição diária ao ruído para menos de 80 dB(A), tendo esta entidade patronal a obrigação de executar um programa de medidas técnicas ou organizativas destinadas a reduzir tal exposição ao ruído para um nível inferior a 85 dB(A), medido sem ter em conta os efeitos da utilização dos protectores auriculares individuais.

A Directiva deve ser interpretada no sentido de que não exige de uma entidade patronal o pagamento de um complemento salarial aos trabalhadores que são expostos a um nível de ruído superior a 85 dB(A), medido sem ter em conta o efeito da utilização dos protectores auriculares individuais, por simplesmente não ter executado um programa de medidas técnicas ou organizativas destinadas a reduzir o nível diário de exposição ao ruído. Todavia, o direito nacional deve prever os mecanismos adequados para assegurar que um trabalhador exposto a um nível de ruído superior a 85 dB(A), medido sem ter em conta o efeito da utilização dos protectores auriculares individuais, possa exigir o respeito, por parte da entidade patronal, das obrigações preventivas previstas no artigo 5.º, n.º 2, desta directiva.

Daqui se infere que o *nível europeu* se preocupa fundamentalmente com a saúde pública no local de trabalho, uma vez que tanto desconsidera a *solução economicista a favor do empregador*, que promove uma solução de redução do ruído a menor custo para o empregador, mas desrespeitando o comportamento devido, como uma *solução economicista a favor do trabalhador*, que opta por requerer um complemento salarial em vez de exigir as condições de trabalho adequadas.

CONCLUSÃO

O estudo dos direitos fundamentais na arena global teve como primeiro propósito a sensibilização para os problemas que hoje existem no mosaico geral da internormatividade quando optamos pela perspectiva cosmopolita e olhamos para o Estado e para os seus cidadãos nas interligações que resultam do actual contexto normativo global e sob uma perspectiva comparada

Percebemos que alguns dos pontos essenciais da metodologia tradicional de aplicação dos direitos fundamentais são postos em crise e o primado da legalidade na restrição de direitos, assim como a ponderação jurisprudencial com acesso directo ao texto constitucional têm de ceder lugar a novas propostas fundadas na construção da solução através do diálogo intercultural e multinível e da fixação de *standards* tidos como verdadeiros *acquis* da humanidade. Pudemos também perceber que a protecção supranacional dos direitos fundamentais não consubstancia, em si, maior garantia, na medida em que nem sempre esses tribunais superiores – internacionais ou regionais, genéricos ou de competência especializada – estão verdadeiramente a "guardar" um conjunto de valores. Pelo contrário, o roteiro por diversos *"case studies"* permitiu-nos pôr em evidência a natureza intrinsecamente comprometida de muitas decisões.

Também os dois domínios de teste escolhidos – a socialidade e o terrorismo – não deram mostras de que as pretensões de *universalização dos direitos* possam corresponder a uma suplantação do modelo cultural dos direitos fundamentais. Pelo contrário, a análise da socialidade mostrou que o grande desafio radica nos princípios que dizem respeito à aplicação destes direitos e no ajustamento dos *standards* ao novo modelo económico, o que também irá envolver uma maior diferenciação em função da capacidade económica que a Sociedade consiga alcançar no quadro das políticas gizadas pelos decisores públicos, onde a sustentabilidade passará a assumir um papel essencial e a redistribuição terá tendência a limitar-se a esquemas base de coesão selectiva (neutralizadores de boleias) e acções assistencialistas.

Já o terrorismo permitiu-nos compreender que a coordenação a nível supranacional de estratégias de segurança não irá tolher as liberdades essenciais, pois o grande desafio assenta na gestão do risco terrorista através de institutos do novo direito público. O que fica comprometido neste plano é a força do primado da legalidade e a soberania da acção política entendida em termos tradicionais. Um ponto essencial na adaptação ao novo modelo é uma compreensão correcta pelos Estados do perímetro da sua soberania co-dividida.

A partir desta nova visão impõe-se uma reforma exemplar do método de ponderação para que o *poder judicial* não extrapole o seu perímetro. Partindo da proposta de Hoffmann-Riem, o modelo de *checks and balances* não precisa de ser afastado, mas tem de ser (re)calibrado, para que a perda de poder político e legislativo, que é aquele que sente de forma mais intensa os efeitos da soberania co-dividida de um Estado cosmopolita, não possa ser interpretado como um espaço livre, que pode ser ocupado pelo poder judicial no ensejo de garantir a "força do modelo cultural constitucional". No fundo, como nos explica Vermeule, a Constituição é ainda o guia de funcionamento do corpo socio-político que é o Estado, cuja essência vital é a separação de poderes (Vermeule, 2011), por isso qualquer perturbação sistémica pode pôr em risco a sua subsistência e com ela a ordem mundial (Vermeule, 2013).

No fundo, a tarefa mais urgente do séc. XXI é, em nosso entender, a promoção do *judicial dialogue*, é este o elemento que falta na reposição do equilíbrio no modelo de *checks and balances*. Se aliarmos o aprofundamento do *judicial dialogue* à resiliência que as liberdades pessoais e políticas têm mostrado perante a nova organização mundial, veremos que é possível navegar em segurança na arena global mesmo sem a luz do "farol kelseniano", pois estaremos ainda sob o luar intenso de um sistema jurídico reformulado.

Não corremos o risco da desagregação na globalização, mas corremos o risco da autodestruição pela incoerência em caso de inadaptação!

BIBLIOGRAFIA

AA. VV., 2001, *Carta de Direitos Fundamentais da União Europeia*, Coimbra Editora

AA. VV., 2005, *Colóquio Ibérico: Constituição europeia. Homenagem ao Doutor Francisco Lucas Pires*, Studia Iuridica, Colloquia 14, Coimbra Editora

AA. VV., 2010, *Verfassungstheorie*, Mohr Siebeck, Tübingen

AA. VV., 2008, *Handbook of New Institutional Economics*, Springer, Heidelberg

AA. VV., 2008, *Nachhaltigkeit als Verbundbegriff* (Kahl org.), Mohr Siebeck, Tübingen

ACKERMAN, Bruce, 2006, *Before the next attack. Preserving civil liberties in an age of terrorism*, Yale University Press, London

— 1999, *La política del dialogo liberal (tradução espanhola)*, Gedisa, Barcelona

AGAMBEN, Giorgio, 2003, *Estado de Exceção* (tradução de Iraci Poleti), Biotempo Editorial, São Paulo

AGUILERA BARCHET, Bruno, 2007, *Iniciación Histórica al Derecho Musulmán*, Dykinson, Madrid

ALEXY, Robert, 2012, «Constitutional Rights and Constitutional Review», *comunicação apresentada em Coimbra*, publicação da versão portuguesa no *Boletim da Faculdade de Direito da Universidade de Coimbra*, 88, pp.511-526

— 2007, *Teoria de los Derechos Fundamentales* (traducción y estudio introductorio de Carlos Bernal Pulido), 2.ª ed., Centro de Estudios Politicos y Constitucionales, Madrid

ALMEIDA RIBEIRO / PEREIRA COUTINHO, 2014, *O Tribunal Constitucional e a Crise*, Almedina, Coimbra

ANDENAS, Mads / ZLEPTING, Stefan, 2007, «Proportionality: WTO Law: in Comparative Perspective», *Texas International Law Journal*, pp. 412ss

ARISTÓTELES, 2012, *Ética a Nicómaco* (tradução de António de Castro Caeiro), Quetzal, Lisboa

AXEL, Adrian, 2009, *Grundprobleme einer juristischen (gemeischaftsrechtlichen Methodenlehre)*, Duncker & Humblot, Berlin

AXER, P., 2009, «Soziale Gleichheit: Voraussetzung oder Aufgabe der Verfassung?», *VVDStRL*, 68, pp. 177ss

BAER, Susanne, 2012, «Equality» in Rosenfeld / Sajó (ed.), *The Oxford Handbook of Comparative Constitutional Law*, Oxford University Press, pp. 1020-1035

BAHLE / PFEIFER / WENDT, 2010, «Social Assistance», *in* Castles /Leibfried / Lewis /Obinger / Pierson (ed.), *The Oxford Handbook of the Welfare State*, Oxford University Press, pp. 448-461.

BALAGUER CALLEJÓN, 2008, Francisco (Coord.), *Manual de Derecho Constitucional*, Vol. II, 3ª ed., Tecnos, Madrid

BAMFORTH, Nicolas, 2011, «Legal Protection of same-sex partnership and comparative constitutional law» *in* Ginsburg /Dixon (ed.), *Comparative Constitutional Law*, Edward Elgar, Cheltenham, pp. 129-142

BANDEIRA DE MELLO, Celso, 2009, *Eficácia das normas constitucionais e direitos sociais*, Malheiros Editores

BARAK, Aharon, 2012, *Proportionality. Constitutional Rights and Their Limitations*, Cambridge University Press

— 2007, «Proportional Effect: The Israeli Experience» (disponível em <http://digitalcommons. law.yale.edu/fss_papers>)

BEATSON MATTHEWS ELLIOTT'S, 2010, *Administrative Law*, 4.ª ed., Oxford University Press

BECK, Ulrich, 2013, *A Europa Alemã. De Maquiavel a 'Merkievel': Estratégicas de Poder na Crise do Euro*, Edições 70, Coimbra

— 1992, *Risk Society. Towards A New Modernity*, Sage Publications, London

BENASSI, David, 2010, «William Beveridge e il Piano del 1942: alle origini del welfare sate», *in Alle origini del welfare state. Il reporto su assicurazioni sociali e servizi assistenziali* (tradução do original de 1944), FrancoAngeli, Milano, pp. 7-38.

BENNETT, 2012, «Comparative Law and African Custamary Law» *in* Reimann / Zimmermann (ed.), *The Oxford Handbook of Comparative Law*, Oxford University Press, pp. 642-673

BENVINDO, Juliano, 2010 *On the Limits of Constitutional Adjudication*, Springer, Berlin

BEVERIDGE, William, 2010, *Alle origini del welfare state* (tradução de Ascoli, Benassi e Mingione), FrancoAngeli-Bicocca, Milano

— 2010a, «Il Piano Beveridge: protezione sociale e politica sociale», in *La Libertà Solidale. Scritti 1942-1945*, Donzelli Editore, Roma.

BHAGWAT, Ashutosh, 2009, «Affirmative Action and Benig Discrimination», *in* Amar / Tuschnet, *Global Perspective on Constitutional Law*, Oxford University Press, pp. 102-115

BLANCO DE MORAIS, Carlos, 2009, *As Sentenças Intermédias da Justiça Constitucional*, AAFDL, Lisboa

BLECKMANN, Moritz, 2011, *Nationale Grungrechte im Anwendungsbereich des Rechts der Europäischen Union*, Mohr Siebeck, Tübingen

BOBEK, Michal, 2013, *Comparative Reasoning in European Supreme Courts*, Oxford University Press

BOSSELMANN, Klaus, 2008, *The Principle of Sustainability*, Ashgate, Surrey

BRAITHWAITE, John, 2009, «The Regulatory State?», *in* Goodin (ed.), *The Oxford Handbook of Political Science*, Oxford University Press, pp. 216-238

— 2008, *Regulatory Capitalism. How it works, ideias for making it work better*, Edward Elgar, Cheltenham

BROWN, Nathan, 2002, *Constitutions in a Nonconstitutional World. Arab Basic Laws and the Prospects for Accountable Government*, State University of New York, Albany

CALLIESS, Christian, 2009, «Europe as transnational law – the transnationalization of values by european law», *German Law Journal*, 10, pp. 1367ss.

CALLIESS / RUFFERT, 2007, *EUV/EGV Kommentar*, 3.ª ed., Beck, München

CANOTILHO, José Joaquim Gomes, 2008, *Estudos sobre direitos fundamentais*, 2ª ed., Coimbra Editora, 2008

— 2008/2009, *Direito Constitucional,* sumários desenvolvidos da cadeira de Direito Constitucional I, FDUC, (on-line)

— 2006, *"Brancosos" e interconstitucionalidade itinerários dos discursos sobre a historicidade constitucionalidade,* Almedina, Coimbra

— 2003, *Direito Constitucional e Teoria da Constituição,* Almedina, Coimbra

— 2001, *Constituição dirigente e vinculação do legislador,* Coimbra Editora

CANOTILHO, Gomes / MOREIRA, Vital, 2007, *Constituição da República Portuguesa anotada,* 4ª ed., Coimbra Editora

CANOTILHO, Mariana, 2009. *O princípio do nível mais elevado de protecção em matéria de direitos fundamentais,* dissertação de mestrado, Coimbra

CARBONELL / JARAMILLO (Ed.), 2010, *El canon neoconstitucional,* Trotta, Madrid

CARDOSO DA COSTA, 2008, «O tribunal constitucional português e o Tribunal de justiça das comunidades europeias», *Ab Uno ad Omnes,* Coimbra Editora, pp. 1636ss.

CASALTA NABAIS, 2008, «Reflexões sobre quem paga a conta do Estado Social», *Ciência e Técnica Fiscal,* 421, pp. 7ss.

— 2007, *Por uma liberdade com responsabilidade,* Coimbra Editora

CASALTA NABAIS / TAVARES DA SILVA, 2010, «O Estado pós-moderno e a figura dos tributos», *Revista de Legislação e Jurisprudência,* Ano 140, N.º 3965, pp. 14-24

CASSESE, Sabino, 2009, *Il diritto globale. Giustizia e democrazia oltre lo Stato,* Einaudi, Torino

— 2009a, *I Tribunali di Babele,* Donselli Editore

— 2008, *Il mondo nuovo del diritto. Un giurista e il suo tempo,* il Mulino, Bologna

— 2001, *La Crisi dello Stato,* Laterza Bari

CHEN, Albert, 2014, «The achievement of constitutionalism in Asia: moving beyond 'constitutions without constitutionalism'» *in* Chen (ed.), *Constitutionalism in Asia in the Early Twenty-First Century,* Cambridge University Press

COGNETTI, Stefano, 2011, *Principio di Proporzionalità,* Giappichelli Editore, Torino

COHEN-ELIYA, Moshe / PORAT, Iddo, 2010, «Proportionality and the Culture of Justification», (disponível em <http://ssrn.com/abstract=1623397>)

— 2008, «American Balancing and German Proportionality: The historical origins» (disponível em <http://ssrn.com/abstract=1272763>)

COHN, Margit, 2010, «Legal transplant chronicles: the evolution of unreasonnableness and porportionality review of the administration in the United Kingdom», *American Journal of Comparative Law,* pp. 9

CONTE, Alex, 2010, *Human Rights in the Prevention and Punishment of Terrorism,* Springer, Heidelberg

CUEVA FERNÁNDEZ, 2011, *De los niveladores a* Marbury vs. Madison: *la génesis de la democracia constitucional,* Centro de Estudios Políticos y Constitucionales, Madrid

DAVIS, 2012, «Socio-Economic Rights» *in* Rosenfeld / Sajó (ed.), *The Oxford Handbook of Comparative Constitutional Law,* Oxford University Press, pp. 1020-1035

DAVY, U., 2009, «Soziale Gleichheit: Voraussetzung oder Aufgabe der Verfassung?», *VVDStRL,* 68, p. 122ss.

DETERMANN / GUTTENBERG, 2014, «On War and peace in Cyberspace – Security, Privacy, Jurisdiction», *Hastings Constitutional Law Quarterly,* 41, pp. 875ss

DOLZER / SCHREUER, 2008, *Principles of International Investment Law,* Oxford University Press

DRESNER, Simon, 2002, *The Principles of Sustainability*, 2.ª ed., earthscan, London

DUARTE, Maria Luísa, 2006, *União Europeia e Direitos Fundamentais*, AAFDL, Lisboa

— 2003, «O Direito da União Europeia e o Direito Europeu dos Direitos do Homem – uma defesa do "triângulo judicial europeu"», *VIII Congreso Iberoamericano de Derecho Constitucional*, Sevilla (recurso on-line)

DÜWELL *et alii*, 2007, *The Cambridge Handbook of Human Dignity: Interdisciplinary Perspectives*, Cambridge University Press

DWORKIN, Ronald, 2011, *Justiça para Ouriços* (tradução de Pedro Elói Duarte), Almedina, Coimbra

— 1989, *Los derechos en série* (Trad. Marta Guastavino), Ariel, Barcelona

DYZENHAUS, David, 2012, «States of Emergency» *in* Rosenfeld / Sajó (ed.), *The Oxford Handbook of Comparative Constitutional Law*, Oxford University Press, pp. 442-462

ESPING-ANDERSEN, Gøsta, 2010, *The Three Worlds of Welfare Capitalism*, Princeton University Press.

EUGENE STEUERLE *et alii*, 2010, *Vouchers and the Provision of Public Services*, Brookings Institution Press, Committee for Economic Development, and Urban Institute Press

EVANS, Simon / STONE, Adrienne, 2007, «Balancing and Proportionality: a Distinctive Ethic?», Workshop: *Balancing and proportionality in constitutional review*, (disponível em <http://www.enelsyn.gr/en/workshops/workshop15(en).htm>)

di FABIO, Udo, 2014, «Karlsruhe Makes a Referral», *German Law Journal*, 15, pp. 107ss

—, Udo, 2004, «Die Gundrechte als Wertordnung», *Juristenzeitung*, 59, pp. 1ss.

FALKNER, Gerda, 2010, «European Union», *in* Castles /Leibfried / Lewis /Obinger / Pierson (ed.), *The Oxford Handbook of the Welfare State*, Oxford University Press, pp. 292-305.

FARIA COSTA, José Francisco, 1992, *O perigo em direito penal*, Coimbra Editora

FERRAJOLI, Luigi, 2013, *Dei Diritti e delle Garanzie*, il Mulino, Bologna

FERRERES COMELLA, 2011, *Una defensa del modelo europeo de control de constitucionalidad*, Marcial Pons, Madrid

FISCHER-LESCANO / TEUBNER, 2006, *Regime-kollisionen*, Suhrkamp, Frankfurt am Main

FRAU, Robert (Hrsg.), 2014, *Drohnen und das Recht. Völker- und verfassungsrechtliche Fragen automatisierter und autonomer Kriegführung*, Mohr Siebeck, Tübingen

GALLO, Daniele, 2010, *I servizi di interesse económico generale*, Giuffrè Editore, Milano

GALLO, Franco, 2007, *La ragioni del fisco*, il Mulino, Bologna

GARCIA, Maria da Glória, 2005, *Estudos sobre o Princípio da Igualdade*, Almedina, Coimbra

GARDBAUM, Stephen, 2013, *The New Commonwealth Model of Constitutionalism*, Cambridge University Press

— 2011, «The Structure and scope of constitutional rights» *in* Ginsburg /Dixon (ed.), *Comparative Constitutional Law*, Edward Elgar, Cheltenham, pp. 387-405

GENSCHEL /UHL, 2006, «Der Steuerstaat und die Globalisierung», *in Transformationen des Staates?*, Suhrkamp, Frankfurt am Main

GEY, Steven 2009, «Free Speech and the Incitement of Violence or Unlawful Behavior: Statutes Directed at Speech», *in* Amar / Tuschnet, *Global Perspective on Constitutional Law*, Oxford University Press, pp. 146-165

— 2009a, «Free Speech and the Incitement of Violence or Unlawful Behavior: Statutes Not Specifically Directed at Speech», *in* Amar / Tuschnet, *Global Perspective on Constitutional Law*, Oxford University Press, pp. 166-180

GIDDENS, Anthony, 2009, *A constituição da sociedade* (tradução brasileira), 3ª ed., WMF, São Paulo

GINSBURG, Tom, 2011, «Constitutional endurance» *in* Ginsburg /Dixon (ed.), *Comparative Constitutional Law*, Edward Elgar, Cheltenham, pp. 112-125

GINSBURG, Tom / MOUSTAFA, Tamir (ed.), 2008, *Rule by Law. The Politics of Courts in Authoritarian Regimes*, Cambridge University Press

GIUBBONI, Stefano, 2012, *Diritti e solidarietà in Europa. I modeli sociali nazionali nello spazio giuridico europeo*, il Mulino, Bologna

- 2003, *Diritti Sociali e Mercato. La Dimensione Sociale dell'integrazione Europea*, il Mulino, Bologna

GLASER, Andreas, 2008, «Nachhaltigkeit und Sozialstaat» *in* W. Kahl, *Nachhaltigkeit als Verbundbegriff*, Mohr Siebeck, Tübingen, pp. 620ss

— 2006, *Nachhaltige Entwicklung und Demokratie*, Mohr Siebeck, Tübingen

GLENNERSTER, Howard, 2010, «Sustainability of Western Welfare States», *in* Castles /Leibfried / Lewis /Obinger / Pierson (ed.), *The Oxford Handbook of the Welfare State*, Oxford University Press, pp. 689-702

GOLDBERG, Daniel, 2013, *The Death of the Income Tax. A Progressive Consumption Tax and the Path to Fiscal Reform*, Oxford University Press

GOODWIN, James, 2012, «The last defence of Wednesbury», *Public Law*, pp. 445-467

GORJÃO-HENRIQUES, Miguel, 2010, *Direito da União*, 6.ª ed., Almedina, Coimbra

GOSEPATH, Stefan, 2011, «Equality» *in Stanford Encyclopedia of Philosophy*, (recurso on-line)

GREER, Steven, 2010, «The Interpretation of the European Convention on Human Rights: Universal Principleor Margin of Appreciation?», *UCL Human Rights Review*, Issue 3

— 2000, «The margin of appreciation: interpretation and discretion under the European Convention on Human Rights», *Human rights files No. 17*, Council of Europe Publishing

GRIMM, Dieter, 2012, *Das Öffentliche Recht – vor der Frage nach seiner Identität*, Mohr Siebeck, Tübingen

— 2010, «The Achievements of Constitutionalism and its Prospects in a Changed World» *in* Dobner / Loughlin (ed.), *The Twilight of Constitutionalism*, Oxford University Press, pp. 3-22

— 2007, «Proportionality in Canadian and German Constitutional Jurisprudence», *University of Toronto Law Journal*, Vol. 57, n.º 2, pp. 383-397

GRISEL, Florian, 2011, *L'Arbitrage International ou le Droit contre l'Ordre Juridique*, Fondation Varenne, L.G.D.J., Paris

GRÖPL, Christoph, 2006, «Schwächen des Haushaltsrechts – Wege zu einer nachhaltigen Finanzwirtschaft», *Die Verwaltung*, pp. 220sss

GUSY, Christoph, 2008, «Grundrechtmonitoring», *Der Staat*, 4, pp. 511ss.

HÄBERLE, Peter, 2003, *La libertad fundamental en el Estado constitucional*, edição de José Luis Monereo Pérez correspondente à tradução de uma parte importante da obra *Die Wesengehltgarantie des Art. 19 Abs. 2 Grundgesetz* (3ª ed. de 1983), Comares, Granada

— 2000, *Teoría de la constitución como ciencia de la cultura*, Tecnos, Madrid

— 1997, *Hermenêutica constitucional: a sociedade aberta dos intérpretes da Constituição* (tradução brasileira da obra alemã, de 1975, por Gilmar Ferreira Mendes), Fabris editor, Porto Alegre

HABERMAS, Jürgen, 1998, *Die postnationale konstellation*, Suhrkamp, Frankfurt am Main

HEINIG, H., 2008, *Der Sozialstaat im Dienst der Freiheit*, Mohr Siebeck, Tübingen

HILLGRUBER, Christian, 2008, "Verfassungsrecht zwischen normativem Anspruch und politischer Wirklichkeit", *VVDStRL*, 67, pp. 7ss.

HIRSCHL, Ran, 2009, «The Judicialization of Politics», *in* Goodin (ed.), *The Oxford Handbook of Political Science*, Oxford University Press

HOFFMANN-RIEM, Wolfgang, 2003/2004, «Libertad y seguridad en la estela de los atentados terroristas», *Teoria y Realidad Constitucional*, n.º 12/13, pp. 471-482

HOLMES, Stephen / SUNSTEIN, Cass, 2000, *Il costo dei diritti*, il Mulino, Bologna

HOLMES, Stephen, 2012, «Constitutions and Constitutionalism» *in* Rosenfeld / Sajó (ed.), *The Oxford Handbook of Comparative Constitutional Law*, Oxford University Press, pp. 189-216

HOWARTH, 2013, «Intergenerational Justice» *in* Dryzek / Norgaard / Schlosberg (ed.), *The Oxford Handbook of Climate Change and Society*, Oxford University Press, pp. 338-352

HUHN, Wilson, 2006, «The state action doctrine and the principle of democratic choice», *Hofstra Law Review*, pp. 1379ss.

HUNTER, Nan, 2009, «Discrimination on the Basis of Sexual Orientation», *in* Amar / Tuschnet, *Global Perspective on Constitutional Law*, Oxford University Press, pp. 116-29.

JACKSON, Vicki, 2012, «Comparative Constitutional Law: methodologies» *in* Rosenfeld / Sajó (ed.), *The Oxford Handbook of Comparative Constitutional Law*, Oxford University Press, pp. 54-74

— 2004, «Being Proportional about Proportionality» (recensão do livro de Beatty, *The ultimate rule of law*), *Constitutional Commentary*, Vol. 21, pp. 803-859

— 2004a, «Constitutional Dialogue and Human Dignity: States and Transnational Constitutional Discourse», *Montana Law Review*, Vol. 65, pp. 15-40

JACONSOHN, Gary, 2011, «The formation of constitutional identities» *in* Ginsburg /Dixon (ed.), *Comparative Constitutional Law*, Edward Elgar, Cheltenham, pp. 129-142

KAHL, Wolfgang (Hrsg.), 2008, *Nachhaltigkeit als Verbundbegriff*, Mohr Siebeck, Tübingen

KING, Jeff, 2012, *Judging Social Rights*, Cambridge University Press

KLABBERS, Jan / PETERS, ANNE / ULFSTEIN, Geir, 2009, *The Constitutionalization os International Law*, Oxford University Press

KLÄGER, Roland, 2011, *'Fair and Equitable Treatment' in international investment law*, Cambridge University Press

KLATT, Matthias / MEISTER, Moritz, 2012, *The Constitutional Structure of Proportionality*, Oxford University Press

KLEINLEIN, Thomas, 2011 «Judicial lawmaking by judicial restraint? The potential of balancing in international economic law», *German Law Journal*, pp. 1141-1174

KNAUFF, Matthias, 2010, «Das Verhältnis zwischen Bundesverfassungsgericht, Europaischem Gerichtshof und Europäischem Gerichtshof für Menschenrechte», *DVBL*, 9, pp. 533ss.

— 2004, *Der Gewährleistungsstaat: reform des Daseinvorsorge*, Duncker & Humblot, Berlin

KOSKENNIEMI, Martti, 2006, «Fragmentation of international law: difficulties arising from the diversification and expansion of international law», UN – International LawCommission, 2006, disponível em <http://untreaty.un.org/ilc/documentation/english/a_cn4_l682.pdf>

KRAJEWSKI, Markus, 2011, *Grundstrukturen des Rechts öffentlicher Dienstleistungen*, Springer, Heidelberg

KRAJEWSKI / NEERGAARD / GRODEN, 2009, *The changing legal framework for services of general interest in Europe*, Assar Press

KRYGIER, Martin, «Rule of Law», *in* Rosenfeld / Sajó (ed.), *The Oxford Handbook of Comparative Constitutional Law,* Oxford University Press, pp. 233ss.

KRISCH, Nico, 2010, *Beyond Constitutionalism. The Pluralist Structure of Postnational Law,* Oxford University Press

KÜHLING, Jürgen, 2009, «Grundrechte», *in* Bogdandy (Hrsg.), *Europäisches Verfassungsrecht,* Springer, Berlin, pp. 657ss.

KULICK, Andreas, 2012, *Global Public Interest in International Investment Law,* Cambridge University Press

KUMM, MATTIAS, 2010, «The Best of Times and the Worst of Times. Between Constitutional Triumphalism and Nostalgia» *in* Dobner / Loughlin (ed.), *The Twilight of Constitutionalism,* Oxford University Press, pp. 201-219

— 2006, «Who is afraid of the Total Constitution? Constitutional Rights as Principles and the Constitutionalization of private law», *German Law Journal,* Vol. 7 n.° 4, pp. 341ss.

— 2006a, « What Do You Have in Virtue of Having a Constitutional Right? On the Place and Limits of the Proportionality Requirement», *New York University Law School,* Public Law Research Paper N.° 06-41 (disponível em: <http://ssrn.com/abstract=952034>)

— 2004, «Constitutional rights as principles: On the structure and domain of constitutional justice. A review essay on A Theory of Constitutional Rights», *International Journal of Constitutional Law,* pp. 574ss

KUO, Ming-Sung, 2009, «(Em)powering the Constitution: constitutionalism in a New Key», *Global Jurist,* 2009/9, article 2.

KUHNLE / SANDER, 2010, «The Emergence of the Western Welfare State», in Castles / Liebfried / Lewis / Obinger / Pierson (ed.), *The Oxford Handbook of the Welfare State,* pp. 61-80

LADEUR, Karl-Heinz, 2009, «European law as transnational law – Europe has to be conceived as an heterarchical network and not as a Supersate!», *German Law Journal,* 10, pp. 1357ss.

— 2009a, «Der Staat der "Gesellschaft der Netzwerke"», *Der Staat,* 2, pp. 163ss

LANDAU, David, 2013, «Abusive Constitutionalism», *University of California, Davis,* Vol. 47, pp. 189ss

LAW / CHANG, 2011, «The limits of transnational judicial dialogue», *Washington Law Review,* 86 (recurso on-line)

LEGARRE / ORREGO, 2010, «Los usos del derecho constitucional comparado y la universalidad de los derechos humanos», *Revista Espanhola de Derecho Constitucional,* 88, pp. 11ss

LEGRAND, Pierre, 1997, «The Impossibility of Legal Transplants», *Maastricht Journal of European and Comparative Law,* disponível em *HeinOnline*

LEISNER, Anna, 2002, *Kontinuität als Verfassungsprinzip,* Mohr Siebeck, Tübingen

LEPSIUS, Oliver, 2010, «Verfassungsrechtlicher Rahmen der Regulierung», Fehling / Ruffert, *Regulierungsrecht,* Mohr Siebeck, Tübingen, pp. 143-211.

LINDAHL, Hans, 2013, *Fault Lines of Globalization. Legal Order and the Politics of A-Legality,* Oxford University Press

LOUGHLIN, Martin, 2010, *Foundations of Public Law,* Oxford University Press

— 2010a, «What is Constitutionalism?» *in* Dobner / Loughlin (ed.), *The Twilight of Constitutionalism,* Oxford University Press, pp. 47-69

LOUREIRO, João Carlos, 2014, «Cortes, Pensões e Jurisprudência em Tempos de Crise: entre o Transitório e o Permanente» *in* Almeida Ribeiro / Pereira Coutinho (ed.), *O Tribunal Constitucional e a Crise,* Almedina, Coimbra, pp. 185-201

— 2014a, «Adoção, Procriação, Movimento LGBT e Leituras (pós-)querer em "Tempos Líquidos"», *Escritos* (texto disponível em <http://apps.uc.pt/mypage/files/fd_loureiro/608>)

— 2012, «Rostos e (des)gostos da(s) Europa(s): dom, fraternidade e pobreza(s)», *Revista da Universidade de Aveiro – Letras*, n.º 1 (II. Série), pp. 181-232.

— 2010, *Adeus ao Estado Social?*, Coimbra Editora

LUCAS PIRES, Francisco, 1997, *Introdução ao direito constitucional europeu*, Almedina, Coimbra

MCKERLIE, Dennis, 2013, *Justice Between the Young and the Old*, Oxford University Press

MAHLMANN, Matthias, 2010, «The politics of constitutional identity and its legal frame – the *ultra vires* decision of the german federal constitucional court», *German Law Journal*, Vol. 11, n.º 12, pp. 1407-1419

MALLAT, Chibli, 2012, «Islam and Constitutional Order» *in* Rosenfeld / Sajó (ed.), *The Oxford Handbook of Comparative Constitutional Law*, Oxford University Press, pp. 1287-1303

MARTINI, Mario, 2008, *Der Markt als Instrument hoheitlicher Verteilungslenkung*, Mohr Siebeck, Tübingen

MARTINICO / FONTANELLI, 2008, «The hidden dialogue: when judicial competitors collaborate», *Global Jurist*, 8, pp.1ss.

MARTINS, Licínio Lopes, 2010, *Tratado de Direito Administrativo Especial III*, Almedina, Coimbra, pp. 225-367

MATE, Manoj, 2014, «State Constitutions and The Basic Structure Doctrine», *Columbia Human Rights Law Review*, Vol. 45, Issue 2, pp. 441ss.

— 2010, «Two Paths to Judicial Power: The Basic Structure Doctrine and Public Interest Litigation in Comparative Perspective», *San Diego International Law Journal*, Vol. 12, Issue 1, pp. 175ss.

MENESES DO VALE, Luís, 2013, «Revisitando Mill: Mercado(s) e Meta-mercado(s) » *in* Tavares da Silva / Ribeiro (ed.), *Trajectórias de Sustentabilidade*, Instituto Jurídico da Faculdade de Direito da Universidade de Coimbra, pp. 209-286.

— 2012, «Breves Apontamentos sobre o Direito Constitucional da República da Turquia», *Boletim da Faculdade de Direito da Universidade de Coimbra*, Vol. LXXXVIII, Tomo II, pp. 727ss

MICHAELS, Ralf, 2012, «The Functional Method of Comparative Law» *in* Reimann / Zimmermann (ed.), *The Oxford Handbook of Comparative Law*, Oxford University Press, pp. 339-382

MICHELMAN, Frank, 2009, «The State Action Doctrine», *in* Amar / Tuschnet, *Global Perspective on Constitutional Law*, Oxford University Press, pp. 228-239

MINOW, Martha, 2010, «In Favor of Foxes: Pluralism as Fact and Aid to the Pursuit of Justice», *Harvard Law School, Public Law & Legal Theory Working Paper Series*, Paper No. 10-30 (recurso on-line)

MIRANDA, Jorge, 2008, *Manual de Direito Constitucional IV (direitos fundamentais)*, Coimbra Editora

MIRANDA RODRIGUES, Anabela, 2008, *O Direito Penal Europeu Emergente*, Coimbra Editora

MÖLLERS, Christoph, 2013, *The Three Branches. A Comparative Model of Separation of Powers*, Oxford University Press

— 2000, *Staat als Argument*, Beck, München

MONAGHAN, 2007, «Article III and Supranational Judicial Review», *Columbia Law Review*, 107, pp. 833ss.

MÓRAN PEREZ, 2007, *El Control Interno en la Administración del Estado. Análisis de Atribuciones y de su Proyección Jurídica*, IEF, Madrid

MOREIRA, Vital, 1997, *Auto-regulação profissional e Administração pública*, Almedina, Coimbra

MORLOK, Michael, 2010, *Grundrechte*, 2.ª ed., Nomos, Baden-Baden

MÖSTL, MARKUS, 2004, «Renaissance und Rekonstruktion des Daseinvorsorgebegriffs unter dem Europarecht», *Der Staat des Grundgesetzes – Kontinuität und Wandel*, Mohr Siebeck, Tübingen, pp. 951-973.

MOTA PINTO, Paulo, 2007, «A influência dos direitos fundamentais sobre o direito privado português», *in* Pinto Monteiro *et alii Direitos Fundamentais e Direito Privado, uma Perspectiva de Direito Comparado*, Almedina, Coimbra

MURKENS, Eric, 2009, «Identity trumps integration», *Der Staat*, 48, pp. 517ss.

NAGEL, Thomas, 1976, «Equal Treatment and Compensatory Discrimination», *in Philosophy and Public Affairs*

NEUPERT, Michael, 2011, *Rechtmäßigkeit und Zweckmäßigkeit*, Mohr Siebeck, Tübingen

NEVES, A. Castanheira, 2011, *O actual problema metodológico da interpretação jurídica I*, Coimbra Editora

NOLTE, Georg, 2005, *European and US constitucionalism*, Council of Europe, Collection Science and Technique of Democracy, n.º 37.

NUSSER, Julian, 2011, *Die Bindung der Mitgliedstaaten an die Unionsgrundrechte*, Mohr Siebeck, Tübingen

NUTI / VAINIERI, 2011, *Federalismo fiscale e riqualificazione del servizio sanitario nazionale. Un binomio possibile*, il Mulino, Bologna

OCDE, 2009, *Social Expenditure Database*, Paris (recuso on-line)

PALOMBELLA, Gianluigi, 2010, «The Rule of Law as an Institutional Ideal», *in* http://ssrn. com/abstract=1148135.

PANACCIO, Charles-Maxime, 2011, «In defense of two-step balancing and proportionality in rights adjudication», *Canadian Journal of Law and Jurisprudence*, Vol. XXIV, n.º 1, pp. 109-128

PEERENBOOM, Randall, 2013, «Social Foundations of China's Living Constitution», *in* Ginsburg (ed.), *Comparative Constitutional Design*, Cambridge University Press

PENNICINO, Sara, 2012, *Contributo allo studio della ragionevolezza nel diritto comparato*, Maggioli Editore, SanMarino

PÉREZ ROYO, Javier (Dir.), 2010, *Terrorismo, democracia y seguridad, en perspectiva constitucional*, Marcial Pons, Madrid

PERJU, Vlad, 2012, «Constitutional Transplants, Borrowing and Migrations» *in* Rosenfeld / Sajó (ed.), *The Oxford Handbook of Comparative Constitutional Law*, Oxford University Press, pp. 1304-1327

PERNICE, Ingolf, 2004, *Fondements du droit constitutionnel européen*, Ed. Pedone, Paris

PIEROTH, Bodo, / SCHLINK, Bernhard, 2008, *Direitos Fundamentais* (tradução de António Franco e António Francisco de Sousa), Universidade Lusíada, Porto

PIKETTY, Thomas, 2013, *Le capital au xxie siècle*, Seuil, Paris

— 2008, *L'économie des inégalités*, 6.ª ed., La Découverte, Paris

POSNER, Richard, 2010, *How Judges Think*, Harvard University Press

PRATT, Katherine, 2012, «A Constructive Critique of Public Health Arguments for Antiobesity Soda Taxes and Food Taxes», *Tulane Law Review*, 87, pp. 73ss

PREUSS, Ulrich, 2010, «Disconnecting Constitutions from Statehood: is Global Constitutionalism a Viable Concept?» *in* Dobner / Loughlin (ed.), *The Twilight of Constitutionalism*, Oxford University Press, pp. 23-46.

QUADROS, Fausto de, 2009, *Direito da União Europeia*, Almedina, Coimbra

RAZ, Joseph, 2012, «The Rule of Law and its Virtue», Published to Oxford Scholarship Online, DOI:10.1093/acprof:oso/9780198253457.003.0011.

REIS NOVAIS, Jorge, 2010, *Direitos Sociais*, Coimbra Editora

— 2006, *Direitos fundamentais. Trunfos contra a maioria*, Coimbra Editora

— 2004, *Os Princípios Constitucionais Estruturantes da República Portuguesa*, Coimbra Editora

REISMAN, Michael, 2000, «The Regime for Lacunae in the ICSID Choice of Law Provisions and the Question of Its Threshold», *ICSID Review – Foreign Investment Law Journal*

RITTER, Gerhard, 2007, *Storia dello Stato sociale*, Laterza, Bari

ROSENFELD, Michel, 2010, *The Identity of the Constitutional Subject*, Routledge, London

ROZNAI / YOLCU, 2012, «An unconstitutional constitutional amendment—The Turkish perspective: A comment on the Turkish Constitutional Court's headscarf decision» *International Journal of Constitutional Law*, Vol.10, Issue 1, pp. 175-207.

RUIZ-RICO RUIZ, Gerardo *et alii* (Coord.), 2010, *Principios y derechos constitucionales de la personalidad*, Tirant Valencia

RUSTEBERG, Benjamin, 2009, *Der grundrechtliche Gewährleistungsgehalt*, Mohr Siebeck, Tübingen

RÜTHERS, Bernd, 2014, *Die heimliche Revolution vom Rechtsstaat zum Richterstaat*, Mohr Siebeck, Tübingen

SABBAGH, Daniel, 2012, «Affirmative Action» *in* Rosenfeld / Sajó (ed.), *The Oxford Handbook of Comparative Constitutional Law*, Oxford University Press, pp. 1124-1141

SALDANHA SANCHES, 2010, *Justiça Fiscal*, Fundação Francisco Manuel dos Santos, Lisboa

SANTOS, António Carlos dos, 2013, «Vida, Morte e Ressurreição do Estado Social?», *Revista de Finanças, Públicas e Direito Fiscal*, Ano 6, n.º 1, pp. 54

SARRACENO, Chiara, 2013, *Il Welfare*, il Mulino, Bologna

SAUER, Johannes, 2012, «Die Globalisierung des Verhältnismässigkeitsgrundsatzes», *Der Staat*, n.º 51, pp. 3 e ss

SAUNDERS, Cheryl, 2006, «The Use and Misuse of Comparative Constitutional Law (The George P. Smith Lecture in International Law) », *Indiana Journal of Global Legal Studies*, Vol. 13, Issue 1, pp. 37-76

SCALIA, 2009, «Outsourcing American Law. Foreign Law in Constitucional Interpretation», *AEI Working paper 152* (recurso on-line).

SCHEPPELE, Kim, 2003, «Aspirational and Aversive Constitutionalism: the case for studying cross-constitutional influence through negative models», *International Journal of Constitutional Law*, Vol.1, Issue 2, pp. 296-324

SCHIERA, Pierangelo, 2013, «Del Poder Legal a los Poderes Globales. Legitimidad y Medida en Política», *in* Schiera / Clavero, *Del Poder Legal a los Poderes Globales. Legitimidad y Medida en Política*, Fundación Coloquio Jurídico Europeu, 36, Madrid, pp. 11-174

SCHLAG, Pierre, 1985, «Rules and Standards», *UCLA Law Review*, 33, pp. 379

SCHLINK, Bernhard, 2012, «Proportionality (1)», *in* Rosenfeld / Sajó (ed.), *The Oxfrod Handbook of Comparative Constitutional Law*, Oxford University Press, pp. 723

SCHNEIDER, Karsten, 2103, «Yes, But . . . One More Thing: Karlsruhe's Ruling on the European Stability Mechanism», *German Law Journal*, 14, pp. 53ss

SCHÖNBERGER, Christoph, 2009, «*Lisbon* in Karlsruhe: Maastricht's Epigones At Sea», *German Law Journal*, 10, pp. 1201ss.

SCHORKOPF, Frank, 2009, «The European Union as An Association of Sovereign States: Karlsruhe's Ruling on the Treaty of Lisbon», *German Law Journal*, 10, pp. 1219ss

SCHMIDT, Johannes, 2010, *Die Grundsätze im Sinne der Eu-Grundrechtecharta*, Mohr Siebeck, Tübingen

SEN, Amartya, 2009, *A ideia de justiça* (tradução de Nuno Bastos), Almedina, Coimbra

— 2004, «Elements of the Theory of Human Rights», *Philosophy and Public Affaris*, 32, pp. 315ss

— 1995, *Inequality Reexamined*, Harvard University Press

SLAUGHTER, Anne-Marie, 2004, *A new World Order*, Princeton University Press

— 2003, «A global Community of Courts», *Harvard International LJ*, 44, pp. 191ss

SOARES, Rogério, 2008, *Direito público e sociedade técnica (reimp.)*, Tenacitas, Coimbra

SPIELMANN, Dean, 2012, «Jurisprudence of The European Court of Human Rights and the Constitutional Systems of Europe» *in* Rosenfeld / Sajó (ed.), *The Oxford Handbook of Comparative Constitutional Law*, Oxford University Press, pp. 1231-1252

STIGLITZ, Joseph, 2012, *El precio de la desigualdad. El 1% de la población tiene lo que el 99% necesita*, Taurus, Madrid

STITH, 2007, «Securing the Rule of Law through Interpretive Pluralism: An Argument from Comparative Law», NYU Paper 1 (on-line)

STONE, Adrienne, 2011, «The Comparative Constitutional Law of Freedom of Extression» *in* Ginsburg /Dixon (ed.), *Comparative Constitutional Law*, Edward Elgar, Cheltenham, pp. 406-421

STONE SWEET / MATHEWS, 2008, «Proportionality balancing and global constitutionalism», *Columbia Journal of Transnational Law*, n.º 47, pp. 162

STORR, 2001, *Der Staat als Unternehmer*, Mohr Siebeck, Tübingen

STRAUSS, David, 2010, *The Living Constitution*, Oxford University Press

SUNSTEIN, Cass, 2009, *A Constitution of Many Minds. Why the Founding Document Doesn't Mean What It Meant Before*, Princeton University Press

SUNSTEIN, Cass / VERMEULE, Adrian, 2002, «Interpretation and Institutions», *U Chicago Law & Economics, Olin Working Paper No. 156; U Chicago Public Law Research Paper No. 28*, (recurso on-line)

TANZI, Vito, 2001, «Globalization and the work of fiscal termites», Finance and Development, 38

TAVARES DA SILVA, Suzana, 2010, «O princípio (fundamental) da eficiência», *Revista da Faculdade de Direito da Universidade do Porto*, pp. 519-544

TAVARES DA SILVA / RIBEIRO, 2013, *Trajectórias de Sustentabilidade*, Instituto Jurídico da Faculdade de Direito da Universidade de Coimbra

TEUBNER, Gunther, 2009, «"And if I Beelzebub cast out Devils,...": An essay on the diabolics of network failure», *German Law Journal*, 10, pp. 395ss

— 2010, «Fragmentes Foundations. Societal Constitutionalism beyond the Nation State» *in* Dobner / Loughlin (ed.), *The Twilight of Constitutionalism*, Oxford University Press, pp. 327-341

— 2012, *Constitutional Fragments: Societal Constitutionalism and Globalization*, Oxford University Press

THIRUVENGADAM / HESSEBON, 2012, «Constitutionalism and Impoverishment: a complex dynamic» *in* Rosenfeld / Sajó (ed.), *The Oxford Handbook of Comparative Constitutional Law*, Oxford University Press, pp. 153-168

THOMAS, Robert, 2000, *Legitimate expectations and proportionality in administrative law,* Hart Publishing, Oxford

THOMPSON, Janna, 2013, *Intergenerational Justice. Rights and Responsabilities in an Intergenerational Polity,* Routledge, New York

TOMUSCHAT, Christian, 2009, «*The ruling of the German Constitutional Court on the Treaty of Lisbon*», *German Law Journal,* 10, pp. 1259ss

TUSHNET, 2014, Mark, *Advanced Introduction to Comparative Constitutional Law,* Edward Elgar, Cheltenham

— 2012, «Constitution» *in* Rosenfeld / Sajó (ed.), *The Oxford Handbook of Comparative Constitutional Law,* Oxford University Press, pp. 217-231

— 2009, *Weak Courts, Strong Rights: Judicial Review and Social Welfare Rights in Comparative Constitutional Law,* Princeton University Press

— 2006, «Comparative Constitutional Law», *in* Reimann / Zimmermann (ed.), *The Oxford Handbook of Comparative Law,* Oxford University Press, pp. 1225-1257

— 2003, «The issue of State Action/Horizontal Effect in Comparative Constitutional Law», *International Journal of Constitutional Law,* n.°1, pp. 79-98

— 1999, «The Possibilities of Comparative Constitutional Law», *Yale Law Journal,* 108, pp. 1225ss

TSAKYRAKIS, Stavros, 2010, «Proportionality: An Assault on Human Rights?», *International Journal of Constitutional Law,* n.° 7, pp. 468ss

URBANO, Maria Benedita, 2014, *Curso de Justiça Constitucional,* Almedina, Coimbra

— 2010, «Globalização: os direitos fundamentais *sob stress*», *Estudos em homenagem ao Prof. Doutor Jorge de Figueiredo Dias,* Coimbra Editora, III, pp. 1023-1048.

— 2002, «State Action, Social Welfare Rights, and the Judicial Role: Some Comparative Observations», *in University of Chicago Journal of International Law,* n.° 3, pp. 435

VERGOTTINI, Giuseppe, 2010, *Oltre il dialogo tra le Corti,* il Mulino, Bologna

— 1998, *Le transizioni costituzionali,* il Mulino, Bologna

VERMEULE, Adrian, 2013, *The Constitution of Risk,* Cambridge University Press

— 2011, *The System of the Constitution,* Oxford University Press

VIEIRA DE ANDRADE, 2012, *Os direitos fundamentais na Constituição Portuguesa de 1976,* 5ª ed., Almedina, Coimbra

— 2006, «Algumas reflexões sobre os direitos fundamentais, três décadas depois», *Anuário português de direito constitucional,* V, pp. 121ss.

— 2004, «O "direito ao mínimo de existência condigna" como direito fundamental a prestações estaduais positivas – uma decisão singular do Tribunal Constitucional», *Jurisprudência Constitucional,* 1, p. 21-29

VILLAMENA, Stefano, 2008, *Contributo in tema di proporzionalità amministrativa,* Giuffrè, Milano

VOLKMANN, Uwe, 2008, "Verfassungsrecht zwischen normativem Anspruch und politischer Wirklichkeit", *VVDStRL,* 67, pp. 57ss.

WAHL, Rainer, 2010, «In Defense of 'Constitution'» *in* Dobner / Loughlin (ed.), *The Twilight of Constitutionalism,* Oxford University Press, pp. 220-242

WALKER, Niel, 2013, «The Post-national Horizon of Constitutionalism and Public Law: Paradigm Extension or Paradigm Exhaustion?» *in* Amhlaigh / Michelon / Walker (ed.), *After Public Law,* Oxford University Press, pp. 241-262

— 2012, «The European Union's Unresolved Constitution» *in* Rosenfeld / Sajó (ed.), *The Oxford Handbook of Comparative Constitutional Law*, Oxford University Press, pp. 1185-1207

WATSON, Alan, 1974 *Legal Transplants*, University of Georgia Press

YOSHINO / KAVEY, 2012, «Immodest Claims and Modest Contributions: sexual orientation in comparative constitutional law» *in* Rosenfeld / Sajó (ed.), *The Oxford Handbook of Comparative Constitutional Law*, Oxford University Press, pp. 1079-1098

ZUMBANSEN, Peer, 2014, «Governance: an Interdisciplinary Perspective», *in* Levi-Faur (ed.), *The Oxford Handbook of Governance*, Oxford University Press, pp. 83-96

www.ingramcontent.com/pod-product-compliance
Lightning Source LLC
Chambersburg PA
CBHW061142220326
41599CB00025B/4323